浙江省哲学社会科学规划项目（17NDJC105YB）研究成果

郑长娟　张　超　著

浙江生产性服务业发展的产业及空间关联研究
——兼论金融服务业与制造业共同集聚

ZHEJIANG SHENGCHANXING FUWUYE FAZHAN DE CHANYE
JI KONGJIAN GUANLIAN YANJIU
—— JIANLUN JINRONG FUWUYE YU ZHIZAOYE GONGTONG JIJU

中国财经出版传媒集团
经济科学出版社
Economic Science Press

图书在版编目（CIP）数据

浙江生产性服务业发展的产业及空间关联研究：兼论金融服务业与制造业共同集聚/郑长娟，张超著. —北京：经济科学出版社，2019.8

ISBN 978-7-5218-0784-4

Ⅰ.①浙… Ⅱ.①郑… ②张… Ⅲ.①生产服务-服务业-产业发展-研究-浙江 Ⅳ.①F426.4

中国版本图书馆 CIP 数据核字（2019）第 183288 号

责任编辑：杜　鹏　刘　悦
责任校对：王苗苗
责任印制：邱　天

浙江生产性服务业发展的产业及空间关联研究
——兼论金融服务业与制造业共同集聚
郑长娟　张超　著
经济科学出版社出版、发行　新华书店经销
社址：北京市海淀区阜成路甲 28 号　邮编：100142
编辑部电话：010-88191441　发行部电话：010-88191522
网址：www.esp.com.cn
电子邮箱：esp_bj@163.com
天猫网店：经济科学出版社旗舰店
网址：http://jjkxcbs.tmall.com
固安华明印业有限公司印装
710×1000　16 开　15.75 印张　250000 字
2019 年 10 月第 1 版　2019 年 10 月第 1 次印刷
ISBN 978-7-5218-0784-4　定价：76.00 元
(图书出现印装问题，本社负责调换。电话：010-88191510)
(版权所有　侵权必究　打击盗版　举报热线：010-88191661
QQ：2242791300　营销中心电话：010-88191537
电子邮箱：dbts@esp.com.cn)

前　言

本书是笔者在对知识密集型生产性服务业、包括金融服务业领域长期追踪学习和实践调研的基础上完成的。本书重点包括三部分内容：一是研究浙江生产性服务业发展的集聚特征及影响因素，包括第1～第4章。本部分主要从影响生产性服务业发展的主导因素入手，分析知识密集型生产性服务业促进企业创新的机制，研究浙江生产性服务业发展的时空演化与行业集聚特征，探究浙江知识密集型服务业的空间关联性及其影响因素。二是研究浙江县域金融服务业的集聚特征及其与制造业的共同集聚，包括第5～第8章。本部分从金融服务业集聚的概念、理论及研究进展入手，开展浙江县域金融服务业发展水平测度与空间格局演化分析，研究浙江县域金融服务业集聚的区际差异和影响因素，分析金融服务业与制造业共同集聚的空间分异及驱动因素，探究金融服务业与制造业共同集聚的形成机理。三是研究浙江金融服务业集聚的效应，包括第9～第11章。本部分实证研究了金融业与制造业共同集聚对劳动生产率的影响及空间效应，浙江金融业集聚的区域经济增长效应，以及发达地区县域金融集聚的产业结构升级效应，在此基础上，提出有针对性的对策建议。本书研究成果对于合理规划浙江金融服务业集聚区建设，促进金融业与制造业的有机融合，优化金融资源配置、调整产业结构和空间布局具有重要的理论和现实意义。

本书为浙江省哲学社会科学规划项目《浙江县域金融服务业的集聚特征和效应分析——基于产业共同集聚的视角》（17NDJC105YB）资助的研究成

果。全书由郑长娟负责出版组织、初稿修订和统撰工作，参加课题研究的主要成员有郑长娟、张超、张文婷、钟敏、吴鹃等。

感谢宁波财经学院的领导和同仁对本书出版的支持和帮助。本书的出版获得了宁波财经学院重点学科的资助，在此表示感谢。感谢经济科学出版社和编辑们在本书出版过程中给予的支持和付出。

Contents 目录

第1章 影响我国生产性服务业发展的主要因素 / 1

1.1 引言 / 1

1.2 文献综述 / 2

1.3 模型、方法和数据 / 5

1.4 我国生产性服务业发展的主要因素实证结果分析 / 9

1.5 主要结论与政策启示 / 14

第2章 知识密集型生产性服务业促进企业创新的机制 / 17

2.1 引言 / 17

2.2 相关研究综述 / 21

2.3 企业知识密集型服务活动（KISA）外包的动因分析 / 24

2.4 企业知识密集型服务活动外包过程与合作生产机制 / 27

2.5 制造企业与知识密集型服务机构的合作创新策略 / 32

第3章 浙江服务业发展的时空演化和行业集聚特征 / 36

3.1 引言 / 36

3.2 服务业集聚的相关理论 / 39

3.3 研究方法和数据来源 / 43

3.4 浙江服务业发展的空间分异和格局演化 / 48

3.5 浙江服务行业的区域集聚分析 / 54

3.6 结论与展望 / 59

第 4 章　浙江知识密集型生产性服务业的空间关联及影响因素 / 61

4.1 引言 / 61

4.2 浙江知识密集型生产性服务业的空间分布特征 / 63

4.3 浙江知识密集型生产性服务业的空间集聚特征 / 69

4.4 浙江知识密集型生产性服务业集聚影响因素的空间计量 / 70

4.5 结论与建议 / 77

第 5 章　金融服务业集聚：概念、理论及研究进展 / 79

5.1 基本概念界定 / 79

5.2 金融服务业集聚的相关理论 / 84

5.3 相关研究进展 / 89

第 6 章　浙江县域金融服务业发展水平测度与空间格局演化 / 96

6.1 浙江县域金融机构存贷款余额区际差异 / 96

6.2 浙江县域金融服务业就业比重区际差异 / 103

6.3 浙江县域金融相关率空间格局演化 / 104

6.4 浙江县域金融存贷比空间格局演化 / 109

第 7 章　浙江县域金融服务业集聚的区际差异及影响因素 / 115

7.1 浙江县域金融服务业集聚区际差异 / 115

7.2 浙江银行业、证券业以及保险业集聚水平的区际差异 / 128

7.3 基于熵值法的县域金融集聚水平测度 / 134

7.4 浙江县域金融集聚的影响因素分析 / 143

7.5 结论与建议 / 156

第 8 章　浙江金融服务业与制造业的共同集聚研究 / 159

8.1 研究方法与数据资料 / 160

8.2 浙江单一产业集聚水平和演变趋势 / 162

8.3 浙江金融服务业与制造业共同集聚的总体特征 / 167

8.4 浙江金融服务业与制造业共同集聚空间分异及驱动因素 / 168

8.5 浙江金融服务业与制造业共同集聚的形成机理 / 182

8.6 结论与建议 / 183

第9章 金融业与制造业共同集聚对劳动生产率的影响及空间效应 / 186

9.1 研究背景 / 186

9.2 变量、数据及模型 / 187

9.3 浙江金融业与制造业共同集聚对劳动生产率影响的实证结果分析 / 191

9.4 结论与建议 / 199

第10章 浙江金融业集聚的区域经济增长效应实证 / 201

10.1 引言 / 201

10.2 金融集聚对区域经济增长的影响机制 / 202

10.3 指标选取、数据来源与研究方法 / 204

10.4 浙江金融业集聚的区域经济增长效应空间计量分析 / 207

10.5 结论与建议 / 211

第11章 发达地区县域金融集聚的产业结构升级效应 / 213

11.1 研究基础 / 214

11.2 金融集聚影响产业结构优化升级的内在机制 / 215

11.3 变量、数据及模型 / 216

11.4 县域金融集聚的产业结构升级效应实证结果分析 / 219

11.5 结论与建议 / 224

参考文献 / 226

第1章
影响我国生产性服务业发展的主要因素

1.1 引言

生产性服务业（producer services）被马克卢普·弗里茨（Machlup Fritz）在1962年最先提及，之后经众多学者的深化发展，对其内涵已达成一致，即为其他产品或服务生产提供中间投入的服务行业，它是一种服务形式的生产资料（Grubel & Walker，1989）。作为其他产品或服务生产的中间投入，生产性服务贯穿于一项产品或服务生产的产前、产中和产后各个环节，其范围包括金融、保险、法律、研究开发、管理咨询、会计、工程设计、工程和产品维修、运输、通信、广告、仓储等。

生产性服务业与消费性服务业相对应。从内涵来看，生产性服务业是指为三次产业的实物生产和服务生产过程提供中间服务投入的部门；从外延来看，它主要包括三个领域，分别是为农业提供的生产性服务、为工业提供的生产性服务，以及为服务业提供的生产性服务。尽管农业、制造业和服务业的发展都需要生产性服务，但在工业化阶段，生产性服务业的主要服务对象是制造业。当然，服务部门在生产过程中也会衍生出对通信、金融、商务服务等服务业生产资料的强大需求，而且这一需求将随着服务业在国民经济中比重的上升而逐步上升。

生产性服务业的发展与社会生产力发展和科技进步密不可分，从发达国家经济结构的演变和发展来看，服务业的崛起，特别是生产性服务业取代制造业成为现代经济的主导产业，开始于20世纪50年代。1958年，美国服务业的就业人数历史性地第一次在全社会就业总人数中超过了50%。现如今，生产性服务业已经成为许多西方发达国家的支柱产业，在世界经济发展和国际竞争中的地位日益显著。

我国改革开放40年来，服务业发展速度加快，新兴服务业从无到有，生产性服务业发展的作用日益受到重视和关注。从20世纪80年代至今，我国服务业取得了较快发展，服务业产值占同期GDP的份额由1978年的23.9%增至2016年的51.6%，服务业已占据我国经济总量的半壁江山，成为第一大产业，俨然已成为我国经济发展的"稳定器"和"助推器"。作为现代服务业的关键构成要素，生产性服务业发展已经牵涉我国产业结构的转型升级，它将成为我国经济发展新动能（徐冠巨，2016）。在"十三五"时期我国经济社会发展战略中，服务业占有关键的战略地位，在供给侧结构改革过程中，生产性服务业已经发挥和将要起到极为重要的促进作用（刘志彪，2016）。虽然近年来我国生产性服务业得到快速增长，但较西方国家仍差距较大，生产性服务业发展薄弱俨然已成为我国经济转型升级的"短板"。伴随着信息化加速推进，影响其发展的因素显现出多而复杂的趋势，科学辨别主导因素以及探究这些因素的影响，对于补齐我国生产性服务业发展"短板"和加快经济转型升级将起到关键作用。

1.2 文献综述

20世纪80年代以来，西方国家经济中生产性服务业的快速增长引起了地理学家和区域经济学家的广泛关注，很多学者从多个角度对生产性服务业的发展进行了分析。西方对生产性服务业的研究内容比较广泛，主要有：探索在城市体系背景下生产性服务业的增长、区位和发展，研究生产性服务交易的区域间流动以及生产性服务业对区域及大都市区的影响；生产性服务国际化的范围和重要性；生产性服务组织办公空间的区位和发展等。研究者和政策制定者对生产性服务业在空间经济结构演化和形成中的作用，以及其作为出口基地和在促进创新和技术变化中的作用尤其给予关注。

国外很多学者对影响生产性服务业发展的因素进行了探讨，科恩和齐斯曼（Cohen & Zysman）在1987年提出，生产性服务业是由制造业规模和业务范畴扩张而产生的一种需求，其发展受制造业的影响；伊莱里斯（Illeris）在1989年研究表明，人力资本的加入是保障生产性服务业得以生存的关键；弗朗索瓦（Francois）在1990年实证研究得出，西方发达国家经济状况以及它们产业结构都会影响生产性服务业发展；斯塔勒（Stare）在1999年实证研究促进斯洛文尼亚生产性服务业发展的因子，结果发现交通设备、通信设施、人力资本、市场化程度等均产生了显著影响。瓦尔特和贾钦托（Valter Giacinto & Giacinto Micucci）在2007年从规模报酬递增的特点出发，分析得到生产性服务业增长与产业集聚间存在紧密联系。

20世纪90年代以来，随着我国服务业加快发展，国内对生产性服务业的研究也逐步加强。国内学者关注的议题主要包括：国际贸易组织（WTO）对我国生产性服务业发展的影响，生产性服务业在服务经济和服务贸易发展中的作用，生产性服务业的结构变化及其影响，生产性服务业与制造业的互动关系，生产性服务业的集聚，以及国内主要省市生产性服务业发展现状分析和策略构想等。关于生产性服务业发展的影响因素，国内学者在借鉴国外研究成果的同时，结合我国具体国情进行了大量的经验研究。例如，韩德超等（2008）利用1997~2006年省际面板数据构建面板数据模型，结果显示，专业化程度、服务效率等与生产性服务业发展呈正向关系；胡国平等（2012）使用1999~2008年城市面板数据做了实证检验，结果表明，对外开放度是最大影响因素，城市化水平以及经济发展水平的影响次之；刘纯彬等（2013）采用2004~2010年省际面板数据建立固定效应模型，根据估计结果发现工业化程度对生产性服务业发展影响最大，服务效率、政府规模、产业融合程度等也会产生一定影响；盛龙等（2013）使用2003~2010年中国市域数据建立面板数据模型，实证检验发现制造业集聚、人力资本、地方保护以及信息化程度等都会产生明显作用；翁春颖（2013）依据2004~2010年浙江省时间序列数据，采用因子分析法和主成分分析方法，得出经济发展状况、市场化程度、对外开放度、技术进步对生产性服务业作用明显，工业化发展对其影响不显著；万千欢等（2014）基于广州市 2001～2011 时间序列数据建立了一个 VAR 模型，研究发现政府作用与工业发展水平是关键影响要素；毕斗斗等（2015）基于 2004～2010 年省域数据，通过实证检验发现，信息技术、经济发展状况、城市化水平、对外开放度、地理位置与我国生产性服务业发展呈正相关关系，而市场化、工业化、产权结构、人力资本等因素呈负相关关系；于得生等（2017）采用 2006～2015 年江西省时间序列数据构建多元线性回归模型，认为政府宏观调控与市场机制对生产性服务业增长起正向效应。

可见，国内外学术界对生产性服务业发展的影响因素作了大量实证研究，并得到了一些富有价值的成果。然而，现有的研究仍然存在一些不足。由于经济系统的开放性和复杂性，影响生产性服务业发展的因素相当多元，研究者无法确定应该将哪些指标作为解释变量，意味着研究者们在构建回归模型时忽视了模型的不确定性。拉夫特里等（Raftery et al., 1997）、费尔南德斯等（Fernandez et al., 2001）通过研究证明，贝叶斯模型平均（BMA）方法可以解决模型的不确定性问题。由于 BMA 方法在处理模型不确定性问题上的优越表现被广泛用于诸多领域，国外学者主要将该方法用来研究通货膨胀、经济增长、教育回报、能源估算的影响因素等多个领域，少数国内学者也将该方法用于研究我国经济增长、通货膨胀、房地产价格的影响因素等领域，但鲜有将 BMA 方法运用于生产性服务业影响因素研究中。基于此，本书尝试运用 BMA 方法，探究影响我国生产性服务业发展的主导因素。本书摒弃人为事先设定模型及变量的传统，引入模型的不确定性，采用贝叶斯模型平均（BMA）方法对所有可能影响我国生产性服务业发展的因素依据其重要性进行分类和排序，以此确定主导影响因素，并在此基础上，提出在我国经济发展新常态下加快生产性服务业发展的政策性建议。

1.3 模型、方法和数据

1.3.1 模型设定和估计方法

1.3.1.1 单一模型设定

根据研究目标,本书将单一模型设置为个体固定效应模型,如下:

$$y_{it} = \beta_0 + \beta_1 X_{it} + \eta_i + \upsilon_{it} (t=1,\cdots,T)(i=1,\cdots,N) \quad (1-1)$$

其中,y_{it} 表示 i 地区在 t 期的生产性服务业发展水平,以生产性服务业增加值比重表示;β_1 表示待估系数向量;X_{it} 表示影响生产性服务业发展的因素;η_i 表示不可观测的地区固定效应;υ_{it} 表示独立同分布的随机误差项。使用上述面板模型能有效地避免因遗漏重要解释变量而产生的偏差。

令 $M = \{M_1, M_2, \cdots, M_N\}$,即所有潜在解释变量经随意组合后构造的模型空间,若解释变量共有 K 个,因为解释变量的任意一种组合均会构成单一模型,故而模型空间 M 中共包括 $N = 2^K$ 个模型。依据 2^K 个模型的估计结果,再利用 BMA 方法能够求得各个解释变量的后验概率及其系数的相关统计指标。即:

M_j 是模型空间 M 中第 j 个模型;$p(M_j)$ 为模型 M_j 的先验概率,利用贝叶斯理论,计算得到模型 M_j 的后验概率,即:

$$p(M_j | y_{it}, X_{it}) = \frac{p(y_{it} | M_j, X_{it}) p(M_j)}{p(y_{it} | X_{it})} = \frac{p(y_{it} | M_j, X_{it}) p(M_j)}{\sum_{s=1}^{2^K} p(y_{it} | M_s, X_{it}) p(M_s)}$$

$$(1-2)$$

其中,$p(y_{it} | M_j, X_{it}) = \int p(y_{it} | \beta_{1j}, M_j, X_{it}) p(\beta_{1j} | M_j, X_{it}) d\beta_{1j}$ 为 M_j 的边际似然值;$p(y_{it} | \beta_{1j}, M_j, X_{it})$ 为 M_j 对应的似然函数;$p(\beta_{1j} | M_j, X_{it})$ 为 M_j 中参数向量

β_1 的先验概率分布。

将模型后验概率当作权重,使用加权平均便可算出参数向量 β_1 的后验概率、均值以及方差,即:

$$p(\beta_1|y_{it},X_{it}) = \sum_{j=1}^{2^K} p(\beta_1|M_j,y_{it},X_{it})p(M_j|y_{it},X_{it}) \quad (1-3)$$

$$E(\beta_1|y_{it},X_{it}) = \sum_{j=1}^{2^K} E(\beta_1|y_{it},X_{it},M_j)p(M_j|y_{it},X_{it}) \quad (1-4)$$

$$VAR(\beta_1|y_{it},X_{it}) = \sum_{j=1}^{2^K} Var(\beta_1|y_{it},X_{it},M_j)p(M_j|y_{it},X_{it}) \quad (1-5)$$

其中,$p(\beta_1|M_j,y_{it},X_{it})$ 表示在 M_j 条件下参数 β_1 的后验概率;$p(M_j|y_{it},X_{it})$ 为 M_j 后验概率;$E(\beta_1|y_{it},X_{it},M_j)$ 与 $Var(\beta_1|y_{it},X_{it},M_j)$ 为单一模型中参数向量的后验均值及方差。

1.3.1.2 参数和模型先验概率设定

使用 BMA 方法处理模型不确定性问题必须设置先验分布,且要求设置两个先验分布。其一,设定参数 β_1 的先验分布:乔治等(George et al.)在 1997 年认为扩散单位信息先验分布(diffused unit information prior,DUIP)当作一类标准先验分布拥有很好的安全性和稳定性,因此,本书将参数先验分布设定为"DUIP"。其二,设定模型的先验分布:此设定是彰显模型不确定性的重要环节。一个具有 2^K 个单位的模型空间,往往设置所有模型都服从均匀先验分布,即:

$$p(M_\gamma) = p_\gamma = 2^{-K}, \gamma = 1, \cdots, 2^K, p_\gamma > 0 \text{ 且 } \sum_{\gamma=1}^{2^K} p_\gamma = 1 \quad (1-6)$$

式(1-6)说明增加(减去)某一变量的先验概率为1/2,即预先对变量和模型的选取没有偏向性,因而在先验信息匮乏的情况之下,均匀分布是模型先验分布的标准分布。

1.3.1.3 估计方法

在参数和模型的先验概率设定完成后,就可通过式(1-2)~式(1-5)采取迭代的方法来计算参数和模型的后验概率。经乔治等证实当自变量数量较多时，采取迭代的方式计算后验概率的工作量非常之重。为了减轻计算工作量，本书将借鉴马迪根和约克（Madigan & York）在1999年提出的马尔科夫蒙特卡罗模型综合（MC³）抽样技术对模型空间予以抽样，对抽样后得到的新样本通过式（1-2）~式（1-5）进行迭代计算参数和模型的近似后验概率。MC³算法倾向抽取较高后验概率的模型，当抽样数达到一定数量时，能够确保抽样结果是收敛于迭代计算结果的。

MC³抽样技术以指定的概率分布对模型空间 $M = \{M_1, M_2, \cdots, M_N\}$ 予以抽样获取备选模型 M^*，然后用指定的概率接纳该备选模型。在第s次抽签中，倘若备选模型被接纳，则 $M^* = M^{(s)}$，反之，则接纳上一次抽样模型，即 $M^* = M^{(s-1)}$。第s次抽样备选模型存在以下三种选择：（1）前一次抽样模型 $M^{(s-1)}$；（2）基于 $M^{(s-1)}$ 去除一个变量的模型；（3）基于 $M^{(s-1)}$ 中添加一个变量的模型。最终会以下述概率确定备选模型，即：

$$\alpha(M^{(s-1)}, M^*) = \min\left[\frac{p(y|M^*)p(M^*)}{p(y|M^{(s-1)})p(M^{(s-1)})}, 1\right] \quad (1-7)$$

其中，$p(y|M^*)$ 和 $p(y|M^{(s-1)})$ 表示模型边际似然值。由于设定所有模型都服从均匀先验分布，所以式（1-7）简化为计算模型 M^* 对模型 $M^{(s-1)}$ 的贝叶斯因子：$\frac{p(y|M^*)}{p(y|M^{(s-1)})}$。MC³的抽样原理促使抽样过程中拥有更多有效信息的变量被接受，最终驱使具有更高后验概率的模型被抽中。

1.3.2 数据来源及变量选取

本书采用中国2004~2015年30个省（自治区、市）的面板数据，由于西藏自治区资料缺失较多，故没有将其列入样本。本书数据出自对应年份的《中国统计年鉴》与中经网统计数据库，所涉及的具体变量说明如下。

1.3.2.1 被解释变量选取

现有对生产性服务业发展的实证研究中，学者们往往选取增加值比重、就业比重、产业密度等指标，本书参照韩德超等（2008）的做法，用生产性服务业增加值比重作为生产性服务业发展水平代理变量(由于我国省级统计口径和分类标准的不一样,无法获取狭义行业的相关数据,因此,本书将使用广义行业的数据进行分析,即第三产业增加值扣除房地产业、住宿餐饮业等明显为消费性服务业的行业增加值)。

1.3.2.2 解释变量选取

在解释变量选取方面,本书综合前人的做法,参照以下两项准则:其一,所选取的变量皆是近年来在实证研究领域中经常出现,且被认为能够产生影响的解释变量;其二,所选取解释变量的数据具备较好的可得性。基于以上两项原则,本书选取了5个层面的16个变量,其中,需求性因素有经济发展水平、专业化程度、工业化程度、制造业集聚度;供给性因素有物质资本投入、人力资本投入、劳动力投入、技术进步、服务效率;制度因素有市场化程度、对外开放度、政府宏观调控;其他外部性因素有城市化水平、人口老龄化、基础设施水平、产业融合程度。此16个解释变量基本上代表了中国生产性服务业发展的热门影响因素。具体指标描述如表1-1所示,为了剔除异方差和量纲的干扰,本书对全部指标均作对数化处理。

表1-1 指标描述

变量类型	指标名称	指标度量
被解释变量	生产性服务业发展水平(ps)	生产性服务业增加值占GDP比重
需求层面解释变量	经济发展水平(pgdp)	人均GDP
	专业化程度(ds)	工业增加值占工业总产值比重
	工业化程度(di)	第二产业增加值占GDP比重
	制造业集聚度(ma)	区位熵
供给层面解释变量	物质资本投入(mci)	生产性服务业固定资产投资占总固定资产投资比重
	人力资本投入(hci)	地区每万人普通高等学校专任教师数
	劳动力投入(li)	生产性服务业就业人数占社会总就业人数比重
	技术创新(ti)	地区技术市场成交额占GDP比重
	服务效率(se)	生产性服务业增加值占GDP的比例与生产性服务业就业人数占总就业人数比例的比值

续表

变量类型	指标名称	指标度量
制度层面解释变量	市场化程度（md）	非国有企业固定资产投资占总固定资产投资比重
	对外开放度（op）	进出口总额与GDP比值
	政府宏观调控（gmc）	政府消费占最终消费比重
外部层面解释变量	城市化水平（ul）	城镇总人口占总人口比重
	人口老龄化（odr）	老年人口抚养比
	基础设施水平（il）	高级次高级公路里程占公路总里程比重
	产业融合程度（ii）	地区人均电信业务总量

1.4 我国生产性服务业发展的主要因素实证结果分析

在个体固定效应模型设定下，16个解释变量生成的备选模型共有 2^{16} 个，本书采取 MC^3 抽样技术抽取所有模型中的65500个。将前500次抽样当作预热实验，再将最终的65000次抽样作为模拟样本。

1.4.1 估计结果分析

本书使用 R-3.1.1 软件，调用 BMS 软件包，对模型进行估计。图1-1展示了生产性服务业后验模型规模分布均值，不难看出，模型先验概率的确为均匀分布，符合前述的先验假设；模型后验概率在横坐标取8.8137处到达极大值，也就是后验模型规模分布均值为8.8137，这意味着在抽到的65000个模型中，所有单一模型平均约包含9个解释变量。

表1-2为贝叶斯模型平均估计结果。其中，第三列为后验概率，由式(1-3)得到，表示影响因素的解释能力，且16个变量按照后验概率从小至大排列。第四列是后验均值，由式(1-4)得到，其符号代表影响因子的作用方向；第五列为后验标准差，通过对式(1-5)计算结果进行开方得到；第六列表征符号确定率，它表示出现某解释变量的全部模型回归结果当中，此变量的系数符号与后验均值符号相同的可能性，用来说明变量的稳健性。

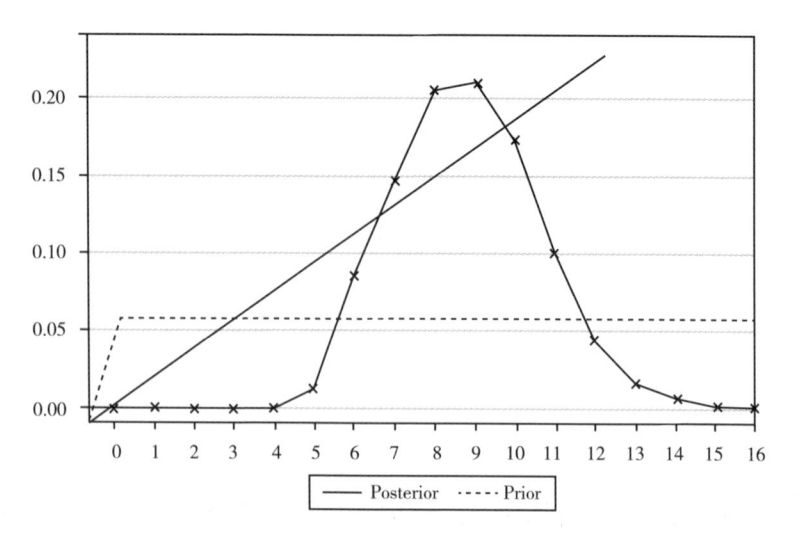

图 1-1　后验模型规模分布均值

表 1-2　　解释变量 BMA 估计结果

序号	变量名称	后验概率	后验均值	后验标准差	符号确定率
1	服务效率（se）	1.0000	0.2980	0.0077	1.0000
2	工业化程度（di）	1.0000	-0.0791	0.0095	1.0000
3	经济发展水平（pgdp）	1.0000	0.0138	0.0033	1.0000
4	劳动力投入（li）	1.0000	0.3001	0.0107	1.0000
5	人口老龄化（odr）	1.0000	-0.0203	0.0038	1.0000
6	专业化程度（ds）	0.8537	0.0115	0.0064	1.0000
7	人力资本投入（hci）	0.7752	-0.0125	0.0084	1.0000
8	基础设施水平（il）	0.6088	-0.0026	0.0025	1.0000
9	产业融合程度（ii）	0.4656	0.0013	0.0017	1.0000
10	对外开放度（op）	0.3321	0.0012	0.0020	0.9989
11	政府宏观调控（gmc）	0.1890	0.0014	0.0037	1.0000
12	市场化程度（md）	0.1433	0.0012	0.0040	0.9939
13	制造业集聚度（ma）	0.1344	-0.0007	0.0026	1.0000
14	物质资本投入（mci）	0.1301	0.0005	0.0019	0.9996
15	城市化水平（ul）	0.1033	0.0005	0.0023	1.0000
16	技术创新（ti）	0.0782	-0.0001	0.0002	0.9140

根据表 1-2 的估计结果可以看出，服务效率、工业化程度、经济发展水

平、劳动力投入以及人口老龄化5个变量的后验概率都达到了1.0000，意味着它们的解释能力最强，是最为重要的解释变量；专业化程度、人力资本投入以及基础设施水平3个变量的后验概率大于0.5且小于0.9，表明它们也具有较好的解释能力，但与服务效率等5个解释变量相比重要性稍弱一些；产业融合程度、对外开放度、政府宏观调控、市场化程度、制造业集聚度、物质资本投入以及城市化水平等7个变量的后验概率都是介于0.1~0.5，说明它们可以对生产性服务业发展进行一定的解释，但与产业融合程度等3个解释变量相比重要性又稍弱一些；技术创新变量后验概率不足0.1，表明它的解释力度最弱，除非有充分的理论依据或较为强烈的主观意念，不然不会将其引入模型当中。此外，观察表1-2容易发现，所有变量的符号确定率都高于90%，表明这些变量的稳健性都非常好，意味着本书的基本结论是稳健的。

由此可见，服务效率、工业化程度、经济发展水平、劳动力投入以及人口老龄化这5个变量的后验概率均为1，远远高于其他变量，它们是我国生产性服务业发展最为密切的影响因子，具体解释如下。

服务效率对生产性服务业的影响是正的。可能的解释为：第一，从行业关联面来看，服务效率提升减少了向下游企业供应中间服务的成本，强化了企业自身的竞争力，牢固了生产性服务业的市场基础，进而促进其增长；第二，从生产性服务业本身来看，服务效率的提升能够减少运营成本，直接导致盈利增加，使自身积累增多，进而会扩大投入力度，驱动自身发展。因此，务必要将提升服务业经济效率作为新时期中国经济转型升级的关键内容。

工业化程度对生产性服务业的影响为负。可能的解释为：现阶段我国服务业发展存在要素配置扭曲现象，一般制造业供给严重过剩与对生产性服务业的投资匮乏问题并存，体现为"总需求向服务业集中而总供给向制造业倾斜"的结构性矛盾，即在资源固定的前提下，工业化发展所要求的资源投入霸占了生产性服务业发展所要求的资源投入，正因为挤出效应的干扰，现阶段我国工业化进程在一定程度上阻碍了生产性服务业的发展。

经济发展水平对生产性服务业的影响为正。可能的解释为：经济水平是生产性服务业得以发展的有力支撑，经济水平越高，对生产性服务业的需求量更大、生产性服务业的供给能力更强，对应着生产性服务业发展状况会更好。目前全国各个省份都在积极适应经济稳增长的新常态，集中精力发展生产性服务业，不断推进产业结构调整升级。

劳动力投入对生产性服务业的影响为正。可能的解释为：劳动力对于所有行业来说，都是一个关键的投入要素，特别是对于服务业，劳动力的投入直接影响行业的规模。某一行业的劳动力数量越庞大，其创造出的价值越高，对于具备很强劳动力就业吸纳能力的生产性服务业格外如此。

人口老龄化对生产性服务业的影响为负。可能的解释为：基于供给层面，我国人口老龄化呈持续增长态势，导致人口红利逐渐消失，人口老龄化会改变劳动力资源禀赋，致使劳动力短缺和成本上升，劳动力供给减少限制了生产性服务业的发展；基于需求层面，人口老龄化对生活性服务业特别是与相关的老年服务业的需求较大，例如个人和家庭服务、健康照料和医疗服务、政府和社会公共部门提供的服务，而对生产性服务业的需求较少，因此，人口老龄化最终会影响生产性服务业发展。

1.4.2 模型有效性检验

以下将从犯错率与参数显著性两个角度验证 BMA 方法在处理模型不确定性问题时发挥的作用。

1.4.2.1 基于模型犯错率的视角

表 1-3 给出了后验概率排在前面的 10 个单一模型，且按照后验概率从大到小排列。第二列数据由式（1-2）算得，第三列数据由单一模型被抽样次数占总抽样次数比重获得。由表 1-3 不难看出，后验概率解析值与 MC^3 模拟值非常靠近，这说明 MC^3 抽样结果收敛于迭代结果，意味着 MC^3 方法是一个有效的抽样技术。此次共抽样了 65000 次，占模型总数 2^{16} 的 99.18%。由第四列可以看出，单一模型的后验概率呈发散分布，后验概率位列第一的模型 1 占总数比重的 21.01%，排名前四的模型共占 59.52%，排名第十的模型比重仅为 3.76%，这说明利用 MC^3 进行抽样时，模型链并没有在任何模型上停留太多时间。观察第五列可以发现，倘若把后验概率最高的模型 1 当作

"真实模型"来进行实证研究,将导致犯错率达到 91.33%,倘若把后验概率最低的模型 10 当作"真实模型",犯错率则会更高,这表明单一模型在解释生产性服务业上存在严重的模型不确定问题,另外也证明了采用 BMA 方法解决模型不确定性的必要性。

表 1-3 排名前十的单一模型 BMA 后验概率

模型排序	后验概率解析值	后验概率模拟值	占前十模型总数的比例(%)	犯错概率(%)
模型 1	0.0846	0.0867	21.01	91.33
模型 2	0.0631	0.0675	16.36	93.25
模型 3	0.0482	0.0466	11.29	95.34
模型 4	0.0415	0.0448	10.86	95.52
模型 5	0.0375	0.0368	8.92	96.32
模型 6	0.0339	0.0342	8.29	96.58
模型 7	0.0303	0.0299	7.25	97.01
模型 8	0.0259	0.025	6.06	97.50
模型 9	0.0257	0.0256	6.20	97.44
模型 10	0.0156	0.0155	3.76	98.45

1.4.2.2 基于参数显著性的视角

对 BMA 方法与单一模型参数显著性进行比照,同样能够判定单一模型的不确定性。表 1-4 给出了 BMA 方法与两个单一模型的对比回归结果。"BMA 模型"一列选自表 1-2;单一最优模型为后验概率值最高的模型,且含有 8 个解释变量;单一模型解释变量数均值为 9,选取表 1-2 中后验概率最高的 9 个解释变量组成九变量模型。由于本书设定所有单一模型为个体固定效应模型,因此,两个单一模型都使用固定效应模型进行估计,计算得到系数均值与标准差。

表 1-4 可以证明 BMA 方法的重要性。对于解释变量基础设施水平,它的 BMA 后验均值及标准差为 0.00226 与 0.0025,单一最优模型结果为 0.0049 和 0.0016,九变量模型结果为 0.0042 和 0.0016。不难发现,两个单一模型参数回归均值均大于 BMA 方法下的均值,但回归标准差却小于 BMA 方法下的标准差。由此发现,某变量在单一模型中统计显著,但在 BMA 模型中却不具

有显著性。因此，在假定单一模型正确的条件下对某些参数显著性作出的判断，在 BMA 方法中几乎都是不成立的。因此，所有解释变量对生产性服务业发展的解释能力不能由单一模型算得的统计量所决定，而应由 BMA 方法计算的后验均值与标准差来判定。对表 1-4 中其余变量同样能够得到相似的结论。

表 1-4　　　BMA 模型与单一模型参数显著性比较

变量名称	BMA 模型结果		单一最优模型回归结果		九变量模型回归结果	
解释变量	后验均值	后验标准差	回归均值	回归标准差	回归均值	回归标准差
服务效率（se）	0.2980	0.0077	0.3003***	0.0072	0.2989***	0.0072
工业化程度（di）	-0.0791	0.0095	-0.0776***	0.0085	-0.0791***	0.0085
经济发展水平（pgdp）	0.0138	0.0033	0.0155***	0.0020	0.0155***	0.0020
劳动力投入（li）	0.3001	0.0107	0.3050***	0.0097	0.3004***	0.0099
人口老龄化（odr）	-0.0203	0.0038	-0.0192***	0.0037	-0.0204***	0.0037
专业化程度（ds）	0.0115	0.0064	0.0117***	0.0041	0.0122***	0.0041
人力资本投入（hci）	-0.0125	0.0084	-0.0137***	0.0049	-0.0163***	0.0050
基础设施水平（il）	-0.0026	0.0025	-0.0049***	0.0016	-0.0042***	0.0016
产业融合程度（ii）	0.0013	0.0017			0.0023***	0.0011

注：***、**、*分别代表单一模型回归系数在 1%、5%、10%的显著性水平上显著。

1.5　主要结论与政策启示

1.5.1　主要结论

本书采用贝叶斯模型平均方法，基于模型不确定性视角，对影响我国生产性服务业发展的众多因素的有效性及稳健性予以识别和检验，估计结果显示，在可能对我国生产性服务业发展产生影响的 16 个指标中，首先，服务效率、工业化程度、经济发展水平、劳动力投入以及人口老龄化等5个变量的后验概率均达到1,意味着上述5个解释变量具有极强的解释能力,与我国生产性服务业发展的关系最为密切;其次,专业化程度、人力资本投入以及基础设施水平等3个解释变量的后验概率大于0.5且小于0.9,表明它们也具有一定的解释能力,但重要性程度弱于前5个解释变量;最后,余下的8个解释变量的后验概率都低于0.5,表明它们解释能力较差。这些结果在一定程度上包容并验证了现有众多国内学者采用单一模型所得到的不同甚至相反的研究结论。此外,本书还基于犯错率和参数显著性两个角度验证了BMA方法确实具备处理模型不确定性的作用。

1.5.2 政策启示

"十三五"期间,大力发展现代服务业,尤其是发展生产性服务业是我国迈入全面小康社会和开启基本实现现代化新进程的重要举措之一。基于上述生产性服务业发展影响因素的实证,在当前我国经济发展新常态背景下,促进生产性服务业加快发展的政策建议如下。

(1) 积极提升生产性服务业经济效率。在提高经济效率方面,不仅仅只重视工业制造业层面,还需多关注生产性服务业层面。首先,政府应统筹规划,切实促进生产性服务业演变成新的经济增长极和可持续增长动能;其次,应建构并完善工作推进机制,定制和施行针对性规划、生成年度评价体系以及考核机制;最后,应继续降低市场准入体制,让市场主体的能动力与创造力得以更大程度释放。

(2) 努力解决生产性服务业结构性矛盾。我国生产性服务业发展过程中存在严重的要素配置扭曲问题,一般制造业供给严重过剩与对生产性服务业的投资不足短板并存。为此,政府应把滥用在"僵尸企业"、过剩产能中的实物资源、信贷资源和市场空间,利用供给侧结构改革、剿灭"僵尸企业"、去除过剩产能等实际行动,逐渐市场化地迁移至生产性服务业。

(3) 适时进行"简政放权"等制度改革。生产性服务业供给侧改革过程中,离不了制度改革。对生产性服务业适时实施简政放权、减税降负等政策,有助于其健康可持续发展。生产性服务业是人力、知识和技术资本集聚行业，具有轻资产、折旧快等特征，致使其实际税负已重于制造业。除了做到简政放权、减少审批周期，还需减少行业税收和物流成本，释放制度红利，共同促进我国生产性服务业持续健康发展。

（4）挖掘人口第二次红利，倒逼劳动力素质提升。随着中国老年人口比例的不断提高和刘易斯转折点的到来，人口红利渐渐消失。面对人口老龄化给生产性服务业部门带来的挑战与机遇，一是要驻足未来，密切关注我国人口老龄化带来的庞大服务需要，加快增强相关老年服务业供给质量；二是要努力学习美国等西方国家应付人口老龄化的成功经验，正视挖掘人口第二次红利，提升劳动者素质和效率，补全劳动力不足短板，持续推进生产性服务业供给迈向依托知识、技术和人力资本驱动的新阶段。

第 2 章
知识密集型生产性服务业促进企业创新的机制

2.1　引言

2.1.1　现代生产性服务业的知识密集型特征

"现代服务业"是我们国内的提法，先后在 1997 年 9 月党的十五大报告中、2000 年 10 月十五届五中全会关于"十五"计划建议中以及党的十六大报告中使用，但没有给出明确的定义，在我国国民经济统计体系中也没有确认现代服务业的界定范围，在国际上正式使用现代服务业概念的也并不多见。国内对现代服务业比较一致的看法是：现代服务业是依托现代电子信息等高技术或现代经营方式和组织形式发展起来的服务业，既包括新兴服务业，例如以互联网为基础的网络服务、移动通信、信息服务、现代物流等行业；也包括对传统服务业的技术改造和升级，例如电信、金融、中介服务、房地产等行业，其本质是实现服务业的现代化。

在现代服务业中，现代生产性服务业是核心。生产性服务业作为货物生产或其他服务的投入而发挥着中间功能,他们提高了生产过程中不同阶段的产出价值和运行效率,是形成生产者产品差异和增值的主要来源,技术或知识密集型的生产性服务更是商品和服务提高竞争力和效率的关键。可以说,现代生产性服务业大多具有知识、技术密集型的特点,与通常所说的知识密集型服务业（knowledge – intensive business service，KIBS），或称知识密集型商业服务业,在概念的外延上有许多重合之处,本书称之为知识密集型生产性服务业。

按照迈尔斯等（Miles et al.）在1994年对知识密集型服务业的分类,市场营销、培训、设计、财务服务、建筑服务、管理咨询、电信服务、计算机网络、环境服务等生产性服务,要么属于密集使用新技术的服务,要么属于建立在新技术基础上的知识密集型服务。因此,现代生产性服务业的知识密集型特征主要表现在以下四个方面：（1）组织自身就是主要的信息与知识来源,知识是其核心产品并构成了组织的竞争优势；（2）组织一般由具有专业特长和经验的人员组成,提供的服务很大程度上依赖于专业知识,其服务的知识和能力与人员的素质密切相关；（3）运用知识为客户的生产过程提供中介服务,或者为商业企业提供支持性服务；（4）以满足客户的特定需求为导向,服务越来越强调定制化的特点,为客户创造性地制订解决问题的方案。

现代生产性服务业不直接参与生产或者物质转化,但又是任何工业生产环节中不可缺少的活动。从生产性服务的特殊功能出发,生产性服务业的发展和创新对增强企业自主创新能力、建设创新型制造业基地尤其具有关键的意义,具体来说,现代工业和制造业已经广泛融入研发、产品设计、品牌策划等生产性服务业成分,对企业技术进步和创新有直接的决定性作用；现代市场营销服务不仅可以发现市场需求,还具有创造市场需求的功能,对于企业开展市场需求导向的创新活动具有重大影响；现代金融服务和专业服务等都是企业创新必不可少的条件；现代物流和供应链管理等广泛应用了信息技术成果,是产业创新链条的重要组成部分。

随着计算机信息技术的飞速发展和制造业国际竞争的加剧,制造业对知识密集型的产前、产中和产后服务的依赖程度越来越高,生产性服务业正加速向制造业前期的研发、中期的设计和融资以及后期的分销和信息反馈过程渗透。加速推进工业化和实现经济增长方式的转变，不单单是哪个产业内部的事情，而是已经超出了产业本身，在研发、创新、降低物流成本、开拓国际市场等方面，都要靠服务业尤其是现代生产性服务业来支撑。

2.1.2 知识密集型生产性服务业在区域创新系统的作用

知识密集型生产性服务业所提供的基本内容多数是属于人力资本范畴的知识与技术，与电子信息、通信等现代高新技术产业的联系非常紧密，快速变化的技术环境和世界经济一体化的发展对生产性服务业不断提出新的要求，知识密集型生产性服务业作为知识创新的核心，越来越趋向知识、技术密集化和代表先进生产力的特征。

2.1.2.1 知识密集型生产性服务业是新技术的使用者和推进者

知识密集型生产性服务业是新技术最主要的使用者，制造业的先进技术往往通过产业间的技术扩散，成为服务技术引进的主要来源。服务业对新技术的普遍应用为新技术的发明创造者提供了丰厚的回报，对新技术的发展起到了重要的推动作用。服务业对新技术的促进作用主要体现在以下三个方面：(1) 服务业指引新技术的发展方向，服务部门所产生的新的需求是现有技术研究和开发的方向，是新技术所追求的目标，对新技术的发展起到了重要的拉动作用；(2) 服务业是新技术最主要的推广者，特别是从事技术和支持性服务的服务业；(3) 服务业促进了多项技术之间的相互融合和发展，例如，有些物流公司已经将传统的运输服务和咨询服务、软件服务进行系统集成，既为用户提供传统的运输服务，同时也充当了知识密集型服务提供者的角色。

2.1.2.2 知识密集型生产性服务业在服务客户的过程中不断进行着知识创新

在经济学理论上，很少有人将服务业视作技术进步的主体或创新的发源产业；通常视其为有形商品部门技术的使用者，即认为服务业的技术进步就是取决于有形商品部门的技术发展。事实上，有形商品部门技术的引进不足以从根本上导致服务业的技术革命。因为服务具有产销不可分离的特性，其技术引进的过程也是技术创新的过程，需要对服务业组织体系和组织技术的重新构造和创新，才能使资本内含型的技术充分发挥效率。所以从某种意义上说，服务业不仅仅是新技术的纯粹引进者，自身同样具有知识创新的功能。康·瑞伊（Kong-Rae lee）在2003年认为知识密集型生产性服务业的知识创新模式主要有三种类型：第一种是由服务业发起创新，通过向广泛的用户提供服务，将服务创新推向市场；第二种是用户需要特殊的服务解决其所面临的问题，为了满足用户需求，服务提供者进行创新并将之推向市场；第三种是用户同服务提供者在交互作用的过程中，由服务者提出创新性的服务，用户接受服务提供者的建议，采取新的服务，将创新性的服务推向市场。可见，生产性服务在与客户的互动接触和服务过程中，不断推动着组织和管理领域的互补性创新。

2.1.2.3　知识密集型生产性服务业的知识输出促进了制造业的知识创新

知识密集型生产性服务业与制造业有着唇齿相依的关系，"服务生产的外在化"促进了生产性服务业的快速发展。随着生产性服务活动趋于高度知识密集化的特点，生产过程的产前、产中和产后诸环节投入的专业化服务所创造的增值量开始超过物质生产阶段所创造的增值量。因此，现代知识密集型服务业作为制造业中间投入的重要组成部分，成为有形产品创造差异化优势和增值的主要源泉，也是工业企业之间非价格竞争的决定性因素。生产性服务提供者的知识输出过程，引导和促进了制造业部门的技术变革和创新。知识密集型生产性服务业对制造业的知识输出形式主要有：①结合商业和科技信息，向客户提供咨询、情报报告、金融分析和预测等服务；②结合人口统计信息、人员态度调查和定性研究，为客户提供有关消费者市场及用户的市场调研、公共关系和广告服务；③结合物流、电子商务知识，为供应商提供供应链管理方面的服务；④结合环境情报、产品管理、生态知识等，向客户提供环境审查、咨询、垃圾处理等服务；⑤结合客户组织的内部环境，选择和运用技术及组织技巧、管理程序等"软技术"，为客户提供系统集成和技咨询服务、管理咨询以及战略规划服务；⑥运用有关劳动技能、培训、雇用、实践、谈判等知识，为客户提供人士招聘、培训及人力资源开发服务等。在科技日新月异和产业发展日趋融合的今天，没有哪一家企业可以独立掌握市场所需要的所有技术知识，因此，寻求技术外援、建立各种技术合作或联盟已成为企业普遍应用的战略手段。知识密集型生产性服务业所提供的管理咨询、R&D服务、工程设计、广告、金融等专业服务一方面为制造企业提供了不可或缺的技术支持，为产品增添价值和竞争力；另一方面也使制造企业能够利用其优势，集中力量创新和发展核心能力。

2.1.2.4 知识密集型生产性服务业的发展促进了区域知识扩散

知识密集型生产性服务业在知识创新和输出的同时，对整个区域的知识溢出效应明显，带动了区域科技的发展和创新。首先，知识密集型的生产性服务业一般是新技术的使用者，它们在推广新材料和新系统方面发挥着重要的作用。通过新技术的采用，为客户或本行业其他公司提供软件或其他知识工具的支持，同时，许多新的技术知识有可能在这些具有某项核心技术的专业知识密集型服务业中产生。其次，生产性服务将新技术（如IT技术）与特殊领域的专门知识相结合，将客户、公司和部门联系起来，促进了多学科知识的融合与发展，也推动了新技术在不同产业及产业内部各环节的渗透和扩散。最后，由于生产性服务技术主要是有关组织创新技术方面的内容，形式上一般以专有知识的形态存在；通过对员工的挑选、持续培训和鼓励员工终身学习，内化于员工的知识是生产性服务业竞争优势的主要源泉。所以人力资本的流动经常成为服务创新转移的主要载体，生产性服务业的人力资本流动加大了知识"溢出"的速度和范围。

2.2 相关研究综述

随着创新系统范式的演进，人们越来越认识到，单个个体和组织的孤立创新行为只出现在一些例外情况下，技术创新通常会涉及许多不同的参与者。

在成功创新的过程中，企业内和企业间的有效创新组合和知识管理是必不可少的。创新系统思想强调创新过程中外部知识源和外部支撑要素的重要性，同时也强调在此过程中众多参与者的重要性。知识密集型服务业可看作是外部知识的重要提供者，它支持并参与不同参与者之间的知识交易。不管是企业创新系统、国家创新系统，还是区域创新系统，知识互动成了创新系统构筑必须考虑的新要素，而这种知识互动往往是通过知识密集型服务业来实现的。所以知识密集型服务业可以被看作是创新甚至整个创新网络的有力组织者，它们在顾客、合作者、公共机构和技术基础设施组成的系统中承担节点的功能，成为整个国家和社会创新系统中的一部分（Marja Toivonen；魏江，2004）。

自20世纪90年代以来，国外学者对知识密集型服务业重要作用的关注尤为突出。其原因是多方面的：（1）在发达国家经济中，知识密集型服务业越来越成为经济增长和高质量就业的重要源泉。（2）知识密集型服务业比较鲜明地体现了服务的特性，即无形性、信息和知识的加工高度依赖于人、生产和提供的过程需要客户与供应方密切互动接触。（3）知识密集型服务业本身充满活力和知识趣味（Tether & Hipp，2002），不仅自身不断地进行知识创新，同时与客户一起进行知识创新。来自OECD国家的研究表明，知识密集型服务业已经成为将大企业创新向小企业扩散的最常见途径。

美国学者马克卢普（Machlup）在1962年最先提到技术和其他知识密集型服务在整个经济中对有效分配知识的重要性。1974年，经济学家丹尼尔·贝尔正式提出了"知识型服务业"的概念。20世纪90年代以来，随着信息和通信技术的迅猛发展，人们开始把知识纳入服务业研究的范畴，揭示服务业发展过程中知识和专门技术的作用（魏江等，2004）。20世纪90年代中期，迈尔斯等（1995）将服务业划为更精细的类别，提出了知识密集型服务业的概念，并将其分为传统的专业服务和以新技术为基础的知识密集型服务业（简称"T-KIBS"）两类。从国际范围来看，对知识密集型服务业的研究仅有10余年的时间，理论界从最初关注知识密集型服务业对经济增长的重要性，到对服务创新活动特殊性、创新行为以及知识密集型服务业在创新系统中作用的关注，进而探究其推动经济增长的深层次原因。主要集中在以下三个方面。

一是对服务业创新特征方面的研究。20世纪80年代至90年代，巴塞特

第 2 章
知识密集型生产性服务业促进企业创新的机制

（Barcet，1987）、凯德瑞（Cadrey，1993）、盖卢氏（Gallouj，1994a、1994b、1995）、马丁·霍恩（Martin Horne，1993、1994）、孙伯（Sundbo，1994、1996、1997、1998、2002）、迈尔斯等（1994）和哈克奈斯（Hauknes，1998）对服务业的创新特征、创新组织和过程进行了研究。来自 OECD 等国家的研究表明，服务越来越以知识为基础，也越来越具有创新性（Tamura et al.，2004）。欧洲区创新调查（CIS）对研究服务创新评价指标体系和制定国家支持服务创新的政策都具有重要的意义。

二是对知识密集型服务业竞争力来源和创新模式的研究。泰克尔等（Techer et al.）在 2000 年指出，IT 密集的金融和远程通信服务业具有很高的创新水平，T-KIBS 已经成为技术创新最为活跃的行业。泰克尔和希普（2002）对德国服务企业的创新类型和竞争力来源进行研究，对比分析了知识密集型服务业、技术服务业与一般服务业竞争力来源和创新模式的差异，并提出关于服务业创新方面有价值的观点。豪厄尔斯和罗伯特（Howells & Robert，2000）意识到 KIBS 作为连接国际、国内、地区三个不同层次知识系统的桥梁的重要性。知识系统在形式上可以是层级型也可以是网络型，无论哪种形式，知识密集型服务业都发挥作用。

三是对知识密集型服务业支持客户创新方面的研究。在创新系统中，知识密集型服务业是知识的携带者、创新的加速器和创新的源泉（Bilderbeek et al.，1998）。贝当古（Bettencourt，2002）、赫托格等（Hertog et al.，2008）分别对知识密集型服务业在创新过程中充当"创新的合作生产者"的角色进行研究；伍德（Wood，2002）从咨询业如何影响客户创新的角度，分析了知识密集型服务业促进城市创新的作用和方式；凯德瑞（Cadrey，1998）对商务服务和专业服务中服务提供者与顾客的相互作用以及米勒（Miles，2003）对知识密集型服务提供者与顾客的关系进行了分析。

国内对知识密集型服务业的研究在 20 世纪初才开始，这与我国过去对服务业认识上的偏见，以及知识密集型服务业的发展还处在起步阶段有直接关系。国务院发展研究中心于 2001 年给出了中国知识密集型服务业的定义，金雪军等（2002）将知识服务业概括为技术服务（硬知识服务）、咨询服务（软知识服务）和电子商务服务（混合知识服务）三种类型。魏江与马克·

伯登（Mark Boden）在2004年的研究建立了服务业和知识密集型服务业创新范式研究的框架性思路，揭示了服务创新和知识服务业创新的基本理论，对比提出了中国知识密集型服务业发展的对策建议。蔺雷、吴贵生（2004、2005）对服务创新概念的界定、研究方法等进行了系统研究，分析了服务创新的四维度模型，对服务创新研究和企业服务创新管理提出了见解。张金成（2005）系统阐述知识密集型服务业的知识创新体系；刘顺忠（2008）则从知识转换四阶段出发建立了研究知识密集型服务业在知识系统中作用机理的分析框架，这些成果都为本书的开展提供了理论指导。

随着我国服务业逐步扩大开放，以及制造业与服务业日益紧密的互动共生关系，现代生产性服务业发展在我国受到空前的重视。加快知识密集型生产性服务业的发展，不仅是我国服务业应对外资竞争的需要，更是发挥知识密集型服务业的知识中介作用，促进制造业转型升级的需要。目前，我国生产性服务业尚不发达，高端知识密集型服务的供应还很不充分。同时，由于知识密集型服务业本身是不同服务门类的组合，各种知识密集型服务业支持客户创新的条件和程度不尽相同。学界对知识密集型服务业支持客户企业创新的认识还比较模糊，企业对如何获得外部知识密集型服务的支持、如何协调与知识密集型服务业的合作关系并开展有效的创新尚未形成清晰的理论框架，有待开展进一步研究。

2.3 企业知识密集型服务活动（KISA）外包的动因分析

20世纪80年代以来，全球范围内服务外包市场迅猛发展，一些大型工业企业不仅将常规的生产环节大量外包，也开始将R&D、产品设计、工程服务等知识密集型服务活动（knowledge－intensive service activities，KISA）外包。知识密集型服务业的主要价值增值活动包括积累、创造或扩散知识，旨在开发定制化的服务或产品解决方案以满足客户需要。知识密集型生产性服务业凭借在某一领域的知识优势，越来越成为制造企业，尤其是广大中小企业获取外部知识的重要依托。已有文献多数从宏观层面探讨了知识密集型生产性服务业在创新系统中的知识转移和扩散角色，及其将散布在经济活动中的一般性知识与客户的本土化需求相融合的节点功能，对知识密集型服务业与客户企业互动的微观层面的研究尽管有所增长，但尚缺乏一致性的理论分析框架，对知识密集型服务活动外包动因及创新产出影响机制的探讨还不够系统。在制造业竞争日趋同质化的今天，研究企业知识密集型服务活动外包的动因及产出机制，对促进制造企业与外部知识密集型服务业加强联结，提升制造企业乃至整个产业的创新能力具有十分重要的意义。

2.3.1 交易成本理论视角

按照交易成本理论，企业通过市场价格机制购买所需的产品存在一定的交易成本，信息不完全和不完全竞争是形成交易成本的主因。知识密集型服务往往是具有无形性、异质性、互动性和定制化的典型服务产品，企业很难在使用之前判断其适用性和质量，事前的搜寻成本一般比较高，后续的监控和执行成本也相应提高。因此，服务外包的交易成本比制造业产品要高。企业选择自制还是外包，取决于"交易成本+市场交易价格"与内部化生产成本的比较。交易成本理论强调，不可知的环境变化或供应商的机会主义行为所造成的不确定性可能阻止技术、信息、管理诀窍等知识密集型中间产品的外部化。企业基于风险和成本而偏向于外部购买或内部研发战略，并且外部知识获取与内部研发被认为是有替代效应的。

从企业组织层面，对专业服务需求的传统经济分析关注对内部提供还是外部购买的选择，决策的依据是比较成本和绩效质量。市场交易价格的基础是外部服务供应商的生产成本，对制造企业而言，由于需求的周期性和不可预测等特点，将全部跨不同领域的技术能力内部化是不现实的，也会造成内部不经济，而外部服务供应商的专业化程度较高，更胜任和有能力实现规模经济和范围经济，促使企业将自身能够完成的、不构成其核心业务的大部分专业及商务服务活动外包出去，以提高竞争力。

2.3.2 资源基础理论视角

资源基础理论认为，能力发展需要企业重视外部资源，而不是降低成本，外部知识与内部研发能力呈互补而非替代关系。事实上，随着服务业专业分工的深化，许多 KISA 外包是源于企业自身能力的缺失，"成本"并非关键的考量因素。有学者对美国大企业工业设计服务外包的实证表明，仅 30% 企业的工业设计服务外包具有由"内"向"外"的特点，而其余 70% 的企业购买了自身未曾有过的服务。

按照资源基础理论，企业的竞争优势源自企业所拥有的资源，在竞争比较充分的市场，许多资源是可以通过市场交易获得的。多数企业选择外部供应商的原因或是基于内部能力缺乏，抑或是倾向于将已有的资源专注于核心业务，以减少分散。在过去的几十年中，服务和服务部门都经历了显著的创新变化，例如金融服务开发、管理方法创新、计算机软件的日新月异等。知识密集型服务机构拥有更专业化、质量更高或更具创新性的中间产品，许多服务与特殊领域的新技术和新知识密切结合，这些根植于制造业之外的专门知识和创造能力恰好是其他企业所缺乏的。而且，随着产品复杂性的加大，即使一些大型企业也面临着寻求外部技术支持的需要，这些技术领域已经超出了企业内部核心能力的边界，而独立的知识密集型服务机构专业化程度较高，往往能够提供更加优质的服务，因此，通过 KISA 外包可以使企业获得互补性的资源和能力。

2.3.3 知识基础理论视角

知识基础理论是资源基础理论的扩展和延伸。随着理论研究的深化，人们逐步认识到，并非所有的资源都可以成为企业竞争优势的来源，能够为企业带来持续竞争优势的资源必须具备四个特点，分别是价值性、稀缺性、不可完全模仿性以及不可等效替代性。企业的知识，尤其是企业特有的生产性知识、制度性知识和管理性知识，及企业拥有的隐性知识符合上述特点。因此，知识是企业所拥有的最为重要的战略资源，也是企业核心竞争力的主要来源。组织中知识的一个主要来源是经验，即组织可以向过去累积的经验学习以开发私有的知识和能力。除此之外，获取性学习也是企业创造新知识的重要途径。企业要在激烈的市场竞争中赢得优势，就必须从外界获得知识和信息。通过获取外部的知识和技术，企业在先前累积的知识基础上进一步内化外部知识，从而创造出新知识和能力。一般而言，企业从外部所获得的知识资源分为辅助性资源与互补性资源两大类，辅助性知识资源是企业本身所拥有的，获取的目的是减少成本和提高生产（服务）效率；而互补性知识资源是企业不曾拥有的，企业通过与外部知识密集型服务机构的合作生产或集成知识，实现企业内部知识与外部知识的有效整合，从而在联合双方知识资源的基础上实现更高层次的创新。

经验积累和知识基础固然重要，而动态的知识管理对企业创新更具价值。知识的获取、累积、使用和扩散的知识管理实践对企业的竞争优势和核心能力具有决定性的影响，KISA 外包的过程恰恰是企业通过与外部商业伙伴的活动来获取、扩散和创造知识的过程。总之，知识基础理论在融合资源基础理论、能力基础理论、组织学习理论等的基础上，采用了更为动态和宽泛的分析框架，强调了知识资源的特殊性和动态的知识管理过程，对解释 KISA 外包动因提供了更为本质的视角。

2.4 企业知识密集型服务活动外包过程与合作生产机制

知识密集型服务活动的外包不同于有形产品的即时采购，它是一个知识转移（或信息转移）的过程。由于知识密集型服务活动一般具有复杂性、非结构化和高度定制化的特点，制造企业 KISA 外包的过程，也是制造企业与知识密集型服务机构的合作生产（co-production）与互动创新过程，需要企业的参与人员和知识密集型服务机构的专家进行多种形式的相互学习和能力互动。

2.4.1 企业知识密集型服务活动的外包过程

2.4.1.1 知识密集型服务机构与客户企业的合作生产

几乎所有的 KISA 外包都涉及合作生产，创新的产出往往是知识密集型服务机构与其客户利用各自的优势共同合作完成的。从知识密集型服务机构的角度来说，合作生产强调客户企业为实现更优化的基于知识的解决方案，与服务供应商建立更有效的工作关系，以及提高项目成功的可能性，应表现出一系列合作行为。合作生产反映了 KISA 外包过程中组织间的合作伙伴关系，在这种关系中，知识的积累、创造和扩散是双方行为贡献的焦点，也是合作关系的价值所在。

知识密集型服务机构与客户企业的合作生产包含多个不同的阶段，如盖德瑞和伽卢氏（Gadrey & Gallouj，1998）将客户企业寻求外部咨询服务的过程分为识别、分析、建议和实施四个阶段，菲利普·科特勒（2003）将组织型客户购买专业服务的程序分为问题确认、一般需求描述、服务规格、供应商调研、投标邀请、供应商比较、订购及履约监督八个步骤，伊恩·韦伯（Ian Webb，2002）则将 IT 技术服务的购买和提交过程划分为准备服务包、共同定义服务包、生产服务包和服务包运作四个阶段。每个阶段的任务和重点均有所不同，知识密集型服务机构与客户企业的合作生产的本质是实现双方的互换。

2.4.1.2 知识密集型服务机构与客户的知识互动

合作生产知识的过程至少涉及两个主体：专业服务供应商和客户。通常情况下，知识密集型服务机构和客户双方都拥有一定量的完成服务生产任务的信息，而这些信息不是共享的一般性知识，需要时必须从一方转移给另一方进行加工处理。知识密集型服务机构提供以知识为基础的中间产品或服务，从而对客户企业的知识生产作出贡献，而客户本身也拥有知识密集型服务机构要成功提交服务解决方案所必需的知识和能力，既有如技术平台等显性知识，也有如经验、诀窍、工作流程等隐性知识。

在知识密集型服务机构和客户企业合作创新的过程中，伴随着多样化的知识资源流动，不同类型、不同表现形式、不同性质以及不同来源的知识在知识密集型服务机构与其客户的互动中不断被整合、创造和扩散。这些知识互动和信息的转移与加工是一种反复的、环形的、交互学习的过程。在此过程中，不仅知识密集型服务机构扩大了其知识基础并且带来新的知识交流可能，客户企业通过隐性知识与显性知识之间螺旋式的交流循环，组织的知识被创造出来并不断拓展，新的知识不断产生、应用和被改进。

2.4.1.3 知识密集型服务机构与客户企业的接触界面

服务机构与客户之间的接触界面（interface）是用于阐述客户组织和服务供应商之间信息与知识交换的功能以及合作实施功能的术语，区别于传统的产品创新和过程创新，专业服务供应商与客户的接触界面是创新的集中地和源泉。接触界面包含三层功能：一是涉及不同的合作阶段，每个阶段或多或少有互动发生。二是通常对应一个特定的工作组织，其中包括企业和外部服务机构的专家。这一组织可能是非正式和灵活的，也可以是结构化程度较高的项目团队。三是内外部参与者根据各自的优势承担不同的角色，为实现成功的合作，双方的角色选择、职责分工和权力分配非常关键。

陶德尔（Tordoir，1995）对服务提交过程中双方专业知识和技术互动的方式进行研究，将服务提供者与客户接触界面的互动模式分为诊断式联结、工作式联结、销售式联结三种类型；盖德瑞和伽卢氏则将双方的互动模式分为承包式（jobbing）和切磋式（sparring），并结合是否包含项目实施环节，将咨询机构与客户的接触界面分为对应的四种关系。尽管各种分析框架所关注的维度和划分方法有所不同，但都暗示了双方的知识距离、互动强度和范围、项目实施深度、人员及职责分配等是影响合作生产绩效的重要因素。

2.4.2 企业知识密集型服务活动外包的合作生产机制

通过大量的文献梳理和分析，在综合考察企业 KISA 外包的动机、KISA 外包过程中知识密集型服务机构与客户企业的合作生产环节、双方的职责承担及知识互动的基础上，本书构建了企业知识密集型服务活动外包的合作生产机制模型，如图2-1所示。

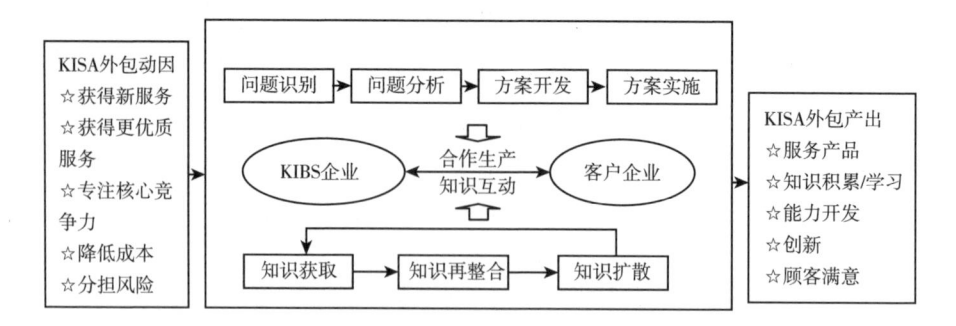

图2-1 企业知识密集型服务（KISA）外包的合作生产机制

首先，相关研究表明，小型制造企业也将设计等知识密集型活动外包给专业的咨询机构，通常其外包的原因与内部缺乏专业的技术资源有关，例如缺少具有相应资质的、专业的工程设计人员等。然而，随着现代大型制造企业系统集成战略的推行，像波音公司等大型企业也将工业设计等服务外包，通过嵌入外部供应商网络以分散新产品开发的商业风险。在20世纪90年代以来的相关系列研究中，服务质量是制造企业外购技术服务的最具一致性和最重要的原因。因此，综合已有的研究，我们将企业外购KISA的动机归结为：（1）获得全新的服务；（2）获得更加优质的服务；（3）专注于核心竞争力；（4）降低成本；（5）分担风险等。

其次，KISA外包能否取得预期的产出结果并获得客户企业满意，很大程度上取决于互动过程质量以及服务提供方和客户企业的专业人员沟通联结的程度。我们将典型的知识密集型服务机构（如咨询公司）与客户企业的合作生产过程界定为问题识别、问题分析、方案开发和方案实施四个基本环节（见表2-1）。通常情况下，要实现满意的服务外包产出，每一个环节都需要服务供求双方进行密切的沟通互动，在履行好各自职责的基础上共同完成任务。在问题识别及问题分析阶段，信息的交换和对症状诊断对服务产出绩效起到关键性的作用。很多客户企业可能不具备分析和权衡自身问题的紧要程度并将之形成战略构架的能力，需要外部机构帮助其分析和定义创新中的特定需求。根据任务类型、双方的知识距离等因素，不同合作生产阶段双方的互动程度也会有差异。在问题识别阶段,通常需要双方进行高度互动,在问题分析及方案开发阶段,双方可能需要低度或中度的互动,而在方案实施阶段,双方需要进行低度或高度的互动。在合作生产过程中,知识密集型服务机构和客户企业能否表现出恰当的、双方期望的行为,是决定企业知识密集型服务活动外包绩效的关键。

表 2-1　　　　知识密集型服务机构与客户企业合作
生产的阶段、职责和互动特征

合作生产环节	问题识别	问题分析	方案开发	方案实施
KIBS 机构的职责	描述服务、开发产品、详述产品、营销宣传、网站沟通	提出建议、合同谈判、项目定义、项目计划、服务标准协议	分析问题、寻找和综合信息、方法和技术工具运用、形成建议方案等	培训、帮助和支持、咨询、项目追踪与评价、服务管理等
客户企业的职责	需求分析、可行性论证、投标邀请搜寻信息	阐明和评价、服务磋商、合同谈判、服务标准协议	现场准备、提供信息、参与讨论、服务磋商、方案评价反馈等	本地支持、实施反馈、服务管理、服务满意度评价等
互动特征	高度互动	低度或中度互动	低度或中度互动	低度或高度互动

再其次,知识密集型服务机构与客户企业的合作生产伴随着知识获取、知识再整合和知识扩散的过程。在知识获取阶段,为了解决客户的问题,KIBS 要与客户保持密切的沟通交流以定义问题,提出解决方案,KIBS 在服务设计和提交的互动过程中获取知识,这也是知识密集型服务机构从不同领域的客户吸收知识的一种渠道;在知识再整合阶段,KIBS 整合从客户已有的知识库中吸收的知识,并在知识的重新整合中创造新知识。从客户那里获得的隐性的、特定领域的知识被 KIBS 编码并形成其自身的知识基础;在知识扩散阶段,KIBS 将新的知识应用到新的服务产品或流程中去,为其与客户的互动交流和向客户转移知识创造了新的机会。

最后,客户企业在与知识密集型服务机构的合作过程中获得的产出是多样化的,可能表现为行为、过程和绩效。多数情况下,服务提供者与客户之间的互动结果非常复杂和难以准确描述,伴随具体的解决方案,可能产出更加模糊的成果或表现为过程形式的知识交换。总体而言,企业 KISA 外包的产出主要有服务产品、知识积累和学习、能力开发、创新及顾客满意等。

综上所述，本书从交易成本理论、资源基础理论和知识基础理论的视角对企业知识密集型服务活动外包的动因进行了理论溯源，并围绕知识密集型服务机构与客户企业的合作生产、知识互动和接触界面互动模式分析了企业KISA外包的过程。在此基础上，构建了企业KISA外包的合作生产机制模型。该模型不仅从过程和职责分析的角度强调了要实现满意的服务外包产出，KIBS与客户企业合作生产的关键环节和职责，也从知识管理的角度揭示了KISA外包过程中知识密集型服务机构与客户知识转移和互动创新的本质，为进一步研究影响企业KISA外包产出绩效的关键环节和影响因素提供了整合性分析框架。

2.5　制造企业与知识密集型服务机构的合作创新策略

传统的观点认为，服务业不如制造业具有创新性，认为服务业在创新系统中处于支配和从属地位。然而，来自经济合作与发展组织（OECD）及一些发达国家近期的研究表明，服务越来越以知识为基础，也越来越具有创新性，知识密集型生产性服务业对经济增长的推动作用和杠杆作用日渐突出，并在国家创新系统中扮演着知识基础设施和知识转换者的重要角色。知识密集型生产性服务业不仅是新技术的使用者和推进者，它在服务客户的过程不断与客户（企业或其他组织）合作生产知识，并通过知识输出促进了制造业及其他产业的创新和增长。因此，发展知识密集型生产性服务业对培育一个国家的经济发展潜力，构筑国家和地区的创新系统起着至关重要的作用。

由于服务业与制造业的互动共生关系，加快制造企业与知识密集型服务机构的合作创新，不仅是服务业应对外资竞争的需要，更是发挥知识密集型生产性服务业的知识机构作用，促进制造业转型升级的需要。浙江制造业发达，不仅具有长三角优越的区位优势、较强的劳动力成本优势和较好的产业基础，还具有明显的体制创新优势。但是，以民营经济为主体的浙江制造业主要由中小企业构成，许多中小制造企业处在城市周边的乡镇（街道），受资源、区位环境和企业先天素质的影响，企业的自主创新能力普遍较弱，需要

第 2 章
知识密集型生产性服务业促进企业创新的机制

外购知识密集型服务以增加市场份额、改进产品（或服务）质量和扩大产品种类。从目前浙江服务业的内部结构来看，交通运输、批发零售、餐饮等传统服务业仍占主导地位，而设计、咨询、金融保险、技术服务等知识、技术密集的现代服务业发展相对落后。随着计算机信息技术（ICT）的发展和制造业国际竞争的加剧，制造企业对知识密集型产前、产中和产后服务的依赖程度越来越高，知识密集型生产性服务业发展落后已经成为制约区域制造业升级的"瓶颈"因素。

由于知识密集型生产性服务业本身是不同服务门类的组合，各种KIBS支持客户创新的条件和程度不尽相同。随着信息技术的快速发展，企业对知识获取和知识整合的需要日益加强，同时知识加工、储存和转移的频率也不断提高，在这样的背景下，单纯依靠企业自身能力来实现全部新知识的转移和吸收非常困难，而KIBS凭借其在某一领域的知识优势，可以帮助企业完成相应领域的知识扩散，在服务嵌入过程中双方共同参与、沟通、信息共享和高层管理支持，推动企业恰当地嵌入知识密集型服务来有效地实现技术创新。因此，各级管理部门和实践工作者进一步转变观念，将发展知识、技术密集型的现代服务业放在与建设先进制造业基地同等重要的地位，加快知识密集型生产性服务业的发展，不断完善知识密集型服务供应环境，为浙江广大中小制造企业嵌入外部知识密集型服务加快创新创造条件。

制造企业与知识密集服务机构的合作创新是双方共同围绕特定创新任务的实现而形成的一个行动系统，包括了结构维与过程维。结构安排涉及组织与决策两个方面，过程安排涉及资源与协作两个方面。具体而言，制造企业与知识型密集服务机构共同组织与共同决策为服务创新提供了恰当的结构安排，而资源共享与任务协作则促使制造企业与知识型密集服务机构整合如一个集体一样行动，促进具体创新活动的实施与推进。因此，创新实践中可以充分利用制造企业与知识型密集服务机构交互模式实现服务创新绩效的提升。

2.5.1 搭建制造企业与知识型密集服务机构的共同决策机制

制造企业与知识型密集服务机构的共同决策机制的建立，能促进内部知识整合和外部知识整合,这对提升服务创新水平具有重要意义。服务创新实践中应该优化制造企业与知识型密集服务家机构之间的共同决策机制,并在协调解决问题的过程中培育双方能理解的行为规范和共同语言,促进知识整合,进而提升服务创新水平。同时,知识密集型服务企业还应该通过共同决策及时获得制造客户对服务创新过程的直接反馈,及时调整服务创新过程中的不足与遗漏,提高创新绩效水平。并且,知识密集型服务企业应该意识到,通过鼓励制造客户积极参与服务创新决策,有助于引导顾客相信并感觉到他们是能够影响知识密集型服务企业在创新中整合了其认为有价值的特征,进而能够提升制造客户对最终服务创新产出的接受与满意程度。

2.5.2 动态调整制造企业与知识型密集服务机构的共同组织水平

服务创新实践者应该充分理解共同组织的内涵,了解其对知识整合的作用方向与效果,从而根据知识整合的目标动态调整共同组织水平以提升服务创新绩效。服务创新实践中共同组织通过提供制造企业与知识型密集服务机构共同可遵循的行动规则及流程发挥着协调机制作用,减少沟通与决策的数量,并有助于创新过程不确定性的降低。然而,过分强调共同组织会在一定程度上约束双方成员对外部多样化信息和知识的接近与获取的意愿与潜力,当服务创新中迫切需要通过整合外部知识以产生新颖的、创造性服务时显得尤其不利。因而,服务创新实践中应该权衡制造企业与知识型密集服务机构之间共同组织的适应性,根据创新情景战略性地设计恰当的共同组织水平,既能使双方成员有效地对项目过程进行协调和控制,导致创新中能够按可预见方式在内部获取和整合更多的知识和信息,又能够提供适度的自由行动空间以促进双方成员从外部搜寻、获取与转移异质性知识,从而取得内部知识与外部知识整合的平衡,以赢得高水平的服务创新绩效。

2.5.3 优化制造企业与知识型密集服务机构之间的动态活动

以往研究中更多关注制造企业与知识型密集服务机构之间是否有实际的

第 2 章
知识密集型生产性服务业促进企业创新的机制

资源流动或行为发生,因为制造企业与知识型密集服务机构之间的结构安排在达成有形结果时通常会遭遇失败,所以将对服务创新实践的考察聚焦于实际发生在之间的动态活动是有一定依据的。本书发现,资源共享与任务协作活动有利于知识整合进而促进服务创新绩效的提升。

在服务创新实践中,应该充分搭建促进资源共享活动与任务协作行为的平台,以促进制造企业与知识型密集服务机构双方资源与潜力的互补、利用及整合。显然,此过程需要相应的条件给予支撑,制造企业与知识型密集服务机构的双方是否有意愿并有能力将自己的资源与潜力提供给对方并贡献相关努力显得尤为重要。于是,一方面,服务创新实践中知识密集型服务企业应积极主动地与顾客建立起良好互信的合作关系,通过充分的交流与沟通加强双方对创新目标的共识,从而引导对创新实践有更多价值的资源投入与行动努力;另一方面,从制造企业与知识型密集服务机构双方派出的项目成员应该具备一定的专家能力,拥有相关联的知识及学习能力,从而能够识别对方资源的重要性并能够积极获取对方有价值的协作配合。

第3章
浙江服务业发展的时空演化和行业集聚特征

3.1 引言

20世纪80年代中期以来,世界经济逐步由工业经济进入了服务经济时代,服务业已经成为现代社会具有重要战略地位的产业部门。无论是发达经济体还是发展中经济体,服务业在其经济发展中的作用日益增强(Marcel et al.,2009),服务业发展水平已成为衡量区域竞争力的重要指标。一方面,由于服务生产和消费在时间和空间上的不可分性、无形性、不可储存性等特点,使服务业比工业更依赖于本地市场的容量,并且有更强的空间聚集效应,造成服务业发展在空间上趋于集中;另一方面,高速交通工具和信息技术的快速发展也加剧了服务业空间集聚的趋势(李文秀、谭力文,2008)。地理上的邻近性和集聚同样可以给服务业带来与制造业集聚相似的资源共享和规模经济与专业化优势(张少华、谢琳,2013),尤其是生产性服务业具有典型和显著的空间集聚特征。

已有关于产业集聚方面的成果主要集中在制造业和高新技术产业领域(Graham,2007;胡霞,2009),对服务业集聚问题的研究尚不多。随着服业在区域经济增长中的地位、作用及对结构的影响日趋显著，出现了大量服务业经济学方面的研究，但这些研究重点关注服务业内部结构方面，对服务业发展空间过程和规律的研究却很少（吕拉昌、阎小培，2005）。综观当前国内外学者对服务业集聚问题的研究，主要集中在以下四个方面，分别是与制造业集聚的比较、服务业集聚的空间分布、集聚的成因和集聚效应（陈建军、陈国亮，2009；王先庆、武亮，2011）。裴长洪（2009）指出，为了进一步检验和完善服务业集聚的理论分析框架，促进中国服务业的发展，有必要重视综合运用多种统计指标，全面评价服务业集聚程度，具体分析服务业集聚的地区差异状况，考察其长期变化趋势。王晶晶等（2010）基于中国2000~2011年261个地级及以上城市的面板数据，利用两步系统GMM方法，实证分析了服务业集聚的动态溢出效应。研究结果表明，服务业集聚能显著促进服务业劳动生产率增长，服务业集聚与人均国内生产总值（GDP）之间交叉相乘项不利于服务业劳动生产率的提升，制造业集聚、物质资本、人力资本均有利于服务业劳动生产率提升。任英华（2011）通过服务业集聚指标和服务业集聚动态面板模型，从静态和动态两个方面分析了我国服务业空间集聚的特征和动态规律。研究表明，我国服务产业集聚程度总体偏低，生产性服务业较消费性服务业有较高的区域集聚趋势和较明显的企业集聚趋势。研究指出，服务业集聚水平变化是产业集聚回复效应和随机效应共同作用的结果，并建议政府应根据不同服务行业的集聚特征，积极引导和推进服务行业有效集聚。管驰明等（2013）从产业布局的视角，强调依托中心城市、中心城区、产业园区、服务业集聚区、制造业集聚区等空间载体，引导服务业企业集聚发展，优化服务业空间布局，提升服务业的规模经济和范围经济效应，促进服务业升级发展。

服务业集聚能通过经济外部性、报酬递增、技术创新与扩散等途径提高企业的竞争力和劳动生产率。陈立泰（2010）在运用H指数、区位熵指数测算服务业集聚水平的基础上，采用1995~2007年我国省际面板数据，分析了服务业集聚与区域经济增长的关系。结果表明，服务业集聚与区域经济增长负相关，而控制变量人力资本水平、城镇居民家庭平均每人可支配收入、服务业资本存量与区域经济增长正相关，政府干预经济的能力与区域经济增长负相关。究其原因，我国服务业集聚的专业化效应大于多样化效应，这与我国服务业集聚的政府主导模式密切相关。倪蔚颖（2013）以浙江省服务业集聚程度为例，建立了评价服务业集聚水平指标体系，对浙江省各市服务业集聚程度进行评价，其实证结果表明，服务业集聚程度最高的是杭州市，宁波市和温州市分列第二、第三位，杭州市得益于服务业的需求因素、供给因素和邮电通信状况好于其他城市。该研究结果对服务业集聚区的政策制定具有一定的参考价值。冯亦封（2012）研究发现，浙江省的服务业集聚有着显著的正向经济效应，集聚能够在很大程度上提高企业的盈利能力，并分别对生产性服务业和消费性服务业两种不同性质服务业集聚的经济效应进行了估计，认为生产性服务业集聚的经济效应要远大于消费性服务业。

  服务业集聚的动态效应能够带来经济增长，有效提升服务业生产效率。对服务业与经济增长之间的关系研究表明，服务业集聚能够通过经济外部性、规模经济等途径提高企业的盈利能力，进而促进相关产业的发展。近年来一些学者对服务业的分布规律做了详细的归纳，对影响区域服务业发展的因素，以及服务业与区域经济发展的关系进行了研究，但这些研究多数还停留在初步探索层面，利用现代计量经济模型进行实证分析和检验的成果较少，采用探索性空间数据分析对县域服务业进行区域评价和空间分析的实证研究更是鲜有，与制造业相比，对服务业集聚的实证研究还处于起步阶段（杨向阳等，2009）。如何基于服务业地理学等新兴学科理论来构建适应于服务业集聚的测算方法，计量分析区域服务业发展的空间差异、成因和影响因素，以及发现服务业空间布局的规律性、集聚形成的途径和机制成为今后亟须探讨的重点。

  浙江作为我国重要的东部沿海发达省份，发展服务业成为浙江省加快推进产业结构调整、促进经济社会转型的重要途径。2005年全省服务业大会上首次提出使服务业成为浙江经济增长的"新引擎"，2008年浙江省出台了《关于进一步加快发展服务业的实施意见》，2011年又出台了《关于进一步加快发展服务业的若干政策建议》，这一系列政策措施的出台和落实，充分调动了地方政府和服务企业的积极性，浙江服务业发展环境得到了较大改善，服务业综合发展水平不断提升，区域服务业发展的集聚特征日趋显现。本书运用探索性空间数据分析（ESDA）方法，采用多指标评价体系，对浙江省区域服务业发展差异和空间演化格局进行经济计量分析，揭示浙江区域服务业发展的空间作用机制（李丁等，2013），进一步采用空间基尼系数指标对浙江服务业的行业集聚特征进行探讨，旨在推动浙江各区域明确服务业发展的优势和重点，因地制宜，促进服务业空间集聚和扩大区域合作。

3.2 服务业集聚的相关理论

3.2.1 服务经济理论

从20世纪30年代英国经济学家费希尔在《安全与进步的冲突》一书中提出"第三产业"的概念以后，人们开始对第三产业进行理论研究。第三产业又称服务产业，而服务业又是一个极为广泛的概念，其中就包含着金融领域。服务经济学是研究服务产品在生产和流通过程中，生产者、消费者、中间商等之间的经济关系，并发现它们之间的经济规律的学科。而服务经济学理论则是研究服务经济活动中的各种基本理论，分析服务业在生产经营活动中的现实问题，并通过理论探析促进服务产品生产和交换的经济规律。

服务经济学的分支很多，这主要由服务业的性质所决定。服务业是由生产和经营服务产品的行业构成，服务经济学只是研究整个行业中一些具有普遍性的、共同性和代表性的经济问题。在研究各个行业具体问题时，还要根据行业本身的特点进行研究，也由此形成了各自的经济学，例如旅游经济学等。这些分支经济学的出现，与服务经济学理论相互补充，不断丰富和发展了服务经济学理论。

随着服务业的不断向前延伸，以服务活动主导经济活动的发展类型成为新的主旋律，以传统的农业产品和工业产品生产为主的产业结构逐渐发生调整，逐渐向服务业过渡。这种经济结构呈现服务化特征，概括起来具有以下五个特点：（1）服务业产值在经济结构中的比重日趋上升；（2）服务业就业人数持续大幅度增加；（3）服务贸易发展迅速，并将在国际贸易中逐渐占据主导地位;(4)服务业与其他产业结合更加紧密,"服务化"特征明显;(5)服务经济的内部结构越来越呈现出知识经济的特点。这些特点成为服务业迅猛发展的特征,也让服务经济学的研究变得日益重要。

3.2.2 产业集聚理论

产业集聚问题的研究始于19世纪末,早在1890年马歇尔就开始关注产业集聚这一经济现象,并提出了两个重要的概念:"内部经济"和"外部经济"。在马歇尔之后,许多学者对产业集聚做了更深入的研究,使得产业集聚理论得到了较大的发展。比较有影响力的如韦伯的区位集聚论,认为区位集聚分为区位因素和集聚因素,区位因素即决定工业空间分布的因素,这也是形成工业基本格局的基础,而集聚因素则是导致工业集聚于特定地点的因素。韦伯指出,集聚有两个阶段,第一阶段是企业经营规模扩大而产生的生产集聚;第二阶段是各个企业通过相互联系的组织而产生地方集中化,通过企业间的合作、分工和基础设施共享带来集聚利益。熊彼特提出的创新产业集聚论则将技术创新与产业集聚的发展结合在一起,认为产业集聚有助于创新,创新有赖于产业集聚,创新并不是企业的孤立行为,它需要企业间的相互合作和竞争,需要企业集聚才得以实现。E. M. 胡佛提出了产业集聚最佳规模论,他将规模经济区分为三个不同的层次,对任何一种产业来说都有:(1)单个区位单位(工厂、商店等)的规模决定的经济;(2)单个公司(即联合企业体)的规模决定的经济;(3)该产业在某个区位的集聚体的规模决定的经济。而这些经济各自得以达到最大值的规模,则可以分别看作是区位单位最佳规模、公司最佳规模和集聚体最佳规模。迈克尔·波特的国家竞争优势理论认为,一国竞争优势的构建主要取决于生产要素、需求状况、相关产业及企业组织、战略与竞争,以及机遇和政府作用。该理论认为一国的国内经济环境对企业开发其自身的竞争能力有很大影响,其中,影响最大、最直接的因素有四项,分别是生产要素、需求要素、相关和支持产业以及企业战略和组织结构,这些将极大地促进产业集聚化的形成,当产业集聚达到一定程度后反过来将成为企业特有的竞争优势。

可见，产业集聚是指某一产业的企业或机构在特定地理区域内因为彼此之间的共性和互补性等特征而在地理上高度集中，形成相互关联、相互支撑的产业群关系带，使得产业内的资源要素在特定空间范围内不断汇聚的一个过程。这些企业几乎同属于一条产业链上，彼此间既是合作又是竞争的关系，也正因为这种复杂的关系，使得产业链的横向或纵向深度不断被拓宽，专业化分工更加明确和具体。同时，由于企业的高度集中，使得信息、技术、人才、知识等资源得以在区域内自由流动和共享，通过交流提升了产业整体的竞争力，也使企业实现规模报酬递增效应。

3.2.3 空间集聚理论

随着克鲁格曼对区域经济问题的深入研究，经济学界逐渐意识到"空间问题"在经济学中的重要性。金融学作为经济学的重要分支，金融活动的区域化问题同样引起人们的重视，对金融领域空间集聚问题的研究也紧随其后。刘乃全等（2012）基于对空间概念的理解和整个理论发展脉络的梳理，将空间集聚定义为依托某一特定区位或尺度的空间载体（如城市、区域、产业区、园区等），人口、企业、产业、资本，以及制度、文化等各类有形或无形的要素集中的情形。与产业集聚相比，空间集聚更加强调空间作为一种资源，有其客观的存在形式和价值，也更加关注集聚形成复杂系统或有机整体所依托的空间载体，包括区域、城市等概念。

洪开荣、肖谋琅（2006）在《产业空间集聚的理论发展》中指出，产业空间集聚是指相互关联的企业群体由于地理空间上的接近而形成的组织结构。作为经济活动主体空间选择的结果，产业空间集聚本质上体现了经济主体之间在空间区位上相互选择的某种策略均衡，其产生和演化遵循资源空间配置的某种规律性。产业空间集聚理论研究经历了从古典区位理论到新古典空间经济理论，再到网络组织理论的发展变革。在新经济条件下，从主体策略选择的角度研究产业空间集聚，不仅可以充分反映空间经济主体策略选择的内在逻辑，而且对转型经济发展中实现资源空间配置优化更具有特别的意义。

3.2.4 共同集聚理论

在新经济地理学的研究基础上,许多的文献更多地侧重于单一产业及其延伸领域的研究,而对具有上下游关联度的产业间共同集聚则关注较少。艾里森和格莱泽(Ellison & Glaeser,1997)较早提出了共同集聚的概念,并提出相关理论认为产业之间共同集聚既可以是两两产业之间的共同集聚,也可以是多个产业之间的组合集聚。高峰、刘志彪(2008)将产业共同集聚定义为通过产业间外部经济与集聚产业之间产生的共同效应。制造业是共同集聚最为明显的产业,但在产业转型升级的今天,制造业与服务业之间的关联度越来越高,关联性的增强促使制造业和服务业在区位上趋于共同集聚。于是,国内学者开始关注产业共同集聚效应。例如,陈建军等(2016)分析了产业共同集聚下的城市生产效率增进效应;刘叶、刘伯凡(2016)利用我国 22 个城市群相关数据分析了生产性服务业与制造业共同集聚对制造业效率的影响,结果表明两者的共同集聚对于制造业全要素生产率变化产生了正向影响。值得注意的是,现有的共同集聚理论主要侧重于对制造业的研究,尤其是制造业生产效率的影响,而对服务业的生产效率则研究偏少。

在研究城市内生产性服务业与制造业共同集聚时,运用的主要方法是空间分析方法和产业间共同集聚指数。特别指出,产业间共同集聚度指数可以测量产业间共同集聚水平的大小,而空间分析方法则可做具体地理分析。艾里森和格莱泽在 E-G 指数的基础上构建了用于考察多个产业间共同集聚的 E-G 修正指数,计算公式为:

$$\gamma = \frac{G - (1 - \sum_i X_i^2)H}{(1 - \sum_i X_i^2)(1 - H)} \qquad (3-1)$$

其中,G 为地理集聚指数;$H = \sum_j w_j^2 H_j$ 为企业规模分布加权的赫芬达尔指数;W_j 为 j 行业在一个行业组中的就业比重;H_j 为 j 行业企业层面的赫芬达尔指数;r_i 为行业 j 的 E-G 指数。德弗罗等(Devereux et al.,2004)认为 E-G

指数的计算过程过于烦琐，因此，他们将 E-G 共同集聚指数简化为：

$$C(r) = \left(G_r - \sum_{j=1}^{r} w_j^2 G_j\right) / \left(1 - \sum_{j=1}^{r} w_j^2\right) \quad (3-2)$$

其中，$w_j = T_j / \sum_{j=1}^{\gamma} T_j$ 为权重指标，用产业销售份额表示（本书用就业人数表示）；T_j 为产业 j 总就业；G 为地理集中度，可用赫芬达尔指数计算，即 $G = \sum_{n=1}^{K} s_k^2 - \frac{1}{K}$；$G_r$ 表示两个产业或多个产业在第 r 地区的就业人数占两产业或多产业全国就业的份额；G_j 表示单个产业在第 r 地区的就业人数占全国就业人数的比重；sk 表示单个产业或多个产业在第 K 地区的就业人数占单个产业或多个产业全国就业人数的比重；K 表示地区个数，C(r) 值越大，产业间集聚度越高。

随着经济的快速发展，市场逐渐变得活跃，市场规模在不断扩大的同时，交易成本也持续下降，这极大地丰富了产业链，也促进了制造业的空间集聚。与此同时，生产性服务业也呈现出集聚的态势，与制造业联动发展，形成共同集聚新格局，城市体系下的制造业和生产性服务业共同集聚已成为一个典型现象。

3.3 研究方法和数据来源

3.3.1 服务业发展水平空间分异测度方法

3.3.1.1 指标体系构建

服务业发展水平不仅体现为服务业增加值、服务业就业人数等的数量增长，还体现在服务业的内部结构优化、服务业的效率提升等方面。本书在借鉴相关文献成果的基础上（王英等，2013；冯华等，2010；柯培钦等，

2009），遵循科学性、系统性、可比性和可操作性的原则，从发展规模、行业结构、增长速度、经济效益四个层面，以现实的统计数据为基础，在经过指标间的多重共线性检验及相关性分析后，构建了包含11个基层指标的服务业发展水平评价指标体系（见图3-1）。该指标体系不仅从服务业增加值、固定资产投入、劳动力就业及劳动生产率等角度综合反映了区域服务业的规模、结构、速度、效益等特征，同时考虑了服务业的发展质量，将生产性服务业比重纳入其中，部分发展规模指标采用人均值，也保证了不同区域之间指标数值的可比性，能够有效地测度浙江服务业发展水平和空间差异。

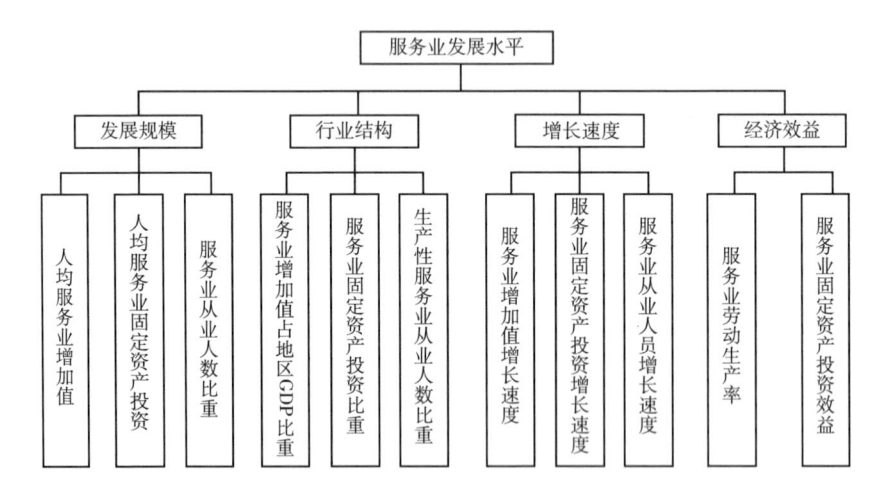

图3-1 区域服务业发展水平综合评价指标体系

3.3.1.2 综合水平评价

本书采用熵值法对浙江服务业发展水平进行综合测度。熵值法是利用信息熵来测度指标值的变异程度从而对多指标系统进行综合评价的方法。信息熵客观描述了指标值之间的离散程度，用信息熵来确定指标权重比层次分析法和专家经验评估法有更高的可信度，所以熵值法更适合对多元指标进行综合评价（欧向军等，2008）。

采用熵值法进行综合评价的主要步骤如下：（1）根据服务业发展水平评价指标体系，构建原始指标数据矩阵，并对数据进行标准化处理，以消除原始指标的量纲差异；（2）计算服务业发展水平的评价指标信息熵；（3）计算评价指标的差异性系数、计算权重、单项评价指标得分,进而得到评价单元的综合评价指数。(4)参照蒋天颖(2013)研究成果,结合原始数据特征,将综合评价指数按照 0.2、0.4、0.6、0.8 为断点分为低、较低、中等、较高、高五个等级,在此基础上对浙江服务业发展水平进行综合测度。

3.3.1.3 区域差异测定

为了探究区域服务业发展变动在空间统计上的相关性,本书采用全局 Moran's I 指数和局部 Moran's I 指数进行检验,并采用 NICH 指数衡量各区域在某一时期内相对于整个研究区域的发展速度。

(1)全局空间自相关。全局 Moran's I 指数用来衡量整个研究区域空间要素之间的分布特征,反映具有空间邻接或临近关系的区域单元的相似程度(孟斌等,2005)。Moran's I 指数的取值区间为 $[-1,1]$,$I<0$,表示存在空间负相关;$I>0$,表示空间正相关;$I=0$,表示不存在空间相关性。正相关表明某单元的属性值变化与其相邻空间单元具有相同的变化趋势,负相关则正好相反,计算方法为:

$$I = \frac{n \sum_{i=1}^{n} \sum_{j=1}^{n} W_{ij} |x_i - \bar{x}| |x_j - \bar{x}|}{\sum_{i=1}^{n} \sum_{j=1}^{n} W_{ij} \sum_{i=1}^{n} |x_j - \bar{x}|^2} \quad (3-3)$$

其中,x_i、x_j 分别为区域 i、j 中的观察值;$\bar{x}$ 为各区域观察值的平均值;W_{ij} 为二进制的空间权重矩阵,用来定义空间单元的相互邻接关系;n 为研究区域单元的总数。

(2)局部空间自相关。局部空间自相关主要反映空间对象与其临近区域的空间关联程度,主要用来探究空间对象在局部空间上的集聚性,反映要素的空间异质性,它可以弥补全局空间自相关的不足。局部 Moran's I 指数的计算方法为:

$$I_i = \frac{n(x_i - \bar{x}) \sum_{i} W_{ij}(x_j - \bar{x})}{\sum_{i}(x_i - \bar{x})^2} = Z_i \sum_{j} W_{ij} Z_j \quad (3-4)$$

其中，Z_i、Z_j分别表示观察值的标准化形式，其余变量含义与式（3-3）相同。I_i为正值表示局部空间单元相似值趋于空间聚集；I_i为负值时表示局部空间单元相似值趋于分散分布。为更好地识别不同空间位置的高值簇和低值簇，本书运用Getis-Ord G_i^*指数来测度浙江省服务业发展水平热点区和冷点区的空间分布，计算方法为：

$$G_i^*(d) = \frac{\sum_{j=1}^{n} W_{ij}(d) x_j}{\sum_{j=1}^{n} x_j} \quad (3-5)$$

其中，x_j表示各区域样本观测值；W_{ij}为空间权重矩阵；n为研究区域单元总数。为便于解释与比较，将$G_i^*(d)$进行标准化，即：

$$Z(G_i^*) = \frac{G_i^* - E(G_i^*)}{\sqrt{Var(G_i^*)}} \quad (3-6)$$

其中，$E(G_i^*)$和$Var(G_i^*)$分别表示G_i^*的数学期望和变异值。如果$Z(G_i^*)$值为正且显著，为高值空间集聚（热点区）；如果$Z(G_i^*)$值为负且显著，为低值空间集聚（冷点区）。

（3）NICH指数分析。NICH指数为相对发展率指数，用来衡量各个区域在某一时期相对于整体研究区域的发展速度，计算方法为：

$$NICH = \frac{Y_{2i} - Y_{1i}}{Y_2 - Y_1} \quad (3-7)$$

其中，Y_{1i}、Y_{2i}分别表示区域i在某一时期末期和初期的服务业发展水平；Y_1、Y_2则分别表示整个研究区域在某一时期末期和初期的服务业发展水平。

3.3.2 服务行业区域集聚测度方法

对于产业集聚度的测量，通常采用区位商、行业集中度指数、赫芬达尔指数、空间基尼系数、地区产值比重等分析指标，这些指标的含义不同，在实践运用中也各有优劣。区位商反映了某地区某种产业的相对比较优势，但当两个地区在全省经济地位差异较大时，例如，当一个地区在各个产业相对于另一个地区都有比较优势时，用区位商评价可能会失效（孟斌等，2005）。行业集中度指数一般用于衡量不同行业内部的企业数量差异，赫芬达尔指数则通过企业市场份额来评价行业市场结构，两者都是从企业层面衡量产业集聚度，适用于评价行业内的企业集聚状况。

行业区域集聚是指某一产业在特定的地理区域集聚形成持续竞争优势的过程，其表现形式是产业在空间布局上的不均衡性（李文秀、谭力文，2008）。对于行业区域集聚度的测量，著名经济学家克鲁格曼（Krugman，1991）在考察美国一些行业地方化程度时构造了空间基尼系数指标，该指标主要用于衡量某行业在空间分配上的均衡程度，非常适合于对细分产业进行研究（王先庆、武亮，2011），也是目前在经济学文献中运用较多的度量产业集聚水平的方法（金荣学、卢忠宝，2010）。很多学者在对制造业集聚的研究中用工业总产值比重来衡量集聚度，但是服务业在中国被严重低估（Krugman P, 1991），用地区产值比重衡量服务业集聚水平并不合适（沈能，2013）。因此，本书以浙江省 11 个地市为研究对象，采用就业人数指标计算空间基尼系数，以此作为衡量服务行业区域集聚水平和空间演化格局的基础。

空间基尼系数的计算方法（李燕、贺灿飞，2013）为：

$$G_i = \sum_{j=1}^{n}(S_{ij} - X_j) \quad (3-8)$$

其中，i、j 分别代表 i 产业、j 区域；n 为研究区域单元的总数；G_i 为空间基尼系数；S_{ij} 为 j 区域 i 产业占整个研究区域该产业总就业人数的比重；X_j 为 j 区域总就业人数占整个区域总就业人数的比重。

当 $G_i = 0$ 时，表示某产业在空间的分布是平均的；G_i 越接近于 0，说明某产业的空间分布越平均；G_i 越接近于 1，表明某产业的空间分布越不均衡，可能集中在一个或几个地区；G_i 最大值为 1，空间基尼系数越大，代表该产业在地理上的集聚程度越高。

3.3.3 数据来源

本书首先以浙江省 69 个县市（县级市、市辖区）为单位，借助 Arc-

GIS9.3 以及 GeoDa095i 软件，对 2002~2012 年浙江省服务业综合发展水平进行测度，并分别选择 2002 年、2007 年、2012 年 3 个时间断面，对浙江服务业发展的空间差异、服务业增长的异质性和动态演化格局进行探索性空间分析；其次以浙江省 11 个地级市为单位，采用空间基尼系数指标，从行业角度对浙江服务业的区域集聚特征和演化趋势进行深入探讨。本书所使用的数据均来自《浙江统计年鉴（2002－2013 年）》，并对行政区划调整的区域进行了相应的合并处理，从而保证数据的连续性。

3.4　浙江服务业发展的空间分异和格局演化

3.4.1　服务业发展的总体空间格局

全局空间自相关反映了服务业发展在整个省区内的空间分布状态和模式。运用式（3－5）计算全局 Moran's I 指数可知（见图 3－2），2002~2012 年浙江省服务业全局 Moran's I 指数总体呈现出先抑后扬的发展趋势。2002~2006年，浙江省服务业发展水平呈现出微弱的正相关，全局 Moran's I 指数逐年下降，2006 年达到最低值 0.0168，表明浙江服务业发展水平空间相关态势不明显。2006~2012 年，全局 Moran's I 指数持续快速上升，2011 年达到 0.2033，2012 年达到 0.2225，且都存在显著性（$P<0.05$），说明浙江服务业发展的区域集聚特征越来越突出。整体而言，浙江服务业发展存在空间正相关的特点，表现为具有较高服务业集聚度的县市区相互靠近，或者较低服务业集聚度的县市区相互邻近的空间联系结构，服务业发展呈现出越来越强的空间集聚特征。

3.4.2　服务业发展的空间分异

为了系统分析浙江服务业的空间分布格局及其演化过程，本书以 2002

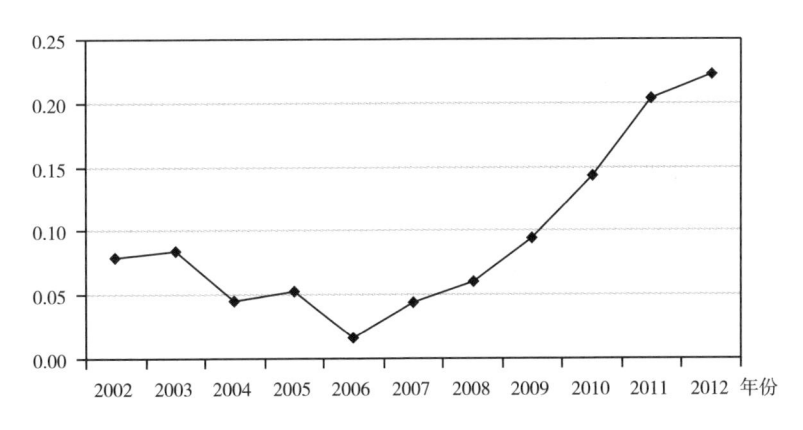

图 3-2 2002~2012 年浙江省服务业总体空间演化特征

年、2007 年和 2012 年 3 个年份各县市区服务业综合发展水平为指标数据，在对原始数据进行处理的基础上，运用 Arcview3.2 软件依次绘制出各县市区服务业发展的空间格局，并按照浙江省各县市区服务业综合发展水平的高低，将 69 个研究区域划分为高水平区、较高水平区、中等水平区、较低水平区、低水平区五种类型（见图 3-3）。

结果表明：（1）近 10 年来，浙江区域服务业发展由低度均衡向空间差异不断扩大转变。2002 年、2007 年、2012 年 3 个年份，服务业发展的高水平区主要有杭州市区、宁波市区和温州市区等少数区域，说明这三大中心城区的服务业综合实力稳居全省领先地位，其他区域难以赶超。同时，服务业发展的较高水平区由 14 个发展到 18 个，最后减至 7 个；而服务业较低水平区和低水平区合计则由 34 个发展到 42 个，最后增至 46 个。可见，浙江区域服务业发展差距逐步拉大，空间分异特征不断增强。（2）不同等级区域服务业发展水平差异明显，市区服务业更发达。在浙江省 11 个地级市中，2002 年杭州、温州、嘉兴等 9 个市区处于高水平区和较高水平区，2007 年和 2012 年，分别为 7 和 8 个市区处于较高以上水平，其他市区均处于中等水平；而落在低水平区和较低水平区的单位全部为县级区域。（3）浙江区域服务业发展呈现出"浙东北强、浙西南弱"的总体格局，且空间差异日趋显著。3 个年份中，浙东北地区（包括杭州市、宁波市、嘉兴市、湖州市、绍兴市、舟山市）的服务业高水平区和较高水平区分别为 5、5、6 个，低水平区分别为 2、0、1 个；

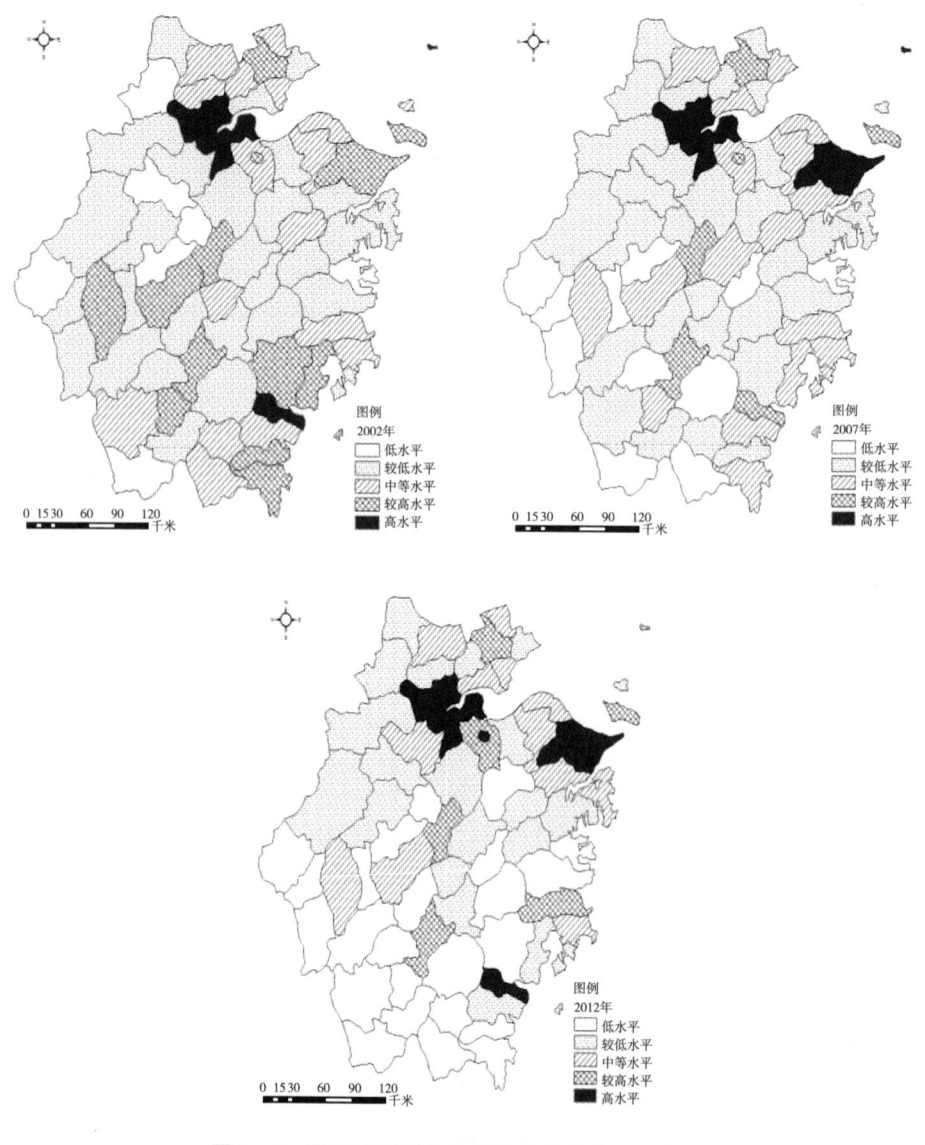

图3-3 浙江省服务业发展水平空间分异示意图

而浙西南地区（包括温州市、金华市、衢州市、台州市、丽水市）服务业高水平区和较高水平区分别为10、3、4个，低水平区分别为5、11、23个。可见，浙东北地区服务业综合发展水平整体领先，实力显著增强，而浙西南地区服务业发展由强变弱，地区差距逐渐拉大。

3.4.3 服务业发展的热点区演化

为了检验局部地区是否存在显著的高值区和低值区，运用 ArcGIS9.3 软件计算出各个县市区的 Getis – Ord G_i^* 指数，并进一步对数据进行可视化处理，用自然断裂点法将数值由低到高划分为五类，即冷点区、次冷点区、中等区域、次热点区、热点区（见图 3-4）。

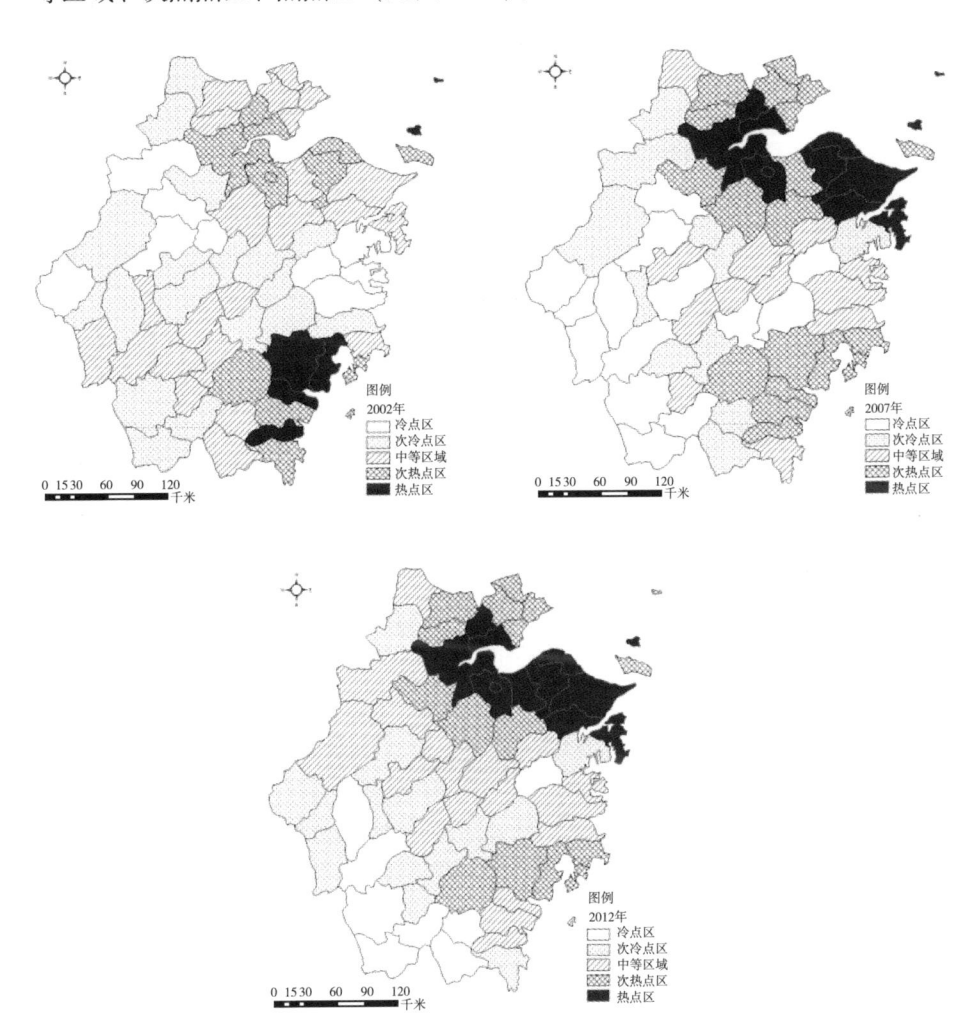

图 3-4　浙江省服务业发展的热点区演化示意图

结果表明：（1）浙江服务业热点区数量大幅增加，呈现出明显的区域转移和集聚态势。2002年服务业热点区（高值集聚区）有6个，为温州市区、乐清市、平阳县、永嘉县和嵊泗县和岱山县[①]；2007年热点区为桐乡市、海宁市、杭州市区、绍兴市区、绍兴县、宁波市区、余姚市、慈溪市、奉化市、象山县、嵊泗县和岱山县12个区域，2012年的热点区增加了奉化市，减掉了嵊泗县，依然为12个区域。可见，2002年温州市区及周边县市的服务业综合发展水平较高，在浙江省位居前列，但2007年以后，热点区逐步演变为以杭州市、宁波市、嘉兴市和绍兴市为中心的浙江东北地区，该区域高值服务业集中，成为浙江省服务业发展的核心区。（2）服务业冷点区数量总体下降，冷点区域由浙江中西部向西南地区转移。2002年浙江省服务业发展的冷点区（低值集聚区）为9个，包括临安市、桐庐县、宁海县、天台县等，空间分布散乱；2007年冷点区有所增加，为桐庐县、衢州市区、遂昌县、景宁族自治区等14个区域，主要分布在浙江中部和西南地区；2012年冷点区数量大幅减少，为天台县、衢州市区、庆元县等8个区域，主要分布在浙江西南地区。说明近年来浙江省各地区服务业普遍增长，目前衢州市和丽水市周边部分县市区的服务业综合发展水平处于相对落后的地位。（3）浙江服务业空间格局热点演化的总体趋势稳定。以杭州、海宁、绍兴、宁波为中心的10余个县市区服务经济发展迅速，成为浙江省服务业发展的"排头兵"，浙江西南部分县市区因经济发展水平相对较低，这些区域的服务业呈现出低值空间集聚态势，进一步反映了浙江服务业发展水平的极化现象。

3.4.4 服务业增长的空间格局演化

为了进一步反映浙江服务业增长的空间差异和变化特征，本书通过计算NICH指数，将整个研究区域分为高增长区、较高增长区、中等增长区、较低增长区和低增长区五个不同类型的区域（见图3-5）。

---

① 嵊泗县和岱山县地处海岛，产业结构尚不完整，与其他地区的可比性较小。

第3章 浙江服务业发展的时空演化和行业集聚特征

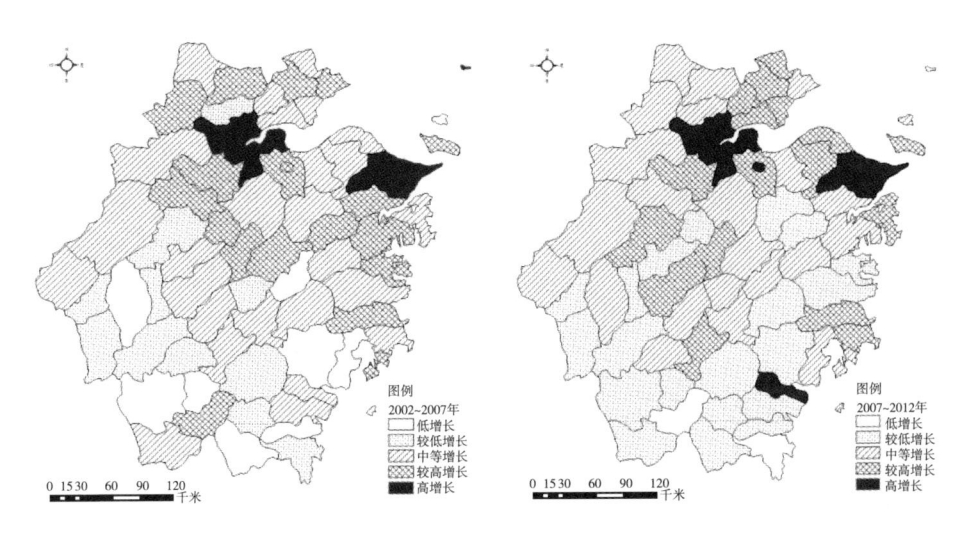

图3-5 浙江省服务业增长的空间分异示意图

结果表明:(1)2002~2007年,浙江服务业发展的高增长区为杭州市区、宁波市区和嵊泗县3个区域,2007~2012年,高增长区变为4个,依然为杭州市区和宁波市区,绍兴市、温州市区也跻身服务业高增长区之列。可见,当前浙江服务业发展形成了以杭州市区和绍兴市、宁波市区、温州市区为中心的三大高速增长带。(2)2002~2007年,服务业较高增长区为20个,中等增长区为26个;2007~2012年,较高增长区为17个,中等增长区为25个,可见,服务业中、高增长区域数量变化基本平稳,主要集中在浙江中东部地区。(3)2002~2007年,服务业较低增长区为11个,低增长区为10个;2007~2012年,较低增长区增加为20个,而低增长区则大幅减少为3个。可见,近年来随着浙江省一系列支持服务业发展的政策措施出台,各县市高度重视服务业发展,浙江服务业发展速度整体加快。

进一步对浙江区域服务业增长的热点区演化分析(见图3-6)。

结果表明:(1)2002~2007年,浙江服务业增长的热点区有13个,主要集中在海宁、杭州市区、宁波市区、绍兴市区等地,这一区域是浙江服务业发展最具活力、集聚特征显著的核心区域;冷点区较多,有17个,主要集中在浙江西南地区,说明浙西南地区的较多县市服务业增长存在低值集聚特点。(2)2007~2012年,服务业增长的热点区减少为10个,仍然集中在海宁、杭

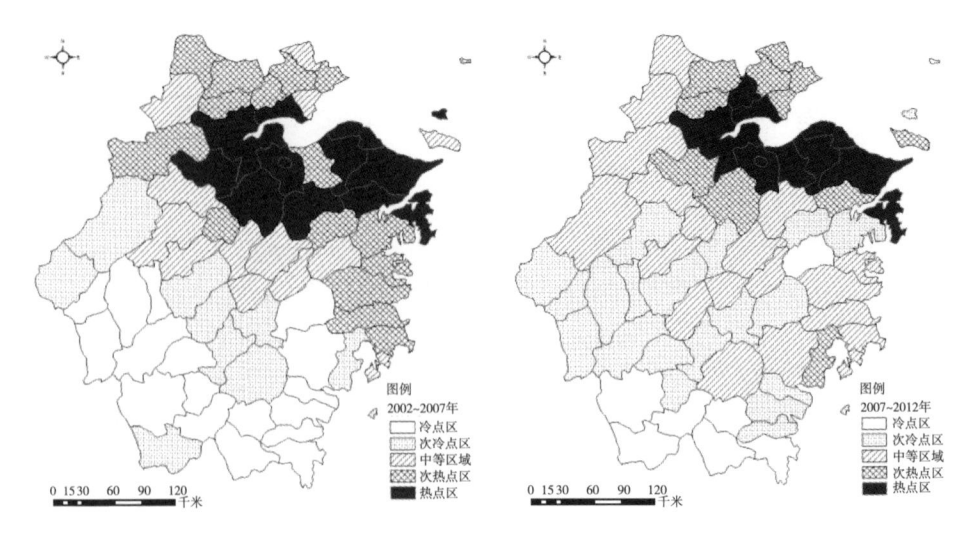

图 3-6　浙江省服务业增长的热点区演化示意图

州、宁波、绍兴等地，冷点区减少为 8 个，主要有天台县、龙泉县、景宁族自治区等地，表明以杭州、宁波、绍兴为中心的一些东北部县市服务业增长加快，而浙江最南部的少数县市服务业增长迟缓，区域差距进一步拉大。(3) 总体来看，服务业增长的热点区和次热点区数量有所减少，主要集中在浙东北地区；中等区域和次冷点区数量明显增加，主要分布在浙江中部地区；冷点区数量锐减，主要集中在浙江南部地区。说明近 10 年浙江各地区服务业在普遍增长的同时，服务业增长的空间分异也越来越明显。

3.5　浙江服务行业的区域集聚分析

3.5.1　服务业细分行业的区域集聚水平和演化趋势

为了进一步从行业角度考察服务业的区域集聚特征，以下以浙江省 11 个地级市为单元，采用服务业就业人数指标计算空间基尼系数，对浙江服务行业的区域集聚水平和演化路径进行分析，2003~2012 年浙江省服务业 14 个细分行业的空间基尼系数如下（见表 3-1）。

第3章
浙江服务业发展的时空演化和行业集聚特征

表3-1 浙江省服务业各行业的空间基尼系数值（2003～2012年）

行业	2003年	2004年	2005年	2006年	2007年	2008年	2009年	2010年	2011年	2012年
交通运输、仓储及邮电通信业	0.0257	0.0277	0.0322	0.0287	0.0037	0.0378	0.0413	0.0421	0.0435	0.0396
信息传输、计算机服务和软件业	0.0138	0.0191	0.048	0.1014	0.1572	0.1702	0.1665	0.1895	0.1945	0.2026
批发和零售贸易	0.0143	0.0144	0.0181	0.028	0.0306	0.0541	0.0571	0.0693	0.0851	0.0863
住宿、餐饮业	0.0628	0.0631	0.0427	0.0483	0.0498	0.0983	0.1121	0.1337	0.1593	0.1326
金融业	0.007	0.0074	0.0072	0.0086	0.0104	0.0135	0.0135	0.0139	0.0159	0.0114
房地产业	0.0263	0.0194	0.0268	0.0314	0.0471	0.0536	0.0583	0.0859	0.0793	0.0876
租赁和商业服务	0.0421	0.038	0.0547	0.0802	0.0804	0.0701	0.0626	0.0528	0.0492	0.0486
科学研究、技术服务和地质勘查	0.0754	0.0711	0.075	0.018	0.1053	0.1162	0.1254	0.2137	0.2038	0.1949
水利、环境和公共设施管理业	0.0119	0.0126	0.0179	0.0813	0.0233	0.0216	0.0264	0.068	0.0596	0.0582
居民服务和其他服务业	0.028	0.0289	0.0666	0.0787	0.1114	0.0314	0.1563	0.1382	0.1277	0.1126
教育	0.0032	0.0027	0.0028	0.0053	0.0031	0.0029	0.003	0.0043	0.0049	0.0056
卫生、社会保障和社会福利业	0.0048	0.0049	0.0057	0.0054	0.005	0.005	0.0047	0.0057	0.0064	0.0065
文化、体育和娱乐业	0.03	0.0375	0.0406	0.005	0.0482	0.0437	0.0392	—	0.0248	—
公共管理和社会组织	0.0042	0.0037	0.0029	0.0033	0.0037	0.0038	0.0041	0.0036	0.013	0.0048

结果表明，(1) 目前浙江区域集聚水平最高的服务行业是信息传输、计算机服务和软件业，科学研究、技术服务和地质勘查，2012 年空间基尼系数分别为 0.2026 和 0.1949。从长期演化趋势来看，信息计算机行业的区域集聚水平呈快速稳定增长态势，科技地质服务业的集聚度 10 年间波动幅度较大，2006 年以后也呈现高速增长态势。这两个行业属于典型的知识密集型服务业，其发展既需要依托高素质的人力资源，也需要有便捷的信息交流和完善的通信、交通条件，而在大城市和中心城区更易获得这些条件，促使这类服务业的区位选择具有较强的中心区位特征。

(2) 区域集聚程度较高的服务行业有住宿、餐饮业，居民服务和其他服务业、房地产业、批发和零售贸易。总体来看，住宿、餐饮业，居民服务和其他服务业的区域集聚度较高，2012 年的集聚度分别为 0.1326 和 0.1126，而且波动幅度较大，呈现出先扬后抑的趋势。房地产业、批发和零售贸易的区域集聚度略低，区域集聚度呈稳定上升态势。从行业特性来看，住宿和餐饮业，居民服务业、批发和零售业大多属于需要与顾客密切接触的行业，也是市场化程度较高的行业，为了广泛争取顾客和为顾客提供更优质的个性化服务，服务提供者会尽可能地靠近服务对象，行业的区域集聚度会越来越低。但是，浙江这些行业的集聚度却比较高，造成这一现象的原因与区域经济发展不均衡有关，居民可支配收入高的大城市和中心县市对这类服务业吸引力更大。另外，随着商品流通体制的组织创新，浙江城乡专业市场快速发展，大型商贸中心等新型业态不断涌现（裴长洪，2012），也加剧了批发零售业的集聚趋势。

(3) 区域集聚程度居中的服务行业主要有交通运输、仓储及邮电通信业，租赁和商业服务，水利、环境和公共设施管理业，文化、体育和娱乐业，2012 年的集聚度分别为 0.0396、0.0486、0.0582 和 0.248（2011 年）。长期来看，交运仓储行业的布局受人口分布、交通设施建设，是否邻近港码头、铁路枢纽等区位因素影响较大，空间集聚水平居于中等且基本平稳；其他三个行业既有公共服务部门，也有市场化的服务行业，区域集聚水平近年来波动较大。

(4) 区域集聚程度最低的行业是公共管理和社会组织、教育，卫生、社会保障和社会福利业、金融业，2012年空间基尼系数分别为0.0048、0.0056、0.0065、0.0114，其中，前三个行业属于提供公共产品和半公共产品的部门，也是不适宜集聚发展的行业。政府为了保证这些公共服务的公平性、充分性和效率性，通常按照行政区划和人口规模等因素统筹安排这类服务企业的布局，因此，这三个行业的区域集聚水平会越来越低。浙江金融业的区域集聚度一直很低，2006年后呈现出缓慢增长的态势。一方面，银行业等金融机构提供的柜台服务具有高接触性，增加服务网点布局是银行业提升竞争力的重要手段；另一方面，长期以来我国银行业以国有商业银行为主体，金融机构的网点布局受政府管控影响较大，在各县市区基本均衡布局。随着互联网经济的快速发展和金融竞争的日益全球化，银行、证券、信托担保等金融服务业务综合化发展的趋势不断加强，为获得优质客户资源和加强与主流商务机构更紧密的合作，银行服务机构表现出强烈的中心区位倾向，金融业的空间集聚水平会进一步加大。

3.5.2 四类服务业的区域集聚特征和演化趋势

为了深入探究不同性质服务行业的区域集聚特征，按照西方学者布朗宁提出的比较有代表性的服务业划分方法。将14个细分行业按照服务业基本属性进一步归并为分配性服务业、消费性服务业、生产性服务业和社会性服务业四类（李红梅，2012；吴智刚等，2003），如表3-2所示。

表3-2　　　　　基于服务业基本属性的服务业分类

分配性服务业	交通运输、仓储及邮电通信业，批发和零售贸易，水利、环境和公共设施管理业
消费性服务业	住宿、餐饮业，文化、体育和娱乐业，居民服务和其他服务业
生产性服务业	信息传输、计算机服务和软件业，科学研究、技术服务和地质勘查，金融业，房地产业，租赁和商业服务
社会性服务业	教育，卫生、社会保障和社会福利业，公共管理和社会组织

分别计算空间基尼系数，得到2003~2012年浙江省服务业的区域集聚度动态演化趋势（见图3-7）。

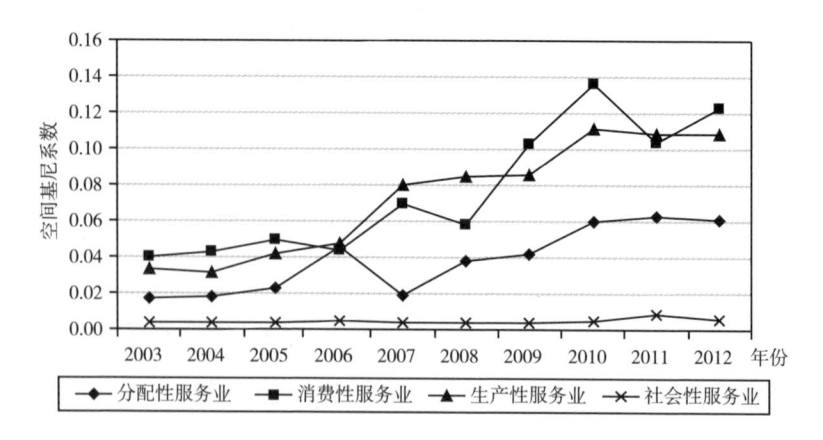

图 3-7 浙江服务业的区域集聚度演化

分析结果表明:(1) 浙江生产性服务行业具有较高的区域集聚水平,10年来呈现出快速平稳增长的态势。生产性服务业具有中间投入、知识与技术密集、可贸易性等特点,随着信息技术进步和服务专业化水平的提高,生产性服务机构向区域外输出服务以及跨境服务越来越活跃,空间集聚态势也越来越显著。

(2) 消费性服务行业的区域集聚度同样居于较高水平,长期来看,集聚度波动较大但仍呈快速增长态势。理论上讲,消费性服务业提供的主要是具有高接触性的最终消费服务,为了提高竞争力,服务企业会尽可能地靠近消费者,其空间集聚程度会越来越低。由于我国长期存在的城乡"二元"经济结构,区域经济发展不均衡,城乡之间、不同等级城市之间的消费需求结构和居民购买力差异较大,直接影响了以市场为导向的消费性服务企业的空间布局,促使消费性服务行业在经济发达地区和中心城市集聚。

(3) 分配性服务行业的区域集聚度处于中等水平,呈现出缓慢增长的演化趋势。分配性服务业的空间布局与交通运输网络、人口规模和密度等因素密切相关,行业布局呈相对均衡状态,区域集聚度较低。随着城乡专业市场、大型商贸综合体的快速发展和电子商务模式的发展壮大,一定程度上会促进分配性服务行业的空间集聚。

(4) 社会性服务行业的集聚程度最低,且呈现基本稳定的长期演化格局,说明浙江社会性服务业供给比较均衡。根据地区人口规模、城市等级等非市场化原则进行布局，符合社会性服务业保障社会公平的特点，促进社会性服务业的均衡有效供给也是提高民生质量、促进社会和谐的重要保证。

3.6 结论与展望

3.6.1 主要结论

本书以浙江省69个县市区和11个地级市的统计数据为基础，构建了服务业发展水平的多指标评价体系，应用熵值法进行数据处理得到了服务业发展水平评价指数，在此基础上运用探索性空间数据分析对浙江区域服务业发展的空间差异和演化格局进行计量分析，并采用空间基尼系数从行业角度对浙江服务业的区域集聚水平和空间演化趋势进行测度，得到以下主要结论。

（1）近10年来，浙江服务业全局Moran's I 指数先抑后扬并逐步提升，服务业区域集聚水平不断增强。浙江区域服务业发展由低度均衡向空间差异不断扩大转变，呈现出"浙东北强、浙西南弱"的总体格局，这与浙江东北地区与浙江西南地区的经济发展水平、城市规模等因素密切相关。

（2）局域空间分析表明，浙江服务业发展的热点区数量大幅增加，冷点区数量总体下降，区域服务业发展整体提升，长期来看，呈现出明显的冷热点区转移和集聚态势。服务业热点区由以温州市区为中心的周边县市逐渐被以杭州、宁波、海宁、绍兴为中心的浙江东北县市所取代，这些区域服务业高值集聚，在省内居于领先地位，而浙西南地区服务业发展呈低值集聚态势，凸显了浙江服务业发展的极化现象，如何推动各地因地制宜发展服务业，实现优势互补和区域合作是今后工作的着力点。

（3）浙江服务业增长的空间差异明显，形成了以杭州市区和绍兴市、宁波市区、温州市区为中心的三大高速增长带，浙江服务业增长速度整体加快，杭州、绍兴、宁波等地的服务业增长对周边区域形成了较强的辐射带动作用；热点区演化分析表明，服务业增长呈现出"强者恒强、弱者愈弱"的马太效应，以杭州、宁波为中心的区域已成为浙江服务业发展的核心区。未来需要注重发挥杭州、宁波等服务经济发达地区的辐射和引领作用，采用信息技术等手段促进传统服务业创新，带动服务业结构向高端化发展。

（4）浙江服务行业的区域集聚特征和演化路径各不相同。总体来看，生产性服务业、消费性服务业的区域集聚程度较高，分配性服务业居中，这些行业的大多数细分行业市场化程度较高，区域集聚度也呈现显著的上升态势，尤其生产性和消费性服务业的空间集聚特征明显；社会性服务业的区域集聚度较低且基本稳定。服务业的空间集聚是外部经济、规模经济和范围经济的必然选择，并非所有的服务行业都适宜集聚发展，各地区应采取差异化策略，鼓励生产性服务业等适合集聚的行业加快集聚，同时，要消除在观念、体制和政策方面不利于服务业发展的因素，坚持市场化导向，促进公共服务等领域的开放，通过竞争促进服务要素的有序流动，增强服务业空间集聚对经济增长的溢出效应。

3.6.2 研究展望

应该说，服务业的空间集聚不仅与行业性质有关，还受到知识密集度、地区工业化水平、区域开放度、政府管制、经济地理等多种因素的影响。本书仅对浙江服务业的空间差异、增长的异质性、行业集聚度和空间演化格局进行了经济计量分析，对其背后的影响因素尚未进行实证检验。随着我国经济服务化趋势日渐增强，未来需要系统分析服务业地区差异的影响因素，并检验区域服务业发展水平与不同因素之间的相关性，探讨如何依据服务业的产业特性差异化推进服务业集聚发展的策略，促进服务业集聚与区域经济发展的良性互动。

第4章
浙江知识密集型生产性服务业的空间关联及影响因素

4.1 引言

知识密集型生产性服务业（knowledge-intensive business services，KIBS）是显著依赖专门领域的专业性知识，向社会和用户提供以知识为基础的中间产品或服务的行业或组织（Miles et al.，1995）。知识密集型生产性服务业经济活动会导致知识的创造、积累和扩散（Miles et al.，1994），其产业集聚不仅能提升自身效率，也有助于促进技术进步和制造业效率提升。知识和技术密集型的高附加值服务业贯穿于制造业产业链的诸多环节，已成为决定产品差异化的重要源泉。KIBS与制造业以中间性服务投入联系起来，两者之间存在着共生性（Riddle，1986；Paolo，2005），因而KIBS逐渐成为影响城市空间重构和功能提升的重要力量。

随着20世纪八九十年代集聚经济在全球范围的兴起，服务业集聚逐渐成为经济学和地理学研究的重要领域。与服务业和制造业相比，其在生产和消费时空上具有不可储存性、不可分性、非物质性等特点，具有更强的空间集聚效应（Illeris，1993）。

国外学者较早关注服务业的空间规律,从概念、理论和实证方面对服务业的空间结构和趋势(Coffey,2002;Scot,1988;Durantou,2005)以及产业集聚效应(Glaeser,1999;Jacobs,2002)等进行了较为系统的研究,具有很好的借鉴意义。近十余年来,在全球经济服务化趋势增强和我国大中城市向服务经济迈进的推动下,国内学术界对服务业空间规律的研究逐步成为热点。主要研究内容集中在以下三个方面。一是探讨服务业的空间组织方式与模式、等级规模结构以及空间结构优化问题(阎小培等,1997;张文忠,1999;周少华等,2012)。二是从产业发展的时间角度,透视服务业的空间集聚水平变化,研究其集中、扩散、传递的规律和特征(胡霞,2009;郑长娟,2015;范晓霞等,2016)。三是分析服务业空间关联特征(申玉铭、邱灵,2007)、动力机制(方远平等,2014)或影响因素,如经济发展因素、信息技术水平、社会文化因素、创新环境因素、人力资源丰度等(陈建军等,2009;盛龙等,2013;方远平等,2013;任英华等,2013)。与此同时,关于服务业空间集聚的实证研究方法也不断完善,不仅基于面状空间数据的产业空间集聚测度方法广为应用,以企业点数据为基础的研究也备受关注(李佳洺等,2016)。然而,尽管目前服务业集聚的研究成果日益丰富,但多数是关于服务业空间规律的探讨,针对知识密集型生产性服务业集聚的研究还不够系统。较之传统服务业,KIBS具有高度交互性、高度创新性、高附加值的特性(Ferreira,2011),主体为高端生产性服务业,呈现出定位于核心城市的极化现象(张浩然,2015),对KIBS的空间关联特征、时空演化规律及其影响因素的研究需要构建更具有针对性的理论框架。

区域发展实践与资源禀赋状况表明,加快发展知识密集型生产性服务业发展是推动浙江经济转型升级的重要战略选择。本书基于2004~2013年浙江省69个县市的面板数据,运用探索性空间数据分析方法研究KIBS的集聚特征和时空演化规律,并采用对空间滞后模型(SLM)和空间误差模型(SEM)实证分析KIBS发展的影响因素,剖析业态发展问题进而提出政策建议,对于推动新常态下区域经济的转型发展具有重要的理论与现实意义。

本书依据国务院99号令所界定的KIBS行业分类,将知识密集型生产性服务业划分为信息传输、计算机服务和软件业,金融业,科学研究、技术服务和地质勘查业，租赁和商务服务业四大行业。以浙江省69个县市为考察对象，考察年份为2004~2013年，并分别选择2004年、2008年、2013年3个时间断面，对浙江省知识密集型生产性服务业发展的空间关联特征、动态演化格局及影响因素进行计量分析。

本书所使用数据主要来源于《浙江省统计年鉴》（2005 – 2014年），并对行政区划调整的区域进行了相应的合并处理，从而保证了数据的连续性。

4.2 浙江知识密集型生产性服务业的空间分布特征

4.2.1 地区平均集中率（V_i）的测算

地区平均集中率适用于大类行业集聚程度的测度分析，可以很好地衡量某一地区各类行业在全国的平均占有率。因此，本书借鉴盛龙等的相关研究，利用地区平均集中率指标分析浙江省69个县市知识密集型生产性服务业的空间分布特征，计算公式为：

$$V_i = \sum_k \frac{S_{ik}}{m} \qquad (4-1)$$

其中，V_i为i地区知识密集型生产性服务业的平均集中率；S_{ik}为i地区k行业的就业人数占浙江省k行业总就业人数的比重；m为行业的个数。V_i取值范围为[0,1]，取值越大表明i地区知识密集型生产性服务业的集聚程度越大。

4.2.2 知识密集型生产性服务业的空间分异

从浙江省11个地市层面，按照2004年和2013年两个时间点，分析不同等级城市的知识密集型生产性服务业的集聚程度及其空间演化趋势。本书将浙江省11个地级市进一步按照城市等级划分为四类：第一类，区域性大城市，杭州；第二类，省会级城市，宁波；第三类，人口规模在100万以上的地级大城市，包括温州、湖州、绍兴、台州四个城市；第四类，人口规模不足100万的地级中小城市，包括嘉兴、金华、衢州、舟山、丽水五个城市。

表4-1列示了浙江11个地级市2004年和2013年知识密集型生产性服务业的平均集中率。从整体来看，2003年，杭州的KIBS平均集中率最高，宁波次之，温州位列第三，然后是台州、嘉兴、金华、绍兴，处于第四层次，而丽水、湖州、舟山、衢州的KIBS平均集中率均在4%以下，排名居后。可见，杭州、宁波作为区域性大城市、省会级城市，21世纪初已集聚发展了相当规模的知识密集型生产性服务业，在全省居于领先优势。随着时间的推移，知识密集型生产性服务业空间分布格局不断演化。2013年，仅杭州、宁波、湖州三地的KIBS平均集中率相比2004年有所上升，其中，杭州的上升幅度最大，高达14.0%，其他东部沿海地区和中西部地区城市的KIBS出现明显萎缩，平均集中率均较2004年有所下降，其中，台州、嘉兴、温州、金华下降幅度较大，分别下降2.7%、2.6%、2.5%和2.2%。尽管集聚水平排前五位的依然是杭州、宁波、温州、台州、嘉兴，但前三位之间的差距较10年前明显拉大。

上述分析结果表明，浙江省知识密集型生产性服务业呈现出较强的集聚趋势，不同等级城市KIBS空间分化明显，呈现出向中心城市集聚和定位于高等级城市的现象。其中，杭州的KIBS集聚度提升尤为突出，宁波的KIBS集聚度保持低速增长，而台州、嘉兴、温州等地级市的KIBS集聚水平明显下滑。杭州、宁波已成为区域高端服务业核心城市，区域扩散效应逐步增强，而周边一些低等级城市，例如嘉兴、绍兴、金华、台州等正逐步向专业化制造中心角色演化。

可见，从浙江省69个县市层面，按照两个不同时间段（2004~2008年，2009~2013年），更加细致地分析知识密集型生产性服务业的集聚发展态势及空间差异。

表4-2列示了浙江各县市2004年、2008年和2013年知识密集型生产性服务业的平均集中率。2004年，杭州的KIBS平均集中率处于最高水平，然后

第4章
浙江知识密集型生产性服务业的空间关联及影响因素

表4-1　浙江11个地级市知识密集型生产性服务业平均集中率

单位:%

城市	杭州	宁波	温州	嘉兴	湖州	绍兴	金华	衢州	舟山	台州	丽水
2004年	29.6	14.7	10.1	8.4	3.5	7.1	7.7	2.8	2.9	9.4	3.8
2013年	43.6	15.1	7.6	5.8	3.7	5.5	5.5	2.3	1.9	6.7	2.2
两年变化差值	+14.0	+0.4	-2.5	-2.6	+0.2	-1.6	-2.2	-0.5	-1.0	-2.7	-1.6

注：各地市的知识密集型生产性服务业平均集中率是所辖市区及各县的KIBS平均集中率之和。

65

是宁波、台州、温州处于中高水平，再然后是嘉兴、湖州、舟山、绍兴、金华、义乌、丽水为中等水平，而嘉善、平湖、桐乡等23个县市的KIBS平均集中率处在中低水平，长兴、安吉、德清等36个县市则处于低水平区。从空间上看（见图4-1），2004年以来浙江的KIBS已形成了以杭州和浙江东沿海主要城市为集聚地的"多中心"发展格局。随着时间的推进，杭州及其邻近地区，例如湖州、绍兴等地的KIBS平均集中率逐步提高，同时，除宁波以外的其他东部沿海城市以及丽水等西南地区的KIBS出现明显萎缩。2008年，杭州的KIBS平均集中率仍然高居榜首，而中高水平区仅剩下宁波1家，台州、温州已下降到中等水平区，同时，2004年处于中等水平区的舟山、绍兴、金华、义乌、丽水均已下降到中低水平区，2004年处于中低水平区的县市有23个，到2008年仅剩舟山、绍兴、东阳等9个，而2008年KIBS平均集中率处于低水平区的县市高达53个，比2004年明显增多。这说明2008年以来浙江KIBS发展出现了明显的两极分化现象，杭州、宁波作为区域性大城市和省会级城市，集聚发展了相当规模的知识密集型生产性服务业，在省内的领先优势更加突出，而KIBS集聚为中等及中低水平的地区数大为减少，处于低水平的地区数则大幅增多，浙江KIBS呈现出以杭州、宁波两地为集聚中心的"双中心"发展格局，KIBS发展的区域不平衡性加大。

2008年之后，这一格局持续演进。2013年，杭州、宁波的KIBS平均集中率分别达到41.29%和12.48%，分别是其2004年的1.5倍和1.2倍，同时，杭州、宁波之间的差距较10年前明显拉大，空间极化效应进一步增强，杭州的KIBS发展遥遥领先，成为浙江省乃至长三角地区极具影响力的KIBS核心城市。2013年浙江KIBS平均集中率中等水平区的数量基本稳定，仅增加了绍兴1家，中低水平区增加了海宁、海盐等共11个，与此同时，嘉善、平湖、桐乡、慈溪等51个县市仍处于低水平区，这些地区的KIBS发展进一步萎缩，区域间的不平衡性进一步拉大。

上述分析结果表明，近10年来，在市场机制的自发作用、生产布局的合理引导以及产业吸引和拉动下，浙江知识密集型生产性服务业发展呈现出较强的集聚态势。从空间上来看，KIBS呈现出从浙江东南、中西部地区向浙江东北区域集聚的态势，由21世纪之初的"多中心"演化为目前的"双中心"

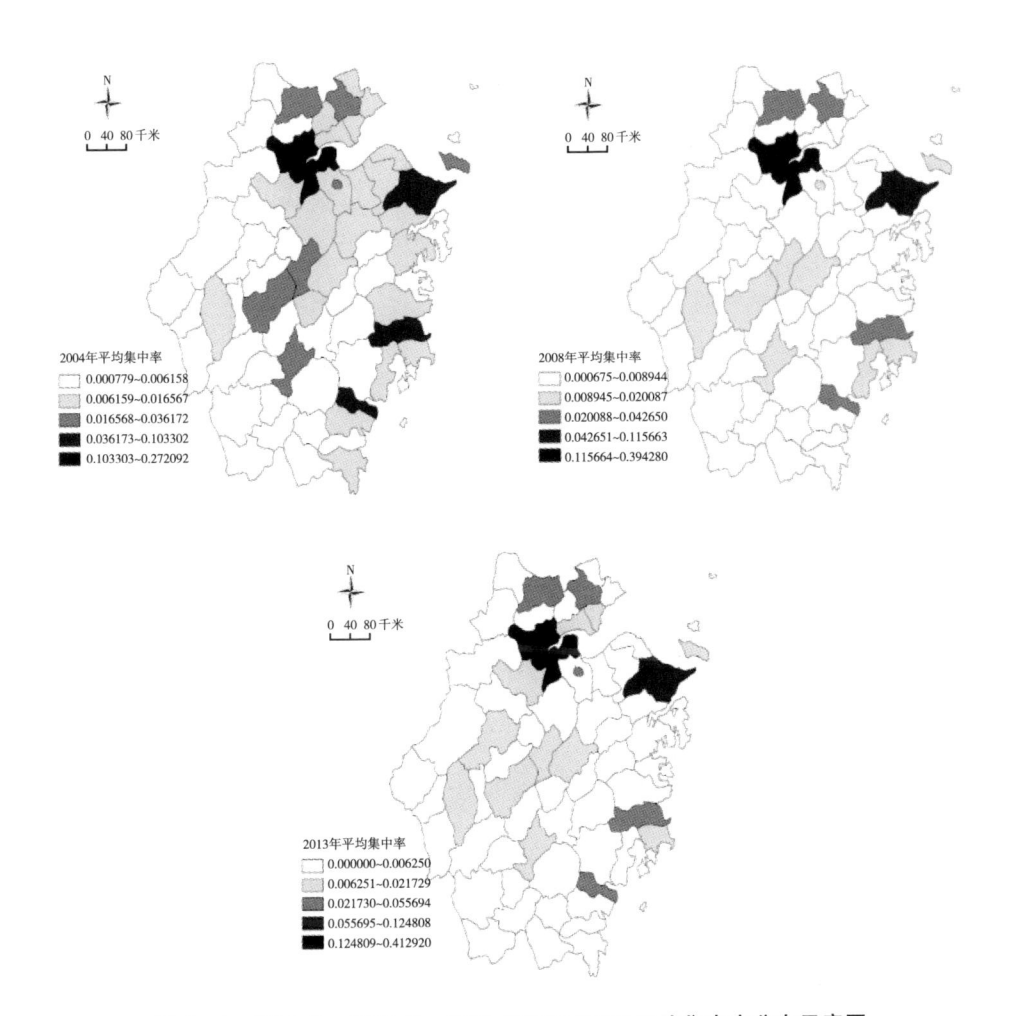

图 4-1　2004 年、2008 年、2013 年浙江 KIBS 平均集中率分布示意图

格局，并继续延续和强化这一趋势，表现为杭州、宁波两个高等级城市的 KIBS 中心集聚效应显著，紧邻杭州的嘉兴、湖州、绍兴及沿海城市温州、台州等的 KIBS 集聚水平居中并趋于稳定，而浙江西南及中西部地区的多数县市 KIBS 出现萎缩，显现出各级服务业集聚地分别定位于不同等级城市（张浩然，2015）和 KIBS 向高等级城市集聚的现象。综合性城市作为政府和政策发源地，更多地承担着信息中心和服务中心的职能（张浩然，2015），随着互联网信息技术的快速发展和区域高速交通设施的不断完善，KIBS 核心城市的辐射带动效应不断增强，邻近城市可以利用靠近杭州、宁波、上海等综合性城

表4-2　　　　　2004年、2008年、2013年浙江KIBS平均集中率分布

单位:%

2004年			2008年		2013年	
KIBS平均集中率	县市	KIBS平均集中率	县市	KIBS平均集中率	县市	
10.3303~27.2092（高水平）	杭州	11.5664~39.4280（高水平）	杭州	12.4809~41.2920（高水平）	杭州	
3.6173~10.3302（中高水平）	宁波、台州、温州	4.2651~11.5663（中高水平）	宁波	5.5695~12.4808（中高水平）	宁波	
1.6568~3.6172（中等水平）	嘉兴、湖州、舟山、绍兴、金华、义乌、丽水	2.0088~4.2650（中等水平）	嘉兴、湖州、台州、温州	2.1730~5.5694（中等水平）	嘉兴、湖州、绍兴、台州、温州	
0.6159~1.6567（中低水平）	嘉善、平湖、海盐、慈溪、诸暨、奉化、宁海、临安、桐庐、东阳、温岭、衢州、瑞安、苍南	0.8945~2.0087（中低水平）	舟山、绍兴、东阳、金华、义乌、衢州、丽水、乐清、温岭	0.6251~2.1729（中低水平）	海宁、海盐、舟山、东阳、义乌、衢州、温岭、丽水、建德、富阳	
0.0779~0.6158（低水平）	长兴、安吉、德清、淳安、桐庐、建德、新昌、天台、仙居、三门、磐安、常山、开化、龙游、遂昌、松阳、云和、庆元、龙泉、青田、景宁畲族自治、玉环、平阳、文成、泰顺、嵊泗、洞头、岱山	0.0675~0.8944（低水平）	嘉善、平湖、余姚、慈溪、诸暨、上虞、奉化、临安、桐庐、永康、富阳、宁海、象山、天台、长兴、安吉、德清、淳安、瑞安、苍南、浦江、磐安、新昌、仙居、三门、武义、常山、开化、江山、庆元、松阳、景宁畲族自治、龙游、遂昌、云和、青田、龙泉、玉环、平阳、永嘉、文成、泰顺、嵊泗、洞头、岱山	0.0000~0.6250（低水平）	嘉善、平湖、余姚、上虞、慈溪、诸暨、宁海、永康、奉化、瑞安、长兴、安吉、临安、乐清、桐庐、兰溪、浦江、仙居、德清、淳安、磐安、三门、江山、新昌、天台、龙游、开化、常山、庆元、武义、缙云、松阳、龙泉、景宁、遂昌、云和、青田、畲族自治、玉环、永嘉、文成、泰顺、嵊泗、洞头、岱山	

市的优势获得更多的 KIBS 支持，一些地区逐步显现出服务业中心和生产制造中心的分离和角色演变。

4.3 浙江知识密集型生产性服务业的空间集聚特征

为了检验局部地区是否存在显著的高值区和低值区，运用自然断裂点法对局部统计量从高到低分成四类，分别为热点、次热点、冷点、次冷点（见图4-2）。

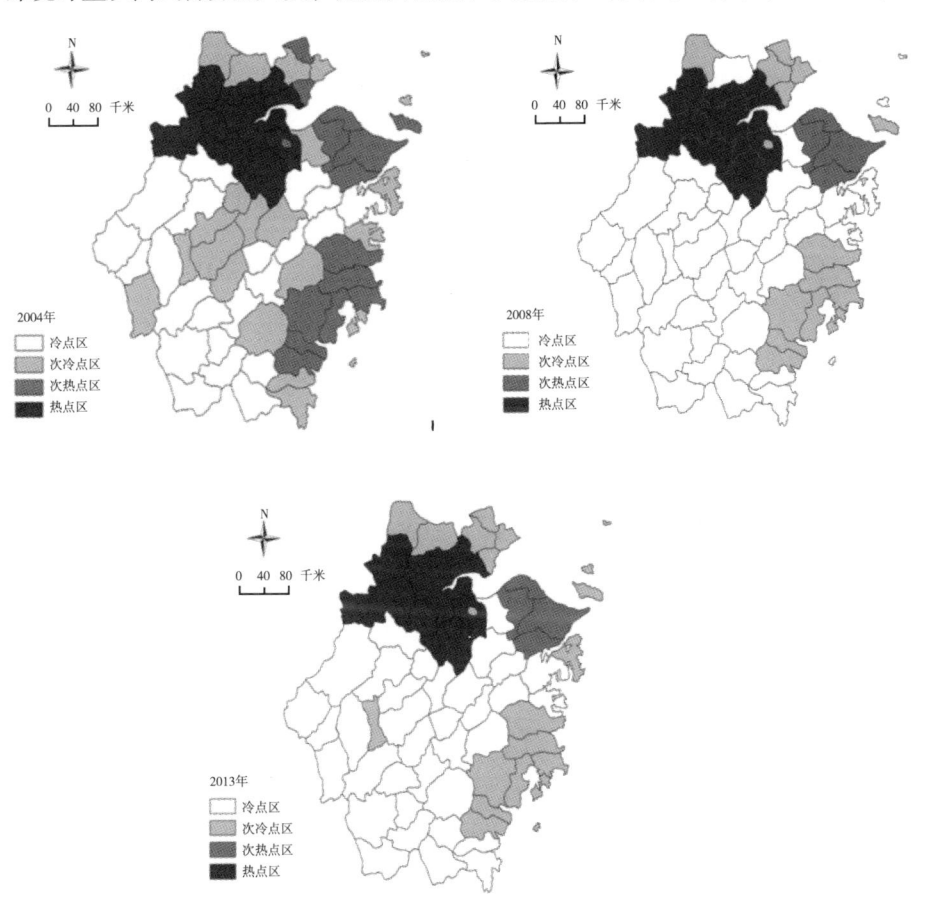

图 4-2　2004 年、2008 年、2013 年浙江 KIBS 平均集中率冷热点示意图

从 2004 年、2008 年和 2013 年三个时点来看，安吉、德清、桐乡、临安、杭州、海宁、绍兴县、富阳、诸暨 9 个县市一直都位于高值簇，属于高值集聚

的热点区域；在空间上，这一区域表现为以杭州为中心的团组式结构，处于该热点区域的县市之间空间关联度较好，相互作用强度大，使得知识密集型生产性服务业的扩散效应在群组内得到较为充分的发挥，成为浙江省 KIBS 发展的第一核心区域。次热点区域 2004 年由以宁波、台州、温州为中心的 15 个县市，减少为 2008 年的以宁波为中心的 4 个县市，2013 年延续了这一格局。相对于热点区域，次热点区域城市间的关联度有所减弱。2008 年以后，温州、台州及其周边县市下降到次冷点区域，而大部分浙江西南和中西部地区都位于低值簇，是低值集聚的冷点和次冷点区域，这些地区 KIBS 的空间关联性较弱，相互作用程度低。总体来看，属于高值簇的县市之间联系紧密，KIBS 区域扩散效应存在，属于低值簇的县市之间的相互作用较弱。由于扩散效应在空间层次上的渗透不均衡，存在距离衰减现象（Jenks et al.，1971；方远平等，2014），表现为距离杭州、宁波等 KIBS 核心城市越远，其区域扩散效应越弱。

4.4 浙江知识密集型生产性服务业集聚影响因素的空间计量

上述研究表明，浙江 KIBS 发展呈现出较强的集聚趋势，已由 21 世纪初的"多中心"格局演化为目前以杭州、宁波两大城市为中心的"双中心"格局。且通过冷热点分析可知，属于高值簇的县市之间联系紧密，区域扩散效应存在，属于低值簇的县市之间的相互作用较弱，扩散效应在空间上渗透不均衡。为探析其中的原因，本书将借鉴相关文献资料，采用空间常系数模型分析浙江 KIBS 集聚的影响因素。

4.4.1 变量选择与模型设定

4.4.1.1 变量选择

上述分析表明，一个地区知识密集型生产性服务业发展不仅受到本区域内宏微观环境的影响,随着主要优势因素的扩散和传播,各县市 KIBS 发展发展存在明显的正向空间相关性。与此同时,影响知识密集型生产性服务业发展的因素是多维的,人力资源禀赋、制造业基础、政府行为等都会对 KIBS 的空间格局产生影响。基于数据的可获得性和参阅相关文献(毕斗斗等,2015;万千欢等,2014;王俊松,2014;黄娟,2011),本书重点从信息化水平、人力资本、政府支持力度、制造业集聚、经济开放度和城镇化水平六个因素对知识密集型生产性服务业集聚的影响进行考察,具体解释变量及相应的测度方法如表 4-3 所示。

表 4-3　　　　　　　　　变量选择及其测度方法

解释变量	英文缩写	测度方法
信息化水平	IGT	每万人互联网用户数占全省均值的比重
人力资本	HumC	每万人拥有高校在校生数
政府支持力度	Gov	地方财政支出占地区生产总值的比重
制造业集聚	ManufA	地区制造业就业人数占全省人数的比重
经济开放度	EO	进出口总额占 GDP 的比重
城镇化水平	URB	非农人口比重

4.4.1.2　模型设定

为减少数据的波动和降低模型的异方差性,在构建模型之前,先对所有变量指标的数据进行自然对数化处理。因此,根据上述变量选择及空间常系数模型的基本形式,本书分别构建了影响浙江省知识密集型生产性服务业分布的空间滞后模型(SLM)和空间误差模型(SEM)两种计量模型,具体两种模型形式如下:

(1)空间滞后模型(SLM),模型构建为:

$$LnV_{it} = \beta_0 + \beta_1 LnIGT_{it} + \beta_2 LnHumC_{it} + \beta_3 LnGov_{it} + \beta_4 LnEO_{it} + \beta_5 LnManufA_{it} + \beta_6 LnURB_{it} + \rho WLnV_{it} + \varepsilon_{it} \qquad (4-2)$$

其中,ρ 是空间自回归系数;W 是空间权重矩阵;$\rho WLnV_{it}$ 是空间滞后变量;ε_{it} 为随机误差项。

（2）空间误差模型（SEM），模型构建为：

$$LnV_{it} = \beta_0 + \beta_1 LnIGT_{it} + \beta_2 LnHumC_{it} + \beta_3 LnGov_{it} + \beta_4 LnEO_{it} + \beta_5 LnManufA_{it}$$
$$+ \beta_6 LnURB_{it} + \varepsilon_{it}$$

$$\varepsilon_{it} = \lambda W \varepsilon_{it} + \mu_{it} \qquad (4-3)$$

其中，λ 是空间误差系数，衡量了样本观测值的空间依赖关系，即表示了临近区域 KIBS 的误差冲击对本区域 KIBS 的影响方向和程度；$W\varepsilon_{it}$ 是空间滞后误差项。

在式（4-2）和式（4-3）中，LnV_{it} 表示区域 i 第 t 年的 KIBS 集中分布率；$LnIGT_{it}$ 表示区域 i 第 t 年的信息化水平；$LnHumC_{it}$ 表示区域 i 第 t 年的人力资源状况；$LnGov_{it}$ 表示区域 i 第 t 年的地方保护度；$LnManufA_{it}$ 表示区域 i 第 t 年的制造业集聚水平；$LnEO_{it}$ 表示区域 i 第 t 年的经济开放度；$LnURB_{it}$ 表示区域 i 第 t 年的城镇化水平。

4.4.2 实证检验结果分析

4.4.2.1 模型选择

在具体的实证检验中，需要对空间滞后模型（SLM）和空间误差模型（SEM）进行选择。依据安瑟兰和弗朗瑞克斯（Anselin & Florax，1995）提出的判别准则，通常的做法是通过比较拟合优度 Adjusted-R^2 及自然对数似然函数值 LogL 的大小，如果 SLM 模型的拟合优度 Adjusted-R^2 较大，并且自然对数似然函数值 LogL 较大，则应选择 SLM 模型，否则应选择 SEM 模型。由表 4-4、表 4-5、表 4-6 可知，2004 年、2008 年、2013 年三个时间点的回归结果中，空间误差模型（SEM）的 Adjusted-R^2 及 LogL 值均大于空间滞后模型（SLM），且 SEM 模型中体现空间效应的空间误差系数 λ 均明显大于空间滞后系数 ρ，除 2008 年外都通过了至少 1% 的显著性水平检验，而 SLM 模型中空间滞后系数 ρ 在三个时间点的回归中均为未能通过显著性检验，说明浙江省 69 个县市 KIBS 的发展存在明显的空间相关性，且其空间效应更多地体现在误差项上面。为此,本书将选择 SEM 模型作为基准模型,分析各设定变量对浙江 KIBS 发展水平的具体影响程度。

表4-4　　　　　2004 年浙江 KIBS 影响因素空间计量回归结果

变量	空间滞后模型(SLM) β	Std. E	t 值	P 值	空间误差模型(SEM) β	Std. E	t 值	P 值
CONSTANT	-0.03425	0.01145	-2.98907	0.00279	-0.03685	0.01116	-3.29938	0.00096
IGT	0.02835	0.00177	15.97210	0.00000	0.02967	0.00170	17.43121	0.00000
HumC	0.00340	0.00335	1.01439	0.31039	0.00388	0.00313	1.23611	0.21641
Gov	0.10174	0.02437	4.17483	0.00000	0.11537	0.02613	4.41506	0.00000
EO	-0.00053	0.00430	-0.12431	0.90106	0.00204	0.00408	0.49967	0.61730
ManufA	-0.24706	0.08808	-2.80495	0.00503	-0.30123	0.08149	-3.69648	0.00021
URB	0.02363	0.01199	1.97100	0.04872	0.01802	0.01254	1.43711	0.15068
ρ/λ	0.00998	0.05797	0.17215	0.86331	0.37034	0.13534	2.73651	0.00620
统计检验	值	P 值			值	P 值		
R^2	0.93459				0.94225			
Log L	227.642				230.6583			
AIC	-439.284				-447.317			
SC	-421.411				-431.678			
LR	0.02931	0.86405			6.06203	0.01381		

资料来源:根据 2004 年浙江省统计年鉴相关数据通过 Geoda 软件回归得到。

表4-5　　　　　2008 年浙江 KIBS 影响因素空间计量回归结果

变量	空间滞后模型(SLM) β	Std. E	t 值	P 值	空间误差模型(SEM) β	Std. E	t 值	P 值
CONSTANT	-0.02957	0.01907	-1.55020	0.12109	-0.03407	0.01918	-1.77586	0.07575
IGT	0.01987	0.00436	4.55512	0.00000	0.02148	0.00437	4.91151	0.00000
HumC	0.00385	0.00502	0.76708	0.44302	0.00472	0.00497	0.94843	0.34290
Gov	0.08131	0.03849	2.11206	0.03468	0.09860	0.04107	2.40054	0.01637
EO	-0.02447	0.00855	-2.85943	0.00424	-0.02178	0.00873	-2.49428	0.01262
ManufA	0.81045	0.22127	3.66270	0.00024	0.75376	0.22251	3.38743	0.00070
URB	0.01541	0.024268	0.63522	0.52528	0.00865	0.02464	0.34798	0.72785

续表

变量	空间滞后模型（SLM）				空间误差模型（SEM）			
	β	Std. E	t值	P值	β	Std. E	t值	P值
ρ/λ	0.00713	0.07188	0.09923	0.92095	0.16752	0.15325	1.09314	0.27433
统计检验	值	P值			值	P值		
R²	0.87792				0.88144			
Log L	183.565				184.0471			
AIC	-351.13				-354.094			
SC	-333.257				-338.456			
LR	0.00836	0.92710			0.97266	0.32401		

资料来源：根据2008年浙江省统计年鉴相关数据通过Geoda软件回归得到。

表4-6　　　2013年浙江KIBS影响因素空间计量回归结果

变量	空间滞后模型（SLM）				空间误差模型（SEM）			
	β	Std. E	t值	P值	β	Std. E	t值	P值
CONSTANT	-0.05726	0.01292	-4.42891	0.00000	-0.06448	0.01218	-5.29174	0.00000
IGT	0.03090	0.00266	11.6102	0.00000	0.03178	0.00237	13.35589	0.00000
HumC	0.00930	0.00354	2.62386	0.00869	0.01160	0.00315	3.68136	0.00023
Gov	0.07662	0.02227	3.43989	0.00058	0.09187	0.02324	3.95257	0.00007
EO	-0.03214	0.00769	-4.17423	0.00002	-0.02852	0.00763	-3.73857	0.00018
ManufA	0.30791	0.14563	2.11422	0.03449	0.33762	0.12698	2.65872	0.00784
URB	0.04727	0.01732	2.72947	0.00634	0.03371	0.01860	1.81224	0.06994
ρ/λ	0.03243	0.05567	0.58252	0.56021	0.39941	0.13208	3.02380	0.00249
统计检验	值	P值			值	P值		
R²	0.92622				0.93597			
Log L	196.816				200.18222			
AIC	-377.633				-386.364			
SC	-359.76				-370.726			
LR	0.28597	0.59281			7.01742	0.00807		

资料来源：根据2013年浙江省统计年鉴相关数据通过Geoda软件回归得到。

4.4.2.2　浙江KIBS影响因素的回归结果分析

从空间影响效应来看，SEM模型回归结果显示，空间误差自相关系数λ，

第4章
浙江知识密集型生产性服务业的空间关联及影响因素

除2008年外，2004年、2013年两个时间点均通过1%的显著性水平检验，且系数显著为正，2004年、2013年λ系数分别达到0.37034、0.39941，即当邻近地区的KIBS发展水平上升1%时，本地区的KIBS发展水平也分别上升0.37034%、0.39941%，这表明浙江69个县市的KIBS空间集聚效应显著，集聚区域的县市间KIBS具有较高程度的关联性，空间上存在明显的区际联动效应，且从2004年、2013年影响系数来看，这种空间效应在逐步增强，这与前文用探索性空间数据分析得出的结果一致。

从其他影响变量来看，回归结果主要呈现以下特征。

（1）在所有影响因素中，制造业集聚度的影响力最大，三个时间点上，制造业集聚度的影响系数分别为－0.30123、0.75376、0.33762，均通过1%的显著性水平检验，2004年其影响系数为负值，即制造业集聚水平每增加一个百分点，KIBS发展将下降0.30123个百分点，这说明该时间点上浙江省制造业对KIBS的挤出效应大于其对KIBS的需求效应。2004年，浙江产业结构主要呈现出"二三一"的格局，服务业增加值占GDP的比重为39.35%，低于当年全国40.7%的平均水平，制造业所占比重偏高，且以劳动密集型产业为主，整体还处在产业链低端，还未能对知识密集型服务行业产生较大的需求。而2008年以来，随着国内外经济形势的深刻变化，浙江省制造业加速转型升级，制造业的转型升级必然会对服务于其前端的咨询、研发、设计、采购，中端的财务、物流、计量、检测，以及服务于其后端的营销、集成、安装、调试等服务都将产生较大的需求。回归结果显示，2008年、2013年制造业集聚度的影响系数均显著为正，2008年，影响系数达到0.75376，即制造业发展每增加一个百分点，将拉动KIBS增加0.75376个百分点，显然，高效的制造业发展基础是浙江省KIBS发展的主要原动力。

（2）在三个时间点上，信息化水平和政府支持度两个影响变量均通过5%的显著性水平检验，且系数显著为正，这说明两者与KIBS的发展在空间上都存在关联性，且分别从不同程度上促进了KIBS的发展。但从回归结果来看，两者影响力呈现出相反的变动趋势，2004年、2008年、2013年信息化水平的回归系数分别为0.02967、0.02148、0.03178，影响力总体呈增强的趋势，而政府支持度的回归系数分别为0.11537、0.09860、0.09187，呈现逐步减弱的趋势。这说明，KIBS 与高技术产业紧密相连，其发展离不开数据库、远程技术传输及互联网等信息技术的支撑，越是信息技术水平发展高的地区，越能促进该区域 KIBS 的集聚发展。同样，政府支持度在一定程度上也可以促进浙江 69 个县市 KIBS 的发展，但影响力在逐步减弱，说明在 KIBS 发展的初期，政府适度的支持可以促进区域 KIBS 的集聚发展，而发展到一定水平后，随着该区域 KIBS 产业竞争力的逐步增强，过度的政府干预将不利于其市场化程度的提高和行业的集聚发展。

（3）与制造业集聚、信息化水平及政府支持度三个变量相比，人力资本、城镇化水平的影响力较小，且仅在 2013 年的回归模型中分别通过 1%、10% 的显著性水平检验，2004 年、2008 年均未通过检验，影响效应尚未形成。城市是 KIBS 集聚发展的载体和平台，城市能提供完善的基础设施和高素质的人才等产业发展要素，从以往经验来看，城镇化水平较高的地区，KIBS 发展水平也较高。KIBS 又是技术及高素质人力资源投入比较高的行业，区域人力资源储备越丰富就越能吸引 KIBS 产业集聚。2013 年的回归结果显示，人力资本、城镇化水平的影响系数分别为 0.01160、0.03371，影响力为正，进一步说明区域高素质人力资源的供给和城镇化水平的提高确实能对 KIBS 的发展起到推动作用。

（4）在所有解释变量中，经济开放度对 KIBS 发展的影响最小，仅 2004 年、2013 年通过 1% 的显著性检验，影响系数分别为 0.00204、-0.02852，影响力逐渐由正向转换为负向。说明经济开放度尚未对 KIBS 形成有效促进作用。一方面，浙江制造业仍徘徊于国际产业链低端，出口产品多为单个产品出口或简单的贸易出口，整体工程和服务出口很少；出口主要依赖生产制造环节，对研发、设计和营销等高附加值环节的需求和推动不足。另一方面，与货物贸易相比，服务贸易占浙江外贸总额的比重尚不足 10%；在服务贸易产品结构中，运输、旅游等传统领域占主导地位，而金融、保险、技术服务、管理咨询等新型服务贸易占比较小。本书中，由于各县市的外商直接投资数据缺乏，故采用"进出口总额占 GDP 的比重"来衡量经济外向度，未能就外资对 KIBS 的推动效应进行考察。

4.5 结论与建议

4.5.1 主要研究结论

（1）由探索性空间分析可知，浙江省知识密集型生产性服务业发展呈现出较强的集聚趋势，已由21世纪初的"多中心"格局演化为目前以杭州、宁波两大副省级城市为中心的"双中心"格局，紧邻杭州的嘉兴、湖州、绍兴及沿海城市温州、台州的KIBS集聚水平居中并趋于稳定，而浙江西南及中西部地区的多数县市KIBS萎缩。通过冷热点分析可知，属于高值簇的县市之间联系紧密，区域扩散效应存在，属于低值簇的县市之间的相互作用较弱，扩散效应在空间上渗透不均衡。

（2）由空间计量分析可知，在设定的两个空间常系数模型中，通过比较模型回归的 Adjusted–R^2、Log、AIC、SC值及t值，得出SEM模型是本书的最优基准分析模型。从回归结果来看，空间误差系数 λ 除2008年外，均在1%的水平上显著为正，表明浙江69个县市的KIBS发展存在明显的空间自相关性，且其空间效应更多地体现在误差项上面。从其他影响变量来看，制造业集聚度对KIBS发展的影响最大，然后为政府支持度、信息化水平、城镇化水平及人力资本禀赋度，上述变量都从不同程度上促进了浙江知识密集型生产性服务业的集聚发展。在所有变量中，经济开放度的影响呈现衰减趋势，且2013年影响力显著为负，表明浙江经济的对外开放尚未形成对知识密集型生产性服务业的拉动和促进作用。

4.5.2 政策建议

（1）浙江省知识密集型生产性服务业发展在空间上具有明显的依赖性，有着空间集聚的趋势且存在显著的正向空间相关性。为此，浙江相关政府部门应该充分重视县市之间 KIBS 的空间关联，逐步消除行政区域壁垒，加强各县市间 KIBS 的合作，优化 KIBS 发展的空间联动环境。处于高值簇的杭州、宁波可充分发挥 KIBS 发展对外围地区的空间辐射效应，带动周边县市 KIBS 的发展。处于低值簇的浙江西南县市可结合当地资源禀赋，利用产业垂直分工和产业链的延伸性，积极承接周边 KIBS 发达地区的产业转移，形成错位发展的竞争优势。

（2）制造业集聚与 KIBS 发展存在显著的正相关性，制造业的效率提升和 KIBS 的发展息息相关，制造业的集聚发展能极大地促进 KIBS 的发展。为此，应将知识密集型生产性服务业发展与先进制造业基地建设放在同等重要的位置，充分重视产业间的关联效应，建立制造业和 KIBS 双重集聚的产业园，推进 KIBS 与制造业的融合发展，进而实现"浙江制造"向"浙江创造"的新飞跃。

（3）由于信息化水平、人力资本禀赋度及城镇化水平对知识密集型生产性服务业的发展具有不同程度的促进作用，且影响力逐步增强。因此，各县市要积极推进地区信息化建设，制订信息化发展总体规划，完善信息网络基础设施，推动 KIBS 创新发展；要制定 KIBS 人才发展战略，加大力度培养高层次人才，采取各种方式吸引优秀人才来浙江创业，为推动 KIBS 发展提供人才支撑；要加快浙江中、西南地区的城镇化进程，提升城市凝聚、配置和创造各种优势资源的能力，为 KIBS 发展打造优良环境。

（4）政府支持度对知识密集型生产性服务业的发展具有显著的促进作用，但影响力呈现逐步减弱趋势。为此，政府应根据 KIBS 发展的不同阶段制定差异化的策略，在 KIBS 发展初期，应通过制定各种优惠政策，加大对该产业的扶持力度，使其快速形成生产力；在发展的中后期，政府应着重发挥规划和引导作用，引进竞争，以产业化为导向，促进市场发育，并通过组建行业协会等规范其发展中存在的问题。而针对经济开放度对 KIBS 的负向影响，应鼓励制造业出口企业积极向研发、设计和营销等高附加值服务环节拓展，促进制造企业对知识密集型服务的需求拉动，优化货物和服务贸易结构，提高"浙江制造"国际竞争力。

第 5 章
金融服务业集聚：概念、理论及研究进展

5.1 基本概念界定

5.1.1 金融服务的概念

随着金融业的快速发展，人们对于金融服务这一词汇并不陌生。现有的文献对金融服务的研究已逐步深入，国内外学者对其研究重视程度也逐渐加大，但始终未形成对金融服务统一的定义。英国学者亚瑟·梅丹（2000）从营销管理角度认为，金融服务是金融机构运用货币交易手段，对有价物品进行融通，向金融活动参与者和客户提供的共同受益、获得满足的活动。美国《金融服务现代化法》将金融服务规定为银行、证券公司、保险公司、储蓄协会、住宅贷款协会以及经纪人等中介提供的服务。联合国统计署定义金融及相关服务，粗略地认为它包括中央银行的服务、存贷业务和银行中介业务的服务、投资银行服务、非强制性的保险和养老基金服务、再保险服务、房地产租借和租赁等服务。服务贸易总协定（GATS）规定，金融服务是指由一成

员方的金融服务提供者所提供的任何有关金融方面的服务，包括保险、再保险、证券、外汇、资产管理、期货期权以及有关的辅助性金融服务。国际组织及国外学者对于金融服务的定义更多是集中在金融机构，将这种服务归结为中介服务，基本涵盖了目前对金融市场五大板块的划分。

国内学者对金融服务的定义聚焦在为客户提供特色化服务，合理地运用金融平台，利用资本的逐利性，达到双方的利益诉求点。莫世健（2006）认为，金融服务应从广义和狭义两个方面理解，广义的金融服务即一成员金融服务提供者提供的任何金融性质的服务，这是《服务贸易总协定》框架下广义的金融服务；狭义的金融服务指的是保险、银行和其他金融服务行业提供的服务，这种金融服务指现有主要的金融服务方式和内容。而国内对金融服务普遍比较认可的定义，概括起来也分为狭义和广义两个层面，狭义的金融服务是指金融机构为其服务对象提供传统的存贷款、资金融通等业务为主的金融服务；广义的金融服务是指除传统的金融服务外，还为客户提供资本市场领域的创新服务，包括项目融资、资产增值、并购重组等业务。本书认为，金融服务是指金融组织、机构以货币交易为媒介，以有价物品为融通标的物，并向金融活动参与者提供包括资金结算、票据贴现、证券发行、信托投资、保险、再保险、外汇、资产管理、期货期权以及有关的辅助性金融服务，以实现双方各取所需、相互受益的活动。

5.1.2 金融服务业的概念与分类

金融服务业泛指金融服务提供者所提供的各种资金融通方面服务活动所构成的产业。它是以银行金融业（信托、银行、保险、证券、基金等）为主体，其他非银行金融业（融资租赁、股票、典当等）为补充的金融服务业体系。其中，作为主体的银行金融业以商业银行为代表，商业银行金融服务具有三个基本特征，即非实体性、不可分割性、顾客参与性。金融服务业是服务业中独具特色和具有先进性的行业，也是现代生产性服务业的重要组成部分。随着我国市场经济的快速发展，服务业在市场经济中所占的比重不断扩大，GDP占比不断上升，而金融服务业作为服务业的重要组成部分，对经济发展发挥着日益重要的作用。金融生而为实体经济服务，作为资金需求者和供给者之间的桥梁，市场经济中资本资源配置的技术支持者，金融服务业与实体经济有着密切的联系，进而对一国宏观经济发展产生重大影响。如果没有一个有效的金融服务业，一国经济将难以甚至不可能良好运转或持续发展与繁荣，强有力的、高效的金融服务业是经济持续发展的关键因素。

根据行业分类和盈利模式，一般将金融服务业分为三大类，分别是金融中介服务、直接收费的金融服务和间接收费的金融服务。(1) 金融中介服务是指从事金融活动及为金融活动提供相关服务的各类金融机构。金融中介一般由银行金融中介及非银行金融中介构成，具体包括商业银行、证券公司、保险公司以及信息咨询服务等中介机构。(2) 直接金融服务是指资金盈余部门与资金短缺部门分别作为最后贷款者和最后借款者直接协商借贷，或者由资金盈余部门直接购入资金短缺部门的有价证券而实现资金融通的金融行为。例如，公司发行债券、股票的融资方式等皆属于直接金融。(3) 间接金融服务是指资金盈余部门与资金短缺部门之间通过金融中介机构间接实现资金融通的金融行为。

按业务服务对象划分，主要分为金融前台服务和金融后台服务两大类。金融前台是由直接服务于普通居民、企业的金融机构形成的金融服务中心，其构成单位包括银行、证券、保险、基金、信托、私募股权投资（PE）、风险投资（VC）、小额贷款公司、融资租赁公司、财务公司等。金融后台服务于金融前台，是提供金融后台和外包业务服务的特殊区域。这些后台金融机构构成单位包括数据处理中心、清算中心、信用卡中心、研发中心、呼叫中心等，它们在为金融机构的跨地区信息交换、数据处理与备份等提供支持的同时，还可承接海外金融外包业务和金融集中培训等方面的工作。

5.1.3 金融服务业的特点及发展趋势

当今金融服务对现代经济的重要性已经与历史上的钱庄、银行的简单业务不能相提并论，金融活动日益被看作一种商品的生产而非服务，因为它的效用更多地依赖销售和再销售，金融创新成为金融服务中的重要盈利手段。金融服务业在现代经济体系中居于关键地位，这是由金融产业自身的特殊性质和作用所决定的。

从地方政府、国家、国际环境三个层面来看，金融又是一项评判和衡量经济发展的重要指标。于地方政府而言，金融服务业能比较深入、全面地反映当地企事业单位的经济活动。当地金融服务业运行得正常有效，则财政货币资金的筹集、融通和使用充分而有效，社会资源的配置也就合理，对地方经济走向良性循环所发挥的作用就比较明显。于国家而言，金融服务业是调节宏观经济的重要杠杆，也是联结国民经济各方面的纽带。国家可以根据宏观经济政策的需求适时地利用利率、汇率、信贷、结算等金融手段对微观经济主体产生直接影响，调控货币供应的数量、结构和利率，从而调节经济发展的规模、速度和结构，在稳定物价的基础上，促进国民经济发展。于国际大环境而言，金融服务业成为国际政治、经济和文化交往、实现国际贸易、引进外资及加强国际间经济技术合作的纽带。

与其他产业部门相比，金融服务业呈现以下四个特点与发展趋势。

（1）实物资本投入较少，难以找到一个合适的物理单位来度量金融服务的数量，无法准确定义其价格，从而其投入、产出也就难以确定和计量。

（2）随着金融活动的日趋复杂化和信息化，金融服务业逐渐变成了知识密集和人力资本密集的产业。知识、人力资本的密集度和信息资源的多寡，已成为决定金融企业创造价值能力以及金融企业生存和发展前景的重要因素。

（3）金融服务业呈现出集聚化发展的趋势。即金融服务业中各相关企业聚集于相邻的地理位置，彼此间分工、合作与竞争，利用其相似性和互补性，形成前后依存和相互关联的产业组织形式。

（4）金融服务业正处于大变革的时代中。现代金融服务业具有越来越多与信息生产、传递和使用相关的功能，信息技术、放松管制和自由化的影响已逐渐发生改变，并不断重新塑造金融服务业领域。这使得金融服务业从单纯服务个体发展成为产业与资本对接的桥梁，且这种趋势还将持续下去。

5.1.4 金融服务业集聚的表现形式

金融服务业是在为实体经济提供各种金融服务的基础上不断发展起来的，

第5章
金融服务业集聚：概念、理论及研究进展

而金融机构作为主要活动者的竞争优势就在于其拥有丰富的客户信息。伴随着生产企业集聚程度不断提高，它们对金融服务的需求也越来越多，金融机构就会逐渐在它们的周围设立营业网点、分支机构，以方便实体经济的贸易结算和支付要求，并从中获取稳定的中介收入，这成为金融服务业集聚发展的雏形。金融服务业集聚分为动态和静态结果两个方面，从动态过程的角度来讲，金融服务业集聚是指金融服务产业在一地域空间产生、发展，并成长为金融地域密集系统不断增加的过程。从静态结果的角度来讲，金融服务产业集聚一般有两种表现形式，一种是指不同层级的金融中心，例如地区金融中心、国际金融中心；另一种是指金融服务业企业集群，即具有空间地理接近性、行业接近性、社会接近性的金融机构及其相关企业，通过金融资源与地域条件协调、配置、组合的时空动态变化，达到一定规模和密集程度的介于金融市场组织和金融企业的一种中间网络组织。

金融服务业是技术密集型、人才密集型产业，其中，人力资本是金融业发展的核心要素，其规模和质量决定着金融产业集群能否持续健康地发展，这也成为金融服务业最为显著的特点之一。金融服务业集聚成为不可忽视的现象，并且进一步向大城市集中，国际大都市和区域中心城市功能向工业、商贸、金融、信息中心综合型转变。都市用地逐步由工业和居住用地为主向第三产业用地转变，工业尤其是化工业和传统零售业向城市边缘和远郊转移，规划改造和重构中心商务区（CBD）成为国际大都市提升城市综合服务功能和增强经济实力的潮流。金融集聚一旦形成，以跨国公司总部为微观行为主体，以国际金融中心为空间载体，以全球城市为网节点，通过资金融通和资本运作来实现资源在全国甚至全球范围的优化配置，并持续带来集聚地及周边地区交易的增长、投资的繁荣以及产业的扩张，创造大量的就业机会和政府财政收入，在相当长的时间里不断强化该城市的地位和功能，最终促成世界级城市的形成。就世界范围而言，纽约、伦敦和东京，成为全球最重要的金融服务业集聚地，而在国内，上海、北京、深圳等特定区域内，也集中了大量的国内外金融企业。

伴随信息技术的快速发展，特别是网上银行、电话银行、手机银行等电子银行的迅速发展，金融服务自由流动性增大，出现了所谓的地理"空间终

结"现象，但实际上不同地区的金融景观是完全不同质的，具有极端异质性。全球范围内形成了以伦敦—纽约—东京为"金三角"的金融中心体系；中国的金融中心主要集中在沿海地区，空间密度由沿海平原向山地到高原逐渐减少，金融中心的功能地位也逐渐下降，在空间上形成"香港—上海—北京"为三角的"亚太区国际金融中心—中国的全球金融中心—中国的国家金融中心"，再配合深圳、广州、武汉、重庆等若干个区域性金融中心，调配金融资源在空间上的流动组合。另外，由于不同金融机构的特性不同，在与经济社会空间格局相互作用的过程中会表现出不同的空间分布格局，这也是空间集聚的结果。

5.2 金融服务业集聚的相关理论

5.2.1 金融资源理论

金融资源这一词汇最早由比利时经济学家雷蒙德·戈德史密斯提出，它是指金融领域中关于金融服务主体与客体的结构、数量、规模、分布及其效应和相互作用关系的一系列对象的总和或集合体（雷蒙德，1994）。而金融资源理论最早由崔满红（2002）于1999年提出，直至2007年全球金融危机爆发，该理论才受到学界高度重视，认为其很好地补充了金融基础理论，具有重要的理论指导意义。

金融资源理论体系构想建立在三个假设前提之上。(1) 金融是资源。金融是具有动态属性的经济资源，是特殊的社会资源，是面向21世纪知识经济时代新金融观的本质所在。(2) 社会、经济、金融是一个复杂的复合巨系统，是建立在"金融→经济→社会"从局部到整体的系统观基础之上的金融、经济、社会资源开发、配置的协调机制。(3) 社会、经济、金融系统的正常运行建立在相关资源要素协调运行基础之上。不论任何国家面临如何复杂的社会资源开发、配置系统问题，都要坚持协调性原则来解决，任何对协调性原则的背离都会导致经济结构的失调或经济危机。

金融资源理论以重新定义金融属性为出发点,遵循社会学的基本规则,依据复杂巨系统理论,坚持社会资源要素协调运行的基本原理,围绕金融资源开发、配置机制展开金融理论体系的深入研究和构建。金融服务业集聚过程中最为明显的就是资源的集中,促使外部资源逐渐汇集,实现区域内的整合和优化配置。此外,金融本身就是一种资源,分散和融入社会经济发展的产业链上,合理地调控要素流向,利用金融高度化集中的资源优势,促进区域经济快速发展。

5.2.2 金融集聚理论

目前,国内对于金融集聚的研究更多地是以产业集聚为基础而进行,而直接对金融集聚的研究相对较少,金融集聚与产业集聚既有相似之处,又相互区分。从动态角度来看,金融集聚是指金融产业在某一区域逐步集中的过程;从静态角度来看,金融集聚则是指经过上述过程,该区域内金融机构、金融产品、金融服务达到一定规模和密集程度的现象和状态。随着金融业的快速发展,金融机构成为金融业的主体和桥梁,并且不断在某一区域聚集,形成人们熟知的区域金融中心,即金融集聚区域。

金融集聚理论则主要研究金融集聚的现象及内涵、金融集聚的动因、金融集聚与金融中心形成的关系等内容,深入探究和发现金融集聚与产业发展、经济发展之间的关系。因为金融集聚具有区域性的特征,因而遵循区域经济理论,可将金融集聚分为金融极化和金融扩散两种效应。极化效应是指周边资源向极点聚集的效应,聚集点能对外围地区产生巨大的吸引力,由此促使外围地区的良好资源聚集到中心区域;扩散效应表现为金融资源向外扩散,集聚区域内金融机构集中到一定程度之后,对集聚区内部的金融资源的争夺更加激烈,一些竞争力不足的金融机构就会被迫退出竞争,不断向周边地区扩散。

按照金融集聚过程中机构集中的速度和规模,可将其分为四个阶段,分别是形成阶段、发展阶段、成熟阶段和扩散阶段。

（1）金融集聚的形成。由市场主导型的金融集聚是指一个区域的经济增长到一定程度后，对金融产品和金融服务有了较高需求，从而促进金融集聚初步形成。由政府主导型的金融集聚是指政府划定某一区域为下一阶段打造的重点，运用自身力量将金融企业搬移到该区域。此阶段的金融集聚表现为区域经济实力开始较快增长，资本密集型产业逐步集中，开始形成对资金的强烈需求，同时闲散资金也向该区域聚集。

（2）金融集聚的发展。集聚规模会迅速扩大，各项金融资源会得到充分利用，不断有金融机构进入集聚区。此外，金融人才也会蜂拥而至，金融培训机构、金融相关教育机构也会加大招生力度，由此也会带动房地产、餐饮业的发展壮大。在此阶段，金融业会迅速扩大，集聚区范围也会扩大，初步形成金融增长极。

（3）金融集聚的成熟。在该阶段，金融业在聚集区经济总量中占据很大比重，金融业逐渐成为集聚区的中心产业，金融产品大量表现为给企业量身打造的产品，企业在与金融机构的交流上也更具有话语权，大型金融机构与资产庞大的企业会加强合作，形成长期的伙伴关系。

（4）金融集聚的扩散。向外扩散的金融机构可以充分利用区域外地区的资源、能源、公共交通、邮电和其他公共服务设施条件，扩散的主要原因可能是集聚区内金融业明显饱和、集聚机制遭到破坏、核心金融产业发生衰退等。

在金融产业领域，从20世纪70年代开始，越来越多的金融机构开始采用企业间协调的方式来组织交易和生产活动，从最初的少数几家银行集中到金融控股公司的兴起，再到今天各种不同种类金融机构的空间集聚，集聚已经成为现代金融产业组织的基本形式。在世界范围内形成了以纽约、伦敦和东京为代表的三大国际金融集聚区，而在一些新兴的国家和地区也出现了明显的金融机构集聚趋势。新加坡在20世纪90年代就通过税收政策优惠、亚洲美元市场的建立和对证券期货市场予以支持等措施吸引大量的金融机构集聚。国内的金融机构集聚现象也非常突出，北京的金融街已经成为国内金融机构的集聚地，上海浦东金融机构集聚的趋势也十分明显。

5.2.3 金融地理理论

金融地理学是近些年兴起的一门交叉边缘学科，国内学术界对该学科的研究相对较少，很多理论研究也不成熟。而国外学者关于金融和货币的地理学研究，大多只选取了相对狭窄的领域进行了深入的探讨，以至于难以有全面的、概括性的文献。金融地理学可以认为是从地理学科的角度来研究金融领域问题的新兴学科，金融的地理空间特性主要表现在以下三个方面（武巍等，2005）：（1）货币地理性。货币作为金融的主体，有着明显的时间和空间特性，可以研究其通过时间和空间在世界范围内流动所产生的不同影响。（2）边界在分割金融系统中的地位和影响。主要研究全球资本流动在国家边界中嵌入的程度，以及全球化与本地化力量在金融业中的相互作用。（3）市场信息的实质以及过程，强调信息在时间和空间上的异质性。在金融业中，信息并不是共享的，而是系统分类的。信息并不是简单地被吸收，而是需要在时间和空间上对其进行管理和组织。这三个方面在很大程度上界定了金融地理研究的基本范畴。

金融地理学强调用信息论解释金融业集聚在空间地理上的迁移，认为金融业集聚形成的最重要因素是"信息外溢效应"。金融地理学核心理论包括"信息腹地"理论、"信息不对称"理论、"信息外在性"理论和"路径依赖"理论（俞红玫，2015）。

（1）信息腹地理论。波蒂厄斯（Porteous，1995）主要从"信息不对称"和"信息腹地"等角度解释了金融业集聚的形成与发展，认为信息腹地是一个中心城市地区，有利于挖掘出有价值的信息。信息在传递中可能因为距离和其他因素，会发生偏差和歧义。在信息腹地之内，获得准确信息可花费最少；靠近这个腹地的信息使用者比远距离的使用者更具优势，其获取信息的成本也较低，并能做出较好的反应。思里夫特（Thrift，1994）认为，由于信息本身意义不明确，不易理解，加之金融市场面临投机、不稳定等因素，金融机构要掌握金融市场准确信息和动向就必须围绕联系本地区的社区网络。

（2）信息不对称理论。由于信息本身的特殊性，金融地理学将信息分为标准化信息（公开信息）和非标准化的信息（内部信息）。由于市场上充斥着大量的非标准化信息，才会引起金融市场的剧烈波动，由于资金供求双方在信息资源获得上的不对称性，对非标准信息的追逐就会更加激烈。信息不对称效应促使金融类企业向信息源聚集，这使得金融类企业可以及时获得信息，并从中获得收益。盖瑞（Gehrig，2000）运用市场摩擦理论经过大量的实证研究，得出以下结论：一是某个区域金融活动在地理空间上的集聚与相邻区域内金融活动在地理空间上的分散趋势是并存的。二是不对称信息，一方面是塑造信息腹地和决定金融集聚的重要因素；另一方面是区域间经济发展差异和全球经济结构差异的重要影响因素。三是针对信息内容的不同对金融活动进行分类具有实际意义，证券交易由于对信息敏感性更强，则更倾向于聚集在信息集中、易获得和交易成本更低的地区。

（3）信息外在性理论。本质上，金融机构依靠经营信息赚取相应利润。金融集聚区不仅是金融机构、金融资源和金融人才的汇聚地，还是信息流的汇聚和发源地。信息，在一定程度上具有公共产品的性质，且传播速度快、成本低，那么巨大的"信息外在性"会使金融机构的集聚在信息量的倍增中获益，从而产生信息的套利活动。戴维斯（Davis，1990）基于对金融服务业的实证调研，得出以下两个结论：一是在金融集聚地区，各个层次的金融服务机构都倾向于集聚发展，包括金融辅助性行业，例如法律咨询、财务管理、保险精算、风险评估、保险中介等行业；二是金融机构与交易市场接近，不仅会大大减少交易成本，而且能够促使金融机构互相学习，同时也将产生技术外溢，引发技术创新。

（4）路径依赖理论。金融集聚的形成过程与路径依赖有关。集聚是特定的递增收益、"路径依赖"或历史的累积和区位的"锁定"，作为产业集聚特殊类型的金融业，空间集聚的路径依赖特征更为突出。波蒂厄斯（1995）以"路径依赖"阐述了某一机构能够长久地在某个区域内保持竞争优势的原因，指出路径依赖与该地区某一经济领域以往的成功经验有关，具有自我累积的放大效应，会不断地强化初始选择，在该区域发展环境日益完善的情况下，将会有越来越多来自相关行业的经济个体被吸引，主动来该地区投资和发展。

近年来，随着金融地理学研究的不断深入，不少学者开始从更微观的层面研究金融地理的发展。有学者通过对银行业以及信贷关系的空间发展过程的研究，发现金融业的空间发展具有阶段性，即从最初的服务于当地社会，到银行系统在国家间展开业务，出现银行系统和其他非金融机构的竞争。随着金融组织和机构的不断整合，地方金融机构不断向全国和国际性的方向发展，金融业在地理上会呈现出金融活动和金融机构在少数重要金融中心的高度集中。

5.3 相关研究进展

随着我国经济和服务业的日益发展，金融活动日趋复杂化和信息化，金融服务业日益成为现代经济的核心。产业集聚成为现代经济发展的普遍现象之一，金融业也引发了各种形式的金融集聚，并在多个地区形成金融中心。学者们基于不同的理论视角，对金融服务业的集聚现象纷纷展开了研究。金融集聚属于产业经济学的范畴，而金融服务业又是金融学的研究对象，在研究过程中必然要涉及跨产业经济学、金融学、区域经济学等多个经济学科，因此，对金融集聚的研究是一个多面性和综合性的经济研究领域。

5.3.1 金融服务业集聚的相关研究

从学科视角来看，金融集聚的研究可见于发展经济学、产业经济学、金融地理学诸方面（成春林等，2013）。发展经济学家从宏观层面关注产业集聚现象，其中，具有代表性的理论包括佩鲁的"增长极"理论、缪尔达尔的"循环积累因果关系"理论和弗里德曼的"核心-边缘"理论。金德尔伯格（Kindleberger，1974）、纳雷什和盖理（Naresh & Gary，2001）、潘迪特（Pandit，2001）等产业经济学者研究认为，金融流动的结果即金融服务产业以集群的形式出现并形成金融中心，金融中心是金融服务业空间集聚性的一种表现，国内外研究主要涉及金融中心的识别、金融中心的体系划分、影响因素识别等。金融地理学则考虑信息不对称、非标准化信息以及地域依赖问题的存在，引入地理位置、距离和空间因素，以及由此产生的不同社会人文因素，认为定位良好、政策优越的国家或地区能增加货币流的集聚程度。莱申（Leyshon，1998）、劳拉詹斯（Risto Laulajainen，2001）提出从空间差异、空间过程和空间相互作用三个方面进行金融服务业的研究，迈耶（Meyer，2007）等的研究都关注了金融服务业的集聚优势和空间问题。戴维斯（Davis EP，1990）对金融服务业调查，发现在城市集中化的过程中，各类金融服务单位均存在集聚需求，并且逐渐聚集形成一种趋势。

新经济地理理论也刺激了关于地方金融业对当地经济贡献的研究，斯科塔（Scotta，1988）以知识密集型服务业（KIBS）集群为基础，指出金融服务业为知识密集型服务业，强调其适应外界变化的外部联系和劳动力市场关系网络的重要性。哈钦森和麦克卢普（Hutchinson & Mckillop，1990）、亚历山德里尼和哉斯如（Alessandrini & Zazzaro，1999）的研究都认为，大规模和极具竞争力的地方金融群体的存在意味着地方工业能够比较容易获得贷款，对克服国家金融体系存在的信息不对称发挥了重要作用；潘迪特（Pandit，2001）认为金融服务业集群产生了较明显的经济效果，金融集群地区往往能够吸引大量的新企业进入；武巍和刘卫东（2005）、李小建（2006）、刘辉等（2013）等分别基于金融地理学的相关理论，对中国金融服务业发展的空间问题展开探讨。

5.3.1.1 金融集聚的动因和影响因素

格里克（Gehrig，1998）认为对信息较为敏感的金融交易，更可能集中在信息集中与交流充分的中心地区，从而形成金融产业集聚。赵晓斌等（2002）对我国北京、上海、广州、深圳、香港五个城市进行对比分析，认为北京和香港将凭借信息中心和"路径依赖"的优势而成为未来国内外的金融中心。梁颖（2006）研究认为产业集聚有助于提升国家竞争力，金融企业对信息的高效获取和关系网维护的重视是金融企业青睐"空间邻近"的原因，这促进了金融集聚的形成。司月芳和曾刚（2008）对陆家嘴金融集聚区进行了实证研究，认为邻近金融市场、品牌效应和政策法规的优势是该区域金融集聚的主要原因。

任英华等（2010）以我国28个省份的面板数据进行研究，认为区域创新水平、经济基础、人力资本都对金融集聚有正向推动作用，对外开放对金融集聚的影响正在减弱。李大垒（2010）通过对我国35个大中城市10年来的面板数据分析认为，地区的经济发展水平、人力资本和工业发展程度是推动金融集聚的影响因素。车欣薇等（2012）构建了一个两区域理论模型以研究金融集聚动因，考虑到金融业的特殊性，模型中去除了运输成本，加入了区域间消费成本。结果表明，机会成本、规模经济、默示信息和金融业在生产总值中所占份额是金融集聚的四大关键动因。

5.3.1.2　金融集聚的效应

连建辉等（2005）研究认为，金融产业的集聚可以带来金融创新效应、风险缓释效应、效率提升效应，进而推动区域经济增长。黄解宇、杨再斌（2006）认为，金融企业集群产生的外部规模经济不仅使得金融及其附属产业受益，从而促进金融业的发展并聚集，同时该地区的发展也会吸引其他产业的加入。刘军、黄解宇等（2007）研究认为，金融集聚通过三条途径促进经济增长，这三个途径分别是金融集聚效应、金融扩散效应以及金融功能。林江鹏、黄永明（2008）围绕金融中心城市建设问题，对金融集聚对经济增长的作用机理进行研究，结果表明，金融集聚通过规模经济效应、信息溢出效应、学习效应、网络效应影响地区经济增长。冉光和（2007）在研究产业资本集聚时认为，金融集聚创新效应是指由于金融产业资本集聚区域创新系统高效，引起金融产业资本集聚区的技术进步和扩散速度要高于其他地区的那部分额外收益。

金融集聚是金融发展的一个层面，许多学者对金融集聚与区域经济增长进行计量分析，以揭示金融集聚与经济增长的关系。陈文峰、平瑛（2008）以1990~2006年的上海市数据为样本进行研究，结论证明，金融产业集聚与城市经济增长之间长期存在着一种均衡关系，金融产业集聚是地区经济增长的原因之一。石沛、蒲勇健（2011）对我国金融业集聚程度和产业结构两者的空间分布特点进行研究，并通过模型验证出两者在地理空间上所存在的关联性，并指出，产业结构的调整和金融集聚的发展相互之间存在着作用力与反作用力。余丽霞（2012）从定位、形成的路径机制和综合竞争力三个角度，对我国三大经济区域金融产业集群进行比较分析，实证分析了上海市金融产业集群的发展对区域经济增长的辐射和带动作用。廖茂林、黄育华（2013）以北京金融街为例，实证检验了金融集聚与经济增长的关系，认为金融街所形成的金融集聚能明显地推动北京经济增长。施卫东、高雅（2013）运用DEA - Malmquist 指数法进行了金融服务业集聚全要素生产率城市间差异的分析与比较，研究表明，"长三角"的金融服务业集聚全要素生产率（TFP）增长率均表现为正，并有持续增长的趋势，金融业全要素生产率的增长主要源自技术更新的推动。刘恒怡（2014）对我国金融服务业集聚的空间演变路径进行分析，结果显示，金融集聚无论在行业集中度或是资本集中度方面，我国都有很明显的特征，形成了东部沿海和中西部两大主要集聚区域。

5.3.1.3 金融集聚的形成模式

关于金融集聚模式的研究，普遍认为主要包括市场引导和政府推动两种模式。王传辉（2000）认为，根据西方经济学的理论，金融体系的产生有两种途径：一个是需求反应（demand - following）；另一个是供给引导（supply - leading）。相对应地，国际金融中心的产生也有两类截然不同的模式：即自然形成模式与国家建设模式。冉光和（2007）认为，在发达国家，金融产业资本的集聚是由需求反应型机制为主导的；而在发展中国家，供给引导型机制则成为金融产业资本积聚的主导因素。闫彦明（2006）在结合政府推动型集聚、市场主导型集聚与区域经济中心、国际金融中心分析比较时，认为各国实践表明市场主导的金融中心在现阶段是较具竞争力和市场活力的。纳雷什（Naresh，2003）等对英国三个金融业产业集群进行调查研究，发现专门的投入渠道和供给方的知识溢出效应在金融服务集群领域会产生重要的效益。金融服务集群在各区域各有差异，主要由于集群的组建程序和聚集过程各有不同，并认为政府应该给予相关政策支持，以促进建立不同产业集群的发展。

5.3.2 金融服务业与制造业关系的相关研究

按照分工理论，生产性服务业内生于制造业（Abraham & Taylor，1996）。作为知识密集型的生产性服务业，金融服务业与制造业联系紧密。应该说，实体经济的发展催生金融业的勃兴，金融服务业又支撑实体经济的提升。金融部门接近作为需求者的实体部门和作为供应者的实体部门，都有利于降低空间成本（梁琳等，2015）。制造业集群与金融业集聚的互动关系实际上是金融发展与经济增长关系在产业层次上的具体体现（卢亚娟等，2011）。随着近年来我国服务业的快速发展，生产性服务业与制造业在空间上已形成互动发展的格局（陈国亮等，2012）。

5.3.2.1 产业经济学视角

现有的关于金融服务业与制造业关系的研究更多是从产业经济学视角出发，关注产业层面的探讨。相关研究主要集中在金融服务业与其他产业的经济技术联系和对区域经济发展的带动和促进作用（姚战琪，2005）、金融生态与企业创新能力（翟胜宝等，2015）、金融发展对制造业技术创新（郭淼等，2007；胡杰等，2015）以及对制造业出口结构优化的影响（史龙祥等，2008）等；对于生产性服务业与制造业产业联动发展的机理分析、特征概括的研究成果较多，例如张亚军等（2014）、李进才（2012）、胡联升（2014）、赵丽炯（2015）的研究，在实证方面多运用投入产出结构分解技术、灰色关联度模型、价值链模型分析等进行产业关联分析；邹游（2016）采用投入产出法对广东省金融业与制造业的关联互动进行了研究，张益丰（2013）研究指出制造业的产业集聚是生产性服务业产业集聚有效形成的基础；姚永玲等（2012）采用《财富》全球500强企业数据，分析全球制造业和金融业的空间分布关系，覃剑等（2013、2014）先后对大珠三角城市群金融等级体系、金融业与制造业空间关系展开研究。但从总体来看，针对金融业与制造业产业关联的实证研究较少，从空间集聚视角探讨金融服务业和制造业两大产业互动发展的研究还不多见。

5.3.2.2 产业共同集聚的视角

产业共同集聚（co-agglomeration）主要表现为关联产业的空间集聚，它有两种表现形式，一种是垂直的上下游关联产业的空间集聚；另一种则是横向关联产业的空间集聚。1997年，埃里森和格莱泽（Ellison & Glaeser）首次提出产业间存在共同集聚，并以 EG 指数为基础，测算了美国制造业四位编码行业间的共同集聚程度，发现具有上下游分工联系的行业之间普遍存在共同集聚现象。随后的研究主要从产业共同集聚测度和产业共同集聚形成机理两方面展开。巴里奥斯（Barrios，2006）、卡斯滕（Karsten，2011）以及国内学者路江涌等（2006）、郑蔚（2012）、郝俊卿（2013）从国家、城市（群）、都市圈等层面对制造业共同集聚程度进行了测算，得出制造行业间存在共同集聚的结论；张益丰（2011）对先进制造业与生产性服务业双重集聚进行研究，认为先进制造业集聚、专业技术人才集聚与生产性服务业集聚相辅相成。关于产业共同集聚机理的探讨则相对较少，埃里森等等（2006）的研究验证了马歇尔的外部经济性理论同样适用于产业间共同集聚，并认为投入产出联系对制造业集聚更加重要；贾德·柯尔科（Jed Kolko，2007）对服务业各行业间的集聚程度进行了测算，提出服务业存在共同集聚源于产业间知识外溢和直接贸易关系；马国霞（2007）认为纵向的投入产出关联和规模外部经济是制造业产业间共同集聚的主要驱动因素；陈国亮等（2012）通过中国第二、第三产业共同集聚的实证分析，发现产业前后向关联和知识密集度有助于促进产业共同集聚水平的提高；朱慧等（2015）对中部六省制造业与物流业的空间共同集聚进行测度，并解释了两者共同集聚形成的内在机理。对于制造业集群和服务业集群而言，这两者是单向关系还是相互促进的关系，目前的研究尚不明朗（陈建军，2009）。

5.3.3 总结

金融业是现代经济发展的核心产业，不仅具有优化配置微观要素资源、调节经济运行的基础性作用，也是一个具有调节制造业、服务业等关联产业不断融合的重要产业"粘合剂"。在现代信息技术的不断推动下，以"移动互联网+"、信息技术为载体的新金融模式不断涌现出来，而金融服务业本身所具有的规模经济效应和正外部性，使得传统的金融机构在特定空间高度集聚的现象不断突出。金融服务业集聚发展作为城市经济增长的重要投入因素，金融支点、金融增长极、金融中心等不同级别类型的金融集聚区建设越来越

第5章
金融服务业集聚：概念、理论及研究进展

受到各级政府部门的高度关注。尤其是在"互联网+""大众创业、万众创新"的时代背景下，加快金融集聚区建设也成为推动相关产业发展的重要抓手。

综合国内外相关文献，可以发现，国内外对服务业集聚的研究比对制造业集聚的研究时间晚，成果也相对较少。随着以克鲁格曼为代表的新经济地理学的兴起，以及20世纪70年代以后西方国家服务业比重不断提高，服务业集聚逐渐受到重视并成为产业集聚研究的重点，例如克鲁格曼（1991）、藤田昌久（Fujita, 1999）在研究制造业集聚时都不同程度地关注过服务业的发展，克鲁格曼认为诸如金融、保险等服务业是高度集聚的产业。目前关于金融服务业集聚的研究日趋成熟，在集聚机制、演化机理、集聚效应等方面涌现出较多的研究成果，但目前的相关研究还存在以下不足：（1）现有关于金融服务业和制造业关系的研究，主要基于产业层面考察两者的互动性问题，而缺乏空间维度的探讨，对金融服务业与制造业共同集聚的内在机理研究甚少。（2）少数对中国第二、第三产业、制造业与生产性服务业以及制造业与物流业共同集聚的研究，主要基于省级层面和地级以上城市层面的数据，基于县域空间尺度的研究比较少见。在县域城市体系下，金融服务业和制造业共同集聚模式有何特点，形成机制和决定因素是什么，国内尚缺乏相应的研究。（3）缺乏针对金融新业态下的金融产业集聚分析。基于"互联网+"战略背景下，金融产业的新型集聚发展模式将对传统制造业产业集群的发展产生何种影响的研究相对缺乏。鉴于此，本书后面章节将在分析浙江县域金融服务业集聚特征与空间格局的基础上，借鉴E-G修正指标测算浙江金融服务业和制造业共同集聚程度，同时从产业和空间两个维度，揭示两者共同集聚形成的内在机制和演化机理，并采用浙江69个县市区的面板数据，对金融服务业集聚对区域经济增长和产业结构优化升级的影响和作用进行实证。

第6章
浙江县域金融服务业发展水平测度与空间格局演化

6.1 浙江县域金融机构存贷款余额区际差异

金融业是国民经济重要行业之一，在现代经济发展中起着其他行业无法替代的核心作用。金融机构本外币存贷款余额是反映金融业发展规模的主要指标，其规模大小不但体现了对当地经济发展的贡献，也体现了其自身在服务业中的重要地位。

6.1.1 各县域金融机构存款余额比较

本书对2015年浙江各县域金融机构存款余额进行了排名（见表6-1），可以更清楚地看出各县域在此指标上的差异。不难发现，大部分市区处于领先优势，其中，杭州市区金融机构存款余额列全省最高，达到26733.08亿元，然后是宁波市区，为10996.09亿元，温州市区、绍兴市区均在4500亿元以上，台州市区以及嘉兴市区也都在2000亿元以上，湖州市区、舟山市区以及金华市区规模在1400亿~1700亿元，但是衢州市区和丽水市区的金融机构

第6章 浙江县域金融服务业发展水平测度与空间格局演化

存款余额在所有市区中居后,分别为799.32亿元和589.84亿元,且落后于诸多其他非市区县域。在排名前十的县市中,非市区县域占有三席,分别是义乌市、慈溪市以及绍兴县,金融机构存款余额分别达到2388.48亿元、1709.25亿元以及1604.04亿元。18个县域金融机构存款余额超过1000亿元规模,其余均为突破1000亿元大关,且存在5个县域的金融机构存款余额还未达到100亿元,分别是庆元县、景宁自治县、云和县、洞头县以及嵊泗县,分别为90.15亿元、82.82亿元、81.03亿元、69.45亿元、68.94亿元。

表6-1　　　　　2015年各县域金融机构存款余额排名　　　　单位:亿元

县域	存款余额	排名	县域	存款余额	排名
杭州市区	26733.08	1	建德市	308.27	36
宁波市区	10996.09	2	浦江县	285.29	37
温州市区	5278.71	3	天台县	282.71	38
绍兴市区	4671.98	4	仙居县	276.72	39
台州市区	2936.48	5	淳安县	267.09	40
义乌市	2388.48	6	龙游县	244.03	41
嘉兴市区	2009.52	7	缙云县	222.03	42
慈溪市	1709.25	8	三门县	208.38	43
绍兴县	1604.04	9	岱山县	196.39	44
湖州市区	1555.77	10	文成县	182.39	45
舟山市区	1428.93	11	开化县	167.54	46
金华市区	1423.55	12	衢州市区	799.32	47
温岭市	1271	13	临海市	707.65	48
余姚市	1249.73	14	平湖市	686.43	49
诸暨市	1185.94	15	丽水市区	589.84	50
海宁市	1109.75	16	长兴县	564.37	51
乐清市	1081.44	17	嘉善县	564.26	52
瑞安市	1034.94	18	嵊州市	541.51	53
永康市	987.71	19	德清县	530.79	54
桐乡市	941.62	20	宁海县	506.84	55
上虞区	935.01	21	玉环县	505.71	56
东阳市	892.61	22	苍南县	490.5	57
富阳区	854.92	23	奉化市	479.39	58

续表

县域	存款余额	排名	县域	存款余额	排名
临安市	476.44	24	常山县	161.36	59
永嘉县	469.33	25	磐安县	145.19	60
海盐县	463.84	26	龙泉市	140.74	61
象山县	458.94	27	泰顺县	130.08	62
新昌县	421.53	28	松阳县	118.86	63
青田县	394.74	29	遂昌县	117.94	64
平阳县	390.18	30	庆元县	90.15	65
安吉县	383.7	31	景宁自治县	82.82	66
桐庐县	363.26	32	云和县	81.03	67
兰溪市	354.94	33	洞头县	69.45	68
江山市	349.88	34	嵊泗县	68.94	69
武义县	310.98	35			

以 2014 年为基期，计算 2015 年各县域金融机构存款余额增长率（见图 6-1）。由此看出，虽然洞头县金融机构存款余额排在全省后位，但该县金融机构存款余额增长率为全省县域最高，为 21.23%；宁波市区、温州市区列第二、第三位，分别达到 20.98%、20.21%，杭州市区排名第四，增长率为 18.07%，这说明杭州、宁波、温州三个市区不仅金融机构存款余额排在全省前列，而且增长趋势也比较好。此外，金融机构存款余额增长率达到 10% 以上的有 20 个县域城市，增速较快，其余均在 10% 以下，且存在 5 个县域的金融机构存款余额出现负增长，分别是丽水市区、兰溪市、武义县、平湖市以及富阳区，增长率分别为 -0.40%、-0.42%、-1.14%、-1.31%、-1.88%，丽水市区是全省唯一一个出现负增长的市区。

6.1.2 各县域金融机构贷款余额比较

同上，对 2015 年各县域金融机构贷款余额进行排名（见表 6-2）。杭州市区依然列第一位，高达 20321.23 亿元，然后是宁波市区，已突破万亿元大关，达到 10118.4 亿元，绍兴市区、温州市区以及台州市区紧随其后，分别

第6章
浙江县域金融服务业发展水平测度与空间格局演化

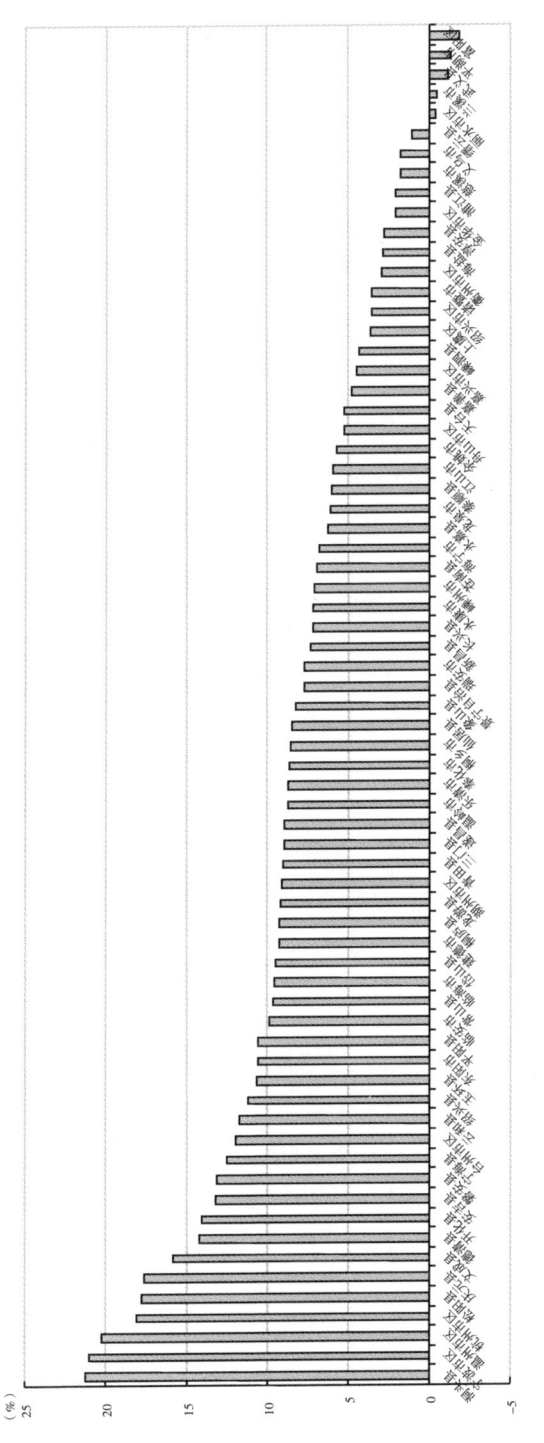

图6-1 2015年各县域金融机构存款余额增长率

为3987.45亿元、3769.02亿元、2563.52亿元，嘉兴市区、舟山市区、金华市区以及湖州市区也都在1000亿元水平之上，但是衢州市区和丽水市区的金融机构贷款余额在所有市区中依然处于末尾状态，分别为797.66亿元和555.63亿元，且落后于诸多其他非市区县市。在排名前十的县域城市中，非市区县域占有两席，分别是义乌市、慈溪市，金融机构贷款余额分别达到2053.11亿元、1794.43亿元。16个县市金融机构贷款余额超过1000亿元规模，其余均为突破1000亿元大关，且存在8个县市的金融机构贷款余额还未达到100亿元，分别是文成县、泰顺县、松阳县、庆元县、景宁自治县、云和县、洞头县以及嵊泗县，分别仅为94.08亿元、93.73亿元、86.04亿元、78.94亿元、64.45亿元、61.95亿元、57.41亿元、39.13亿元，结合它们的金融机构存款余额排名，发现这些县市的金融业发展规模较小。

表6-2　　　　　　2015年各县域金融机构贷款余额排名　　　　　单位：亿元

县域	贷款余额	排名	县域	贷款余额	排名
杭州市区	20321.23	1	青田县	213.92	36
宁波市区	10118.4	2	永康市	928.69	37
绍兴市区	3987.45	3	海宁市	888.48	38
温州市区	3769.02	4	上虞区	813.58	39
台州市区	2563.52	5	衢州市区	797.66	40
义乌市	2053.11	6	桐乡市	781.29	41
慈溪市	1794.43	7	东阳市	699.96	42
嘉兴市区	1615.38	8	宁海县	643.84	43
舟山市区	1308.75	9	象山县	637.99	44
金华市区	1288.47	10	苍南县	630.73	45
绍兴县	1231.42	11	临海市	595.93	46
余姚市	1225.16	12	丽水市区	555.63	47
诸暨市	1189.47	13	奉化市	547.09	48
湖州市区	1179.81	14	平湖市	522.72	49
乐清市	1098.22	15	长兴县	494.58	50
温岭市	1050.55	16	海盐县	491.74	51
富阳区	958.29	17	永嘉县	467.35	52
瑞安市	936.31	18	嵊州市	450.68	53

续表

县域	贷款余额	排名	县域	贷款余额	排名
德清县	430.4	19	淳安县	204.95	54
玉环县	427.05	20	缙云县	195.19	55
嘉善县	418.73	21	常山县	134.96	56
安吉县	405.04	22	龙泉市	133.59	57
平阳县	380.31	23	开化县	124.94	58
临安市	374.5	24	磐安县	112.54	59
武义县	351.48	25	岱山县	110.51	60
兰溪市	343.35	26	遂昌县	102.1	61
新昌县	319.62	27	文成县	94.08	62
江山市	310.58	28	泰顺县	93.73	63
桐庐县	301.25	29	松阳县	86.04	64
三门县	278.58	30	庆元县	78.94	65
浦江县	264.01	31	景宁自治县	64.45	66
天台县	262.37	32	云和县	61.95	67
仙居县	251.61	33	洞头县	57.41	68
建德市	235.07	34	嵊泗县	39.13	69
龙游县	215.87	35			

以2014年为基期计算2015年各县域金融机构贷款余额增长率（见图6－2）。观察发现，金融机构贷款余额排名靠后的开化县与松阳县增长率列第一位与第二位，前者高达15%，后者为14.01%；宁波市区列第三位，增速为13.79%，表明宁波市区的金融业发展规模较大，且发展速度较为迅速。另外，杭州市区金融机构贷款余额增长率排第46名，增速仅为5.41%，可见杭州市区的金融机构贷款余额基数大，但增长速度缓慢，还未达到宁波市区的一半。此外，金融机构贷款余额增长率达到10%以上的有18个县市，其余均在10%以下，且存在4个县域城市金融机构贷款余额虽然为增长趋势，但都在1%以下，分别是瑞安市、余姚市、缙云县以及淳安县，存在三个县市出现负增长，分别是绍兴市区、绍兴县、岱山县，增长率分别为－1.35%、－1.96%、－6.19%，绍兴市区是全省唯一一个金融机构贷款余额出现负增长的市区，岱山县金融机构贷款余额收缩趋势较为明显。

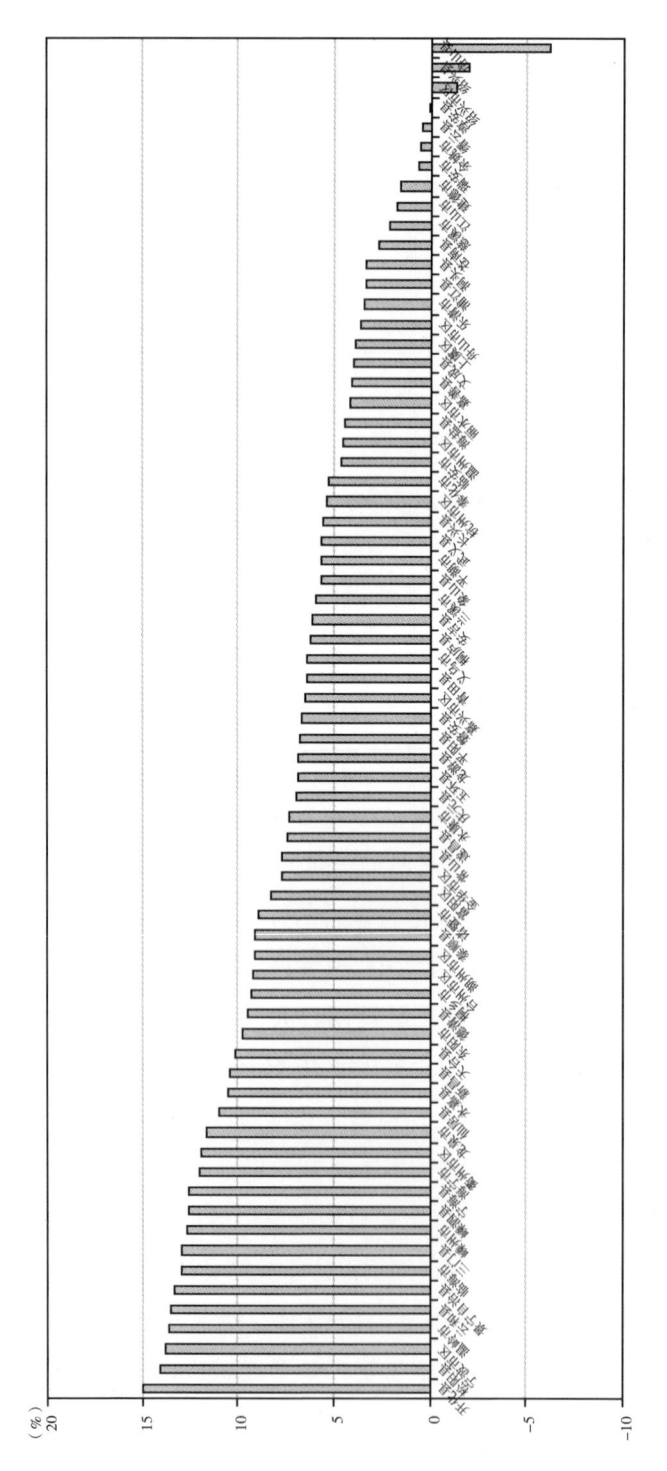

图 6-2 2015年各县域金融机构贷款余额增长率

第6章
浙江县域金融服务业发展水平测度与空间格局演化

6.2 浙江县域金融服务业就业比重区际差异

从浙江省各县域金融服务业就业人数占地区总就业人数比重来看（见表6-3），它与各县域金融机构存贷款余额分布情况并没有呈现出一致性。丽水市区的就业比重超过了20%，说明该地区金融服务业吸纳劳动力的能力最强；紧随其后的是衢州市区和温州市区，超过了10%；台州市区、金华市区、嘉兴市区、宁波市区等18个县市就业比重虽然低于10%，但均在全省就业比重的3.64%之上，金融服务业吸纳劳动力的能力较强；云和县、文成县、开化县、温岭市等27个县市就业比重则大致在1%~3.5%，金融服务业吸纳劳动力的能力一般；岱山县、天台县、平阳县、泰顺县等21个县市的就业比重均低于1%，金融服务业吸纳劳动力的能力很弱，其中，最低的是诸暨市，仅为0.32%。综上所述，就业比重排在全省前三位的均在10%以上，而倒数三位的就业比重都低于0.5%，表明各县域金融服务业生产效率和吸纳劳动力的状况存在较大差异。

表6-3　　　　　　　2015年各县域金融服务业就业人数比重

县域	就业人数占比（%）	排名	县域	就业人数占比（%）	排名
全省	3.64		文成县	3.17	35
丽水市区	20.68	1	开化县	3.08	36
衢州市区	13.15	2	温岭市	2.94	37
温州市区	10.85	3	遂昌县	2.86	38
台州市区	8.61	4	桐庐县	2.79	39
金华市区	7.83	5	舟山市区	2.58	40
嘉兴市区	7.55	6	绍兴市区	2.50	41
宁波市区	6.80	7	淳安县	2.45	42
永康市	6.39	8	奉化市	2.33	43
湖州市区	6.12	9	江山市	2.25	44
义乌市	6.00	10	洞头县	2.22	45
浦江县	5.78	11	富阳市	2.11	46

续表

县域	就业人数占比（%）	排名	县域	就业人数占比（%）	排名
慈溪市	2.10	12	苍南县	1.10	47
宁海县	1.99	13	新昌县	1.02	48
嵊泗县	1.99	14	岱山县	0.97	49
安吉县	1.93	15	天台县	0.90	50
常山县	1.92	16	平阳县	0.89	51
三门县	1.86	17	泰顺县	0.88	52
余姚市	1.73	18	瑞安市	0.87	53
龙游县	1.53	19	德清县	0.85	54
磐安县	1.48	20	仙居县	0.82	55
嵊州市	1.39	21	海盐县	0.81	56
长兴县	1.24	22	海宁市	0.79	57
临安市	1.17	23	东阳市	0.75	58
建德市	5.03	24	永嘉县	0.72	59
龙泉市	4.94	25	桐乡市	0.72	60
缙云县	4.90	26	临海市	0.69	61
青田县	4.90	27	绍兴县	0.69	62
庆元县	4.63	28	嘉善县	0.67	63
松阳县	4.35	29	乐清市	0.63	64
景宁自治县	3.92	30	玉环县	0.59	65
武义县	3.86	31	上虞市	0.56	66
杭州市区	3.79	32	象山县	0.43	67
兰溪市	3.66	33	平湖市	0.42	68
云和县	3.42	34	诸暨市	0.32	69

6.3　浙江县域金融相关率空间格局演化

金融相关率（FIR）由美国经济学家雷蒙德·W. 戈德史密斯（Raymond. W. Goldsmith）提出，是指一定时期内社会金融活动总量与经济活动总量的比值。金融活动总量一般用金融资产总额表示，所以将其定义为全部金融资产价值与全部实物资产价值（即国民财富）之比。在实际计算中，简化为各项存贷款余额之和与国内生产总值（GDP）之比。

金融相关比率的变动反映的是金融上层结构与经济基础结构之间在规模上的变化关系，它大概可以被视为金融发展的一个基本特点。因为在一定的国民财富或国民产值的基础上，金融体系越发达，金融相关系数也越高，所以人们推断出，在经济发展的过程中，金融相关比率必然会逐步提高，而且可以根据金融相关比率来衡量金融发展达到何种水平。戈德·史密斯（1969）的研究认为，如果 FIR 的值介于 0.2~0.5，则金融发展结构为低级；如果 FIR 的值高于 5，则金融发展结构为高级；其他级金融发展结构的 FIR 值介于 0.5~5。

本书以 Arcgis10.2 软件作为技术支撑，结合研究目标、综合自然断点法与戈德·史密斯的定级标准，对县域金融相关率水平进行分等定级，将其划分为五个等级，即高水平（FIR>5）、较高水平（4<FIR≤5）、中等水平（3<FIR≤4）、较低水平（2<FIR≤3）以及低水平（FIR≤2）。本书采用 2006 年、2011 年以及 2016 年《浙江省统计年鉴》的相关数据，分别计算 2005 年、2010 年、2015 年浙江省各县域的金融相关率指标。

6.3.1 县域金融相关率空间格局现状

6.3.1.1 县域金融相关率差异较大

由表 6－4 的计算结果表明，金融相关率最高的县域是杭州市区（5.39），最低的是嵊泗县（1.26），两者相差近 4.3 倍，说明浙江县域金融发展具有明显的差异性。按照戈德·史密斯的分类，浙江省只有杭州市区的金融相关率高于 5，表明杭州市区的金融发展结构为高级水准，温州市区金融相关率为 4.81，金融发展结构接近高级，宁波市区、义乌市、台州市区、金华市区、嘉兴市区以及丽水市区的金融相关率均介于 4~4.5，说明金融发展结构为中高级水平。总的来看，金融相关率超过 5 的为 1 个，占全部县域的 1.4%；介于 4~5 的为 7 个，占全部县域的 10.1%；介于 1~3 的为 61 个，占全部县域的88.5%；金融相关率低于0.5的为0个。金融相关率大于5的县域数量明显少于1~5的县域数量，说明浙江整体县域的金融发展结构为中等水平。

表6-4　　　　　　　　　2015年县域金融相关率

县域	金融相关率	排名	县域	金融相关率	排名
杭州市区	5.39	1	瑞安市	2.74	36
温州市区	4.81	2	常山县	2.72	37
宁波市区	4.33	3	象山县	2.67	38
义乌市	4.25	4	宁海县	2.66	39
台州市区	4.24	5	苍南县	2.65	40
金华市区	4.20	6	云和县	2.65	41
嘉兴市区	4.16	7	桐乡市	2.64	42
丽水市区	4.03	8	安吉县	2.60	43
永康市	3.97	9	江山市	2.56	44
文成县	3.84	10	龙泉市	2.55	45
东阳市	3.43	11	平湖市	2.50	46
舟山市区	3.42	12	海盐县	2.49	47
景宁自治县	3.31	13	遂昌县	2.48	48
磐安县	3.30	14	德清县	2.45	49
绍兴市区	3.27	15	兰溪市	2.45	50
衢州市区	3.26	16	上虞区	2.41	51
武义县	3.25	17	松阳县	2.38	52
奉化市	3.21	18	绍兴县	2.36	53
青田县	3.16	19	龙游县	2.35	54
仙居县	3.12	20	嘉善县	2.32	55
慈溪市	3.08	21	诸暨市	2.31	56
泰顺县	3.02	22	长兴县	2.29	57
余姚市	3.00	23	淳安县	2.28	58
庆元县	2.97	24	平阳县	2.26	59
湖州市区	2.95	25	嵊州市	2.23	60
天台县	2.90	26	缙云县	2.20	61
开化县	2.88	27	新昌县	2.15	62
三门县	2.87	28	玉环县	2.14	63
海宁市	2.85	29	桐庐县	1.99	64
永嘉县	2.83	30	临安市	1.82	65
乐清市	2.81	31	洞头区	1.73	66
富阳区	2.81	32	建德市	1.70	67
温岭市	2.81	33	岱山县	1.49	68
临海市	2.80	34	嵊泗县	1.26	69
浦江县	2.80	35			

6.3.1.2 浙西南县域金融发展水平较高

浙江西南地区金融相关率大于 4 的县域共有 5 个,分别为温州市区、义乌市、台州市区、金华市区以及丽水市区;而浙江东北仅占 3 席,包括杭州市区、宁波市区以及嘉兴市区。金融相关率介于 3～5 的浙江西南地区县域共有 10 个,分别为永康市、文成县、东阳市、景宁自治县、磐安县、衢州市区、武义县、青田县、仙居县以及泰顺县;而浙江东北地区仅有 4 个,即舟山市区、绍兴市区、奉化市以及慈溪市。金融相关率低于 2 的县域浙江东北地区有 5 个,分别为桐庐县、临安县、建德市、岱山县以及嵊泗县;而浙江西南地区仅洞头县低于 2。

6.3.1.3 局部地区的空间临近县域金融发展差距较大

局部地区的县域与空间邻近县域的金融相关比率呈现不同的状态,这表明县域金融相关比率的空间邻近效应较弱。金融相关率最高的县域是杭州市区,达到 5 以上,但与其同属杭州大市的桐庐县、临安县以及建德市的金融相关率却在 2 以下,且在全省所有县域中处于尾部位置。温州大市范围内,温州市区、瑞安市、乐清市、永嘉县、平阳县、苍南县、文成县以及泰顺县的金融相关率均在 2 以上,而洞头县金融相关率处在 2 以下。舟山大市内,舟山市区的金融相关率达到 3.42,但与其临近的岱山县及嵊泗县仅为 1.49、1.26。

6.3.2 县域金融相关比率空间格局演变

从各县域金融相关率水平的变化情况来看,2005 年浙江省金融相关率处于高水平的县域为 0,处于较高水平的有 2 个,处于中等水平的有 4 个,较低水平的有 10 个,其余 53 个县域均处于低水平;2010 年浙江省金融相关率处于高水平的县域上升至 3 个,处于较高水平的上升为 5 个,处于中等水平的上升为 9 个,处于较低水平的上升为 40 个,处于低水平的下降至 12 个;2015 年处于高水平的降为 1 个,处于较高水平的上升为 7 个,处于中等水平的上升为14个，处于较低水平的增为41个，处于低水平的降至6个。反映出浙江县域金融相关比率总体上呈现上升趋势。

从金融相关比率的差异来看，2005年，金融相关率最高的县域为杭州市辖区（4.86），最低的为洞头县（1.03），两者相差4.72倍；2010年，金融相关率最高的县域是绍兴市辖区（7.10），最低的是嵊泗县（1.48），两者相差4.79倍；2015年，金融相关率最高的县域是杭州市辖区（5.39），最低的是嵊泗县（1.26），两者相差4.28倍。2010年所有县域金融相关比率均值为2.73，比2005年增长42.3%，2015年（2.87）比2010年增加4.8%。可见，2005~2015年浙江省县域金融发展结构不断提升，且金融相关比率的等级差异呈缩减趋势。

从不同等级金融相关率县域的分布来看，2005年浙江省没有处于高水平的县域，较高水平县域分布在杭州市辖区与绍兴市辖区，金华市辖区、温州市辖区以及宁波市辖区均处于中等水平，湖州市辖区处于低水平，其余市辖区均处于较低水平，并且，义乌市是唯一一个处于中等水平的非市辖区县域；2010年高水平县域分布在绍兴市辖区、杭州市辖区以及温州市辖区，宁波市辖区、丽水市辖区以及舟山市辖区处于较高水平，文成县以及义乌市也都处于较高水平，台州市辖区、金华市辖区以及嘉兴市辖区处于中等水平，湖州市辖区以及衢州市辖区均处于较低水平，青田县、永康市、瑞安市、乐清市、慈溪市以及余姚市处于中等水平，湖州市辖区、衢州市辖区以及其他非市辖区县域均处于较低水平及以下；2015年高水平县域仅为杭州市辖区，温州市辖区、宁波市辖区、台州市辖区、金华市辖区、嘉兴市辖区以及丽水市辖区处于较高水平，义乌市作为唯一的非市辖区县域也处于较高水平，舟山市辖区、绍兴市辖区以及衢州市辖区处于中等水平，而湖州市辖区是唯一处于较低水平以下的市辖区，永康市、文成县、东阳市、景宁县、磐安县、武义县、奉化市、青田县、仙居县、慈溪市以及泰顺县等非市辖区县域均处于中等水平，其余县域都处于较低水平及以下。由此看来，大部分市辖区金融相关比率都处于较高水平，且极少数非市辖区县域处于中等以上水平，其余多数县域处于较低水平，如图6-3所示。

第6章
浙江县域金融服务业发展水平测度与空间格局演化

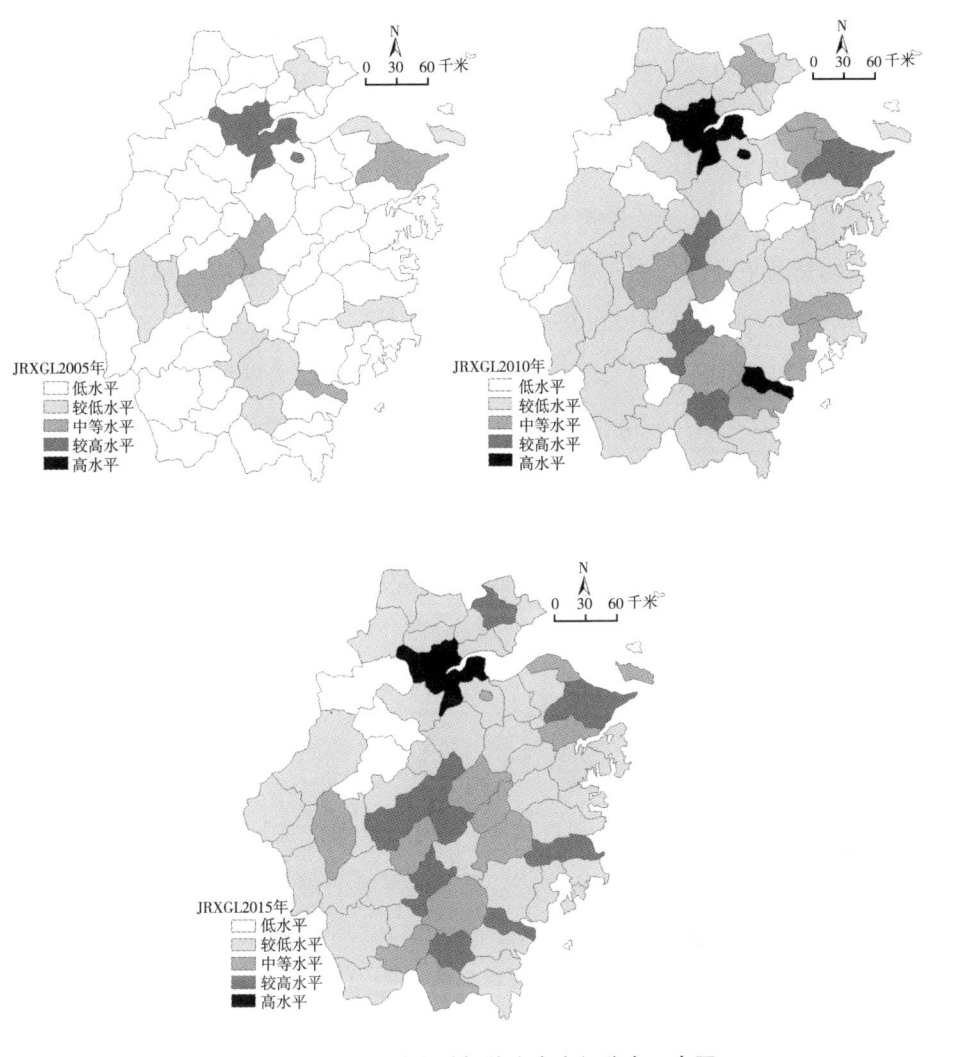

图 6-3 浙江县域金融相关比率空间分布示意图

6.4 浙江县域金融存贷比空间格局演化

通常意义上,存贷比是指银行贷款总额与存款总额的比值,反映银行对信贷资金的利用效率。从银行盈利的角度讲,存贷比越高反映银行的盈利能力越好。从银行抵抗风险的角度,存贷比例又不宜过高。本书要衡量区域金融中介的资源配置能力，主要指地区金融机构的信贷资源配置能力。因此，借鉴张思成等的研究，选取存贷比指标来度量地区金融资源配置能力，以反映区域金融发展的效率水平。结合数据的可获得性，本书中贷款规模采用年末金融机构贷款余额，存款规模采用年末城镇居民存款余额。

本书以 Arcgis10.2 软件作为技术支撑，结合研究目标，利用自然断点法对浙江省县域金融存贷比水平进行分等定级，将其划分为五个等级，即高水平（FIR＞1），较高水平（0.8＜FIR≤1），中等水平（0.6＜FIR≤0.8），较低水平（0.5＜FIR≤0.6）以及低水平（FIR≤0.5）。本书采用2006年、2011年以及2016年《浙江省统计年鉴》的相关数据，分别计算2005年、2010年、2015年浙江省各县域的存贷比指标。

6.4.1 县域金融存贷比空间格局现状

6.4.1.1 县域金融存贷比较低

由表6-5可知，2015年浙江县域存贷比差异明显。存贷比最高为象山县（1.39），最低为文成县（0.52），两者相差近3倍。2015年浙江县域存贷比均值为0.88，表明浙江县域整体信贷资源配置能力为中等水平。在69个县域中，存贷比低于1的县域共有55个，占全部县域的79.7%，存贷比高于1的县域仅占20.3%，可见，存贷比低于1的县域占绝大多数，说明浙江县域金融服务业的资源配置能力处于中等偏下水平。

表6-5　　　　　　　　　　2015年浙江县域存贷比

县域	存贷比	排名	县域	存贷比	排名
象山县	1.39	1	义乌市	0.86	36
三门县	1.34	2	绍兴市区	0.85	37
苍南县	1.29	3	玉环县	0.84	38
宁海县	1.27	4	临海市	0.84	39
奉化市	1.14	5	常山县	0.84	40
武义县	1.13	6	嵊州市	0.83	41
富阳区	1.12	7	桐乡市	0.83	42

续表

县域	存贷比	排名	县域	存贷比	排名
海盐县	1.06	8	桐庐县	0.83	43
安吉县	1.06	9	洞头区	0.83	44
慈溪市	1.05	10	温岭市	0.83	45
乐清市	1.02	11	德清县	0.81	46
诸暨市	1.00	12	嘉兴市区	0.80	47
衢州市区	1.00	13	海宁市	0.80	48
永嘉县	1.00	14	临安市	0.79	49
余姚市	0.98	15	东阳市	0.78	50
平阳县	0.97	16	景宁自治县	0.78	51
兰溪市	0.97	17	磐安县	0.78	52
龙泉市	0.95	18	绍兴县	0.77	53
丽水市区	0.94	19	淳安县	0.77	54
永康市	0.94	20	云和县	0.76	55
天台县	0.93	21	建德市	0.76	56
浦江县	0.93	22	平湖市	0.76	57
宁波市区	0.92	23	杭州市区	0.76	58
舟山市区	0.92	24	湖州市区	0.76	59
仙居县	0.91	25	新昌县	0.76	60
金华市区	0.91	26	开化县	0.75	61
瑞安市	0.90	27	嘉善县	0.74	62
江山市	0.89	28	松阳县	0.72	63
龙游县	0.88	29	泰顺县	0.72	64
缙云县	0.88	30	温州市区	0.71	65
长兴县	0.88	31	嵊泗县	0.57	66
庆元县	0.88	32	岱山县	0.56	67
台州市区	0.87	33	青田县	0.54	68
上虞区	0.87	34	文成县	0.52	69
遂昌县	0.87	35			

6.4.1.2 浙江东北地区的县域存贷比相对较高

2015年，浙江存贷比大于1的县域共有14个，其中，浙江东北地区有8个，分别为象山县、宁海县、奉化市、富阳区、海盐县、安吉县、慈溪市以及诸暨市，浙江西南地区有6个，即三门县、苍南县、武义县、乐清市、衢州市区以及永嘉县，反映出浙江东北地区高存贷比县域分布相对集中。此外，浙江东北地区所辖31个县域平均存贷比为0.89，而浙江西南地区所辖的38的县域的平均存贷比为0.87，进一步表明，浙江东北地区县域金融中介的资源配置能力略高于浙江西南地区。

6.4.1.3　11个市辖区的存贷比普遍较低

2015年，浙江11个市区中，存贷比大于1的只有衢州市区，排在全省所有县域的第十三名，其余的10个市区的存贷比均在1以下，其中，丽水市区、宁波市区、舟山市区以及金华市区的存贷比在0.9~1，台州市区、绍兴市区以及嘉兴市区的存贷比在0.8~0.9，而杭州市区、湖州市区以及温州市区的存贷比均在0.8以下，由此可见，浙江省市辖区的信贷资源配置能力明显弱于其他县域地区，市辖区的金融发展效率不高。

6.4.2　县域金融存贷比空间格局演变

从各县域存贷比指标的变化情况来看，2005年金融存贷率处于高水平的县域共4个，处于较高水平的共15个，处于中等水平的共39个，处于较低水平的共9个，处于低水平的共2个；2010年，高水平存贷比的县域数量继续保持为4个，处于较高水平的县域数量上升为30个，处于中等水平的县域数量降为32个，处于较低水平的县域数量降至1个，低水平的县域数量仍为2个；2015年，高水平存贷比的县域数量上升至12个，较高水平的县域数量同样增至36个，中等水平的县域数量降为17个，较低水平的县域数量增至4个，低水平的县域已降为0个。可见，2005年主要是中等水平的县域占较大比例，2010年和2015年较高水平的县域占较大比例，这反映出2005~2015年浙江省县域金融存贷比水平呈上升趋势，县域金融资源配置能力不断提高，金融发展效率呈提升态势。

从金融存贷比的空间分布差异来看（见图6-4），2005年存贷比最高的县域是宁海县（1.18），最低的是嵊泗县（0.43），两者相差2.71倍；2010年存贷比最高的象山县（1.44）是最低的青田县（0.43）的3.37倍；2015

第6章 浙江县域金融服务业发展水平测度与空间格局演化

年存贷比最高的仍是象山县（1.39），最低的县域是文成县（0.52），前者是后者的2.7倍。不难发现，浙江省县域存贷比差异较为明显，且呈现出先扩大后缩小的趋势。2010年69个县域金融存贷比均值为0.83，比2005年的0.74增长了11%，2015年69个县域存贷比为0.88，比2010年增长了7%，说明2005~2015年浙江省县域金融存贷比总体呈上升趋势，但增幅有所减缓。

从不同存贷比水平的县域分布来看，2005年高水平存贷比的县域分布在宁海县、金华市辖区、丽水市辖区以及遂昌县，较高水平存贷比的县域分布于衢州市辖区、舟山市辖区、嘉兴市辖区、杭州市辖区以及三门县、象山县、兰溪市、龙游县等11个非市辖区县域，中等水平的县域分布较为分散，包括台州市辖区、绍兴市辖区、宁波市辖区、温州市辖区以及湖州市辖区这5个市辖区以及龙泉市、永康市、江山市等34个县域，较低水平存贷比的县域主要分布在浙江南部与西部，青田县与嵊泗县存贷比水平在所有县域中处于低水平。2010年高水平存贷比的县域集中分布在浙江省东部的象山县、三门县、宁海县、奉化市，其中，宁波市所辖县级市占3席，台州市所辖县级市占1席，较高水平存贷比的县域数量大幅增加，主要分布于浙江省中部和东北部，包括丽水市辖区、宁波市辖区、杭州市辖区、舟山市辖区等9个市辖区以及海盐县、玉环县、安吉县、遂昌县等21个非市辖区县域，中等水平的县域分布较为平均，包括湖州市辖区、嘉兴市辖区以及龙游县、绍兴县、龙泉市等30个县域，较低水平的县域数量集中分布在浙江南部，分别为景宁县、文成县以及青田县。2015年高水平的县域数量有所增加，主要分布在浙江东北部与东南部，具体为象山县、三门县、苍南县、宁海县、奉化市、武义县、富阳市、海盐县、安吉县、慈溪市以及诸暨市等12个县域，值得注意的是，在所有高水平的县域均为非市辖区县域，较高水平的县域数量也有增加，主要分布在浙江省中部、东部以及西南部，包括衢州市辖区、宁波市辖区、舟山市辖区等8个市辖区以及永嘉县、余姚市、平阳县、兰溪市等28个县域，中等水平的县域数量减少，主要分布在浙江省西北部和南部，包括杭州市、湖州市辖区、温州市辖区以及新昌县、开化县、嘉善县等14个县域，较低水平的县域主要分布在嵊泗县、岱山县、青田县以及文成县。总体表明，金融发展效率较高的县域主要集聚在浙江中部和东北部，并向东南部延伸，金融发展效率较低的县域主要分布在浙江西北部和西南部。

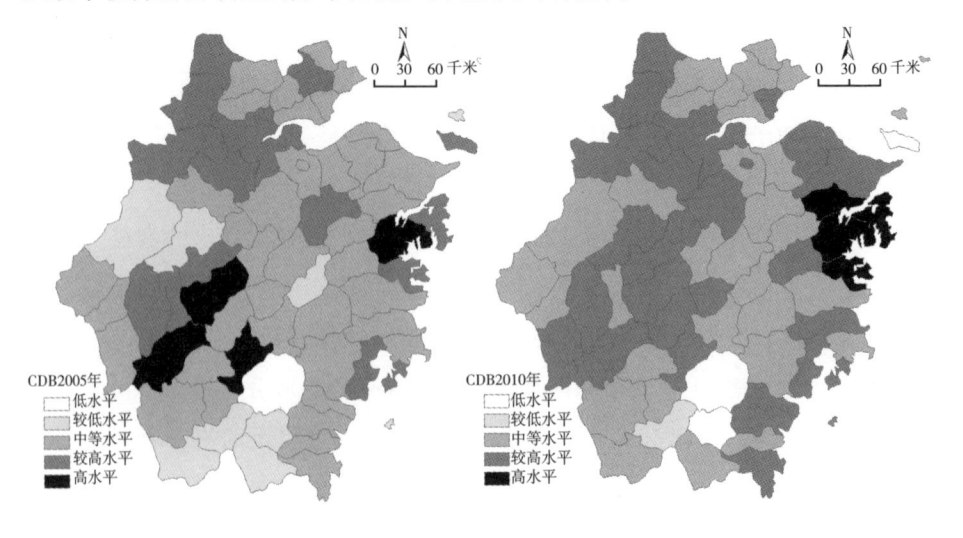

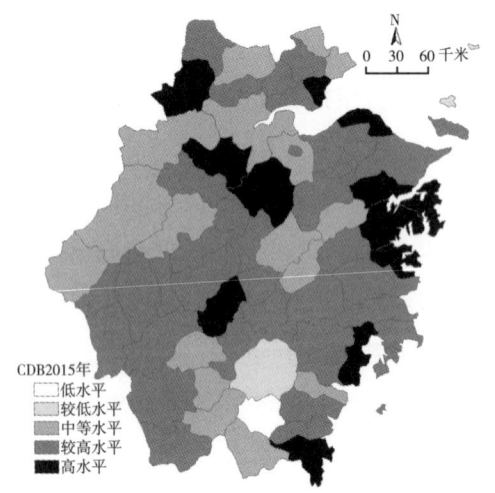

图 6-4 浙江县域金融存贷比空间分布示意图

第 7 章
浙江县域金融服务业集聚的区际差异及影响因素

7.1 浙江县域金融服务业集聚区际差异

本书引入产业经济学理论当中的区位熵指数作为计算金融产业集聚水平的评价指标。区位熵，亦称作地方产业专业化程度指数，用来表示某一特定地区产业的空间分布情况，它的计算公式为：

$$LQ_{ij} = \frac{q_{ij}}{q_j} \Big/ \frac{q_i}{q} \tag{7-1}$$

其中，LQ_{ij} 表示 j 地区的 i 产业在全国（全省）的区位熵；q_{ij} 表示 j 地区的 i 产业的相关指标（如产值、就业人数等）；q_j 表示 j 地区所有产业的相关指标；q_i 表示在全国（全省）范围内 i 产业的相关指标；q 表示全国（全省）所有产业的相关指标。

LQ_{ij} 值越大，代表地区产业集聚水平就越高，一般来说，当 $LQ_{ij} > 1$ 时，表示 j 地区的 i 产业在较大范围内具有优势；当 $LQ_{ij} < 1$ 时，表示 j 地区的 i 产业在较大范围内具有劣势。由此可见，区位熵指数可在一定程度上反映出某一地区某一产业的集聚水平。

依照浙江省各县域金融发展的实际情况及县域数据可得性，本书主要构建县域金融机构存款区位熵指数、县域金融机构贷款区位熵指数、县域金融从业人员区位熵指数，来比较浙江省各县域金融服务业发展的区际差异。其中，金融机构年末存款余额区位熵指数，是指一个县市金融机构年末存款余额与该县市总人口数之比，再除以全省金融机构年末存款余额与全省总人口之比，能够看出金融机构归集社会资金的能力；金融机构年末贷款余额区位熵指数，是指一个县市金融机构年末贷款余额与该县市总人口数之比，再除以全省金融机构年末贷款余额与全省总人口数之比，能够展现出金融机构向社会投放资金、促进社会资金融通的能力；金融从业人员区位熵指数，是以一个县市的金融行业从业人员数与该县市总人口数之比，再除以全省金融行业从业人员数与全省总人口数之比，能够代表金融服务业劳动力的相对集中程度，进而凸显金融服务业吸纳就业的能力。根据计算结果，以 Arcgis10.2 软件作为技术支撑平台，结合研究目标，综合自然断点法与区位熵的定级标准，对浙江省县域金融集聚度水平进行分等定级，将其划分为五个等级，即高水平（LQ>1），较高水平（0.8<LQ≤1），中等水平（0.6<LQ≤0.8），较低水平（0.4<LQ≤0.6）以及低水平（LQ≤0.4）。本书所采用的相关数据来自 2006 年、2011 年以及 2016 年《浙江省统计年鉴》。

7.1.1 金融机构存款区位熵格局

7.1.1.1 金融机构存款区位熵格局现状

从表 7-1 可见，2015 年，浙江省存款区位熵最高的县域是杭州市辖区，高达 2.84，而区位熵最低的是泰顺县，低达 0.2，前者是后者的 14.2 倍，说明县域存款区位熵极值差异较大。存款区位熵在 2 以上的只有杭州市区与宁波市区，表明杭州市区与宁波市区金融服务业集聚都呈现出比较好的态势，金融服务业发展良好。存款区位熵在 1~2 的有 7 个县域，分别是温州市区、义乌市、绍兴县、嘉兴市区、绍兴市区、舟山市区以及台州市区，说明这些县市区金融机构吸纳社会资金的能力较强，金融服务业相对于全省比较优势突出。因此，共有 9 个县域存款区位熵超过 1，占所有县域数量的 13%，余下 87% 的县域存款区

第7章
浙江县域金融服务业集聚的区际差异及影响因素

位熵均低于1，表明这些地区金融机构归集社会资金能力较弱。

表7–1　　　　　2015年各县域金融机构存款区位熵

县域	金融机构存款区位熵	排名	县域	金融机构存款区位熵	排名
杭州市区	2.84	1	桐庐县	0.50	36
宁波市区	2.69	2	乐清市	0.48	37
温州市区	1.80	3	瑞安市	0.48	38
义乌市	1.76	4	象山县	0.47	39
绍兴县	1.39	5	安吉县	0.47	40
嘉兴市区	1.31	6	宁海县	0.46	41
绍兴市区	1.21	7	嵊州市	0.42	42
舟山市区	1.14	8	青田县	0.41	43
台州市区	1.05	9	浦江县	0.41	44
永康市	0.94	10	云和县	0.41	45
海宁市	0.93	11	磐安县	0.39	46
慈溪市	0.93	12	建德市	0.34	47
余姚市	0.85	13	龙游县	0.34	48
金华市区	0.84	14	临海市	0.34	49
丽水市区	0.83	15	淳安县	0.33	50
嘉善县	0.83	16	江山市	0.32	51
湖州市区	0.80	17	仙居县	0.31	52
平湖市	0.79	18	兰溪市	0.30	53
桐乡市	0.77	19	遂昌县	0.29	54
富阳区	0.73	20	松阳县	0.28	55
海盐县	0.69	21	永嘉县	0.28	56
德清县	0.69	22	龙泉市	0.28	57
上虞区	0.68	23	景宁自治县	0.27	58
玉环县	0.67	24	缙云县	0.27	59
诸暨市	0.62	25	天台县	0.27	60
东阳市	0.61	26	三门县	0.27	61
岱山县	0.60	27	常山县	0.27	62
温岭市	0.59	28	开化县	0.26	63
奉化市	0.56	29	文成县	0.26	64
新昌县	0.55	30	洞头区	0.26	65
衢州市区	0.54	31	平阳县	0.25	66
武义县	0.52	32	庆元县	0.25	67
临安市	0.51	33	苍南县	0.21	68
长兴县	0.51	34	泰顺县	0.20	69
嵊泗县	0.50	35			

7.1.1.2 金融机构存款区位熵格局演变

从各种类型的数量变化来看,2005年存款区位熵处于高水平的县域有9个,处于较高水平的有6个,处于中等水平的有8个,处于较低水平的有14个,处于低水平的有32个;2010年,高水平存款区位熵的县域数量继续保持为9个,处于较高水平的县域数量上升为7个,处于中等水平的县域数量升为9个,处于较低水平的县域数量升至16个,低水平的县域数量降为28个;2015年,高水平存款区位熵的县域数量继续保持为9,较高水平的县域数量同样保持为7个,中等水平的县域数量升为10个,较低水平的县域数量增至19个,低水平的县域已降为24个。通过分析可见,2005年、2010年以及2015年这3个年份中低水平存款区位熵的县域占较大比例,但低水平的县域数量逐年缩减,中等水平以上的县域数量不断上升,说明2005~2015年浙江县域金融机构归集社会资金的能力不断提高。

从存款区位熵的差异来看,2005年存款区位熵最高的县域是杭州市辖区(3.39),最低的是泰顺县(0.16),两者相差21.2倍;2010年存款区位熵最高的依然是杭州市辖区(3.14),泰顺县依然最低(0.43),两者相差的19.6倍;2015年存款区位熵最高的仍是杭州市辖区(2.84),最低的县域是文成县(0.19),前者是后者的14.9倍。不难发现,浙江省县域存款区位熵差异较为明显,且呈现出逐渐缩小的趋势。2010年69个县域存款区位熵均值为0.652,比2005年(0.637)增长了2.4%,2015年69个存款区位熵均值为0.646,比2010年下降了0.9%,说明2005~2015年浙江省县域存款区位熵总体上较为稳定。

从空间格局分布来看(见图7-1),2005年高水平存款区位熵的县域集中分布在浙江东北部,具体为杭州市辖区、宁波市辖区、绍兴市辖区、温州市辖区、嘉兴市辖区、台州市辖区6个市辖区地区以及义乌市、绍兴县、慈溪市这3个非市辖区县域,较高水平存款区位熵的县域同样集中分布在浙江东北地区,具体为舟山市辖区、金华市辖区2个市辖区地区以及余姚市、嵊泗县、海宁市、平湖市4个非市辖区县域,中等水平的县域主要分布在浙江

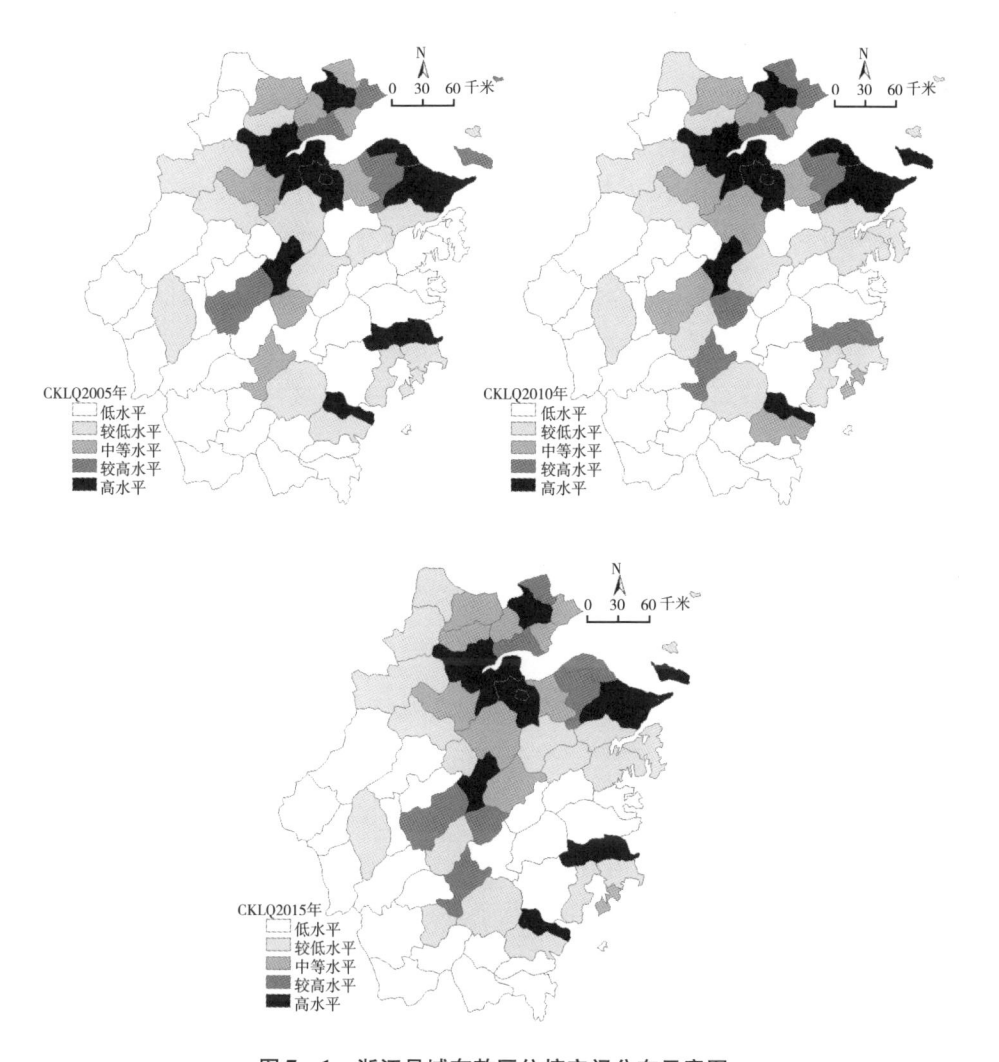

第 7 章
浙江县域金融服务业集聚的区际差异及影响因素

图 7-1　浙江县域存款区位熵空间分布示意图

北部的海盐县、桐乡市、嘉善县、湖州市辖区、富阳区、上虞区以及中部的永康市和丽水市辖区，较低水平以下的县域由浙江中部向南部扩散，浙江省存款区位熵最低的县域主要分布在开化县、庆元县、苍南县、文成县、泰顺县等西南部县域。2010 年，高水平存款区位熵的县域集中分布在中部以北地区，除了台州市辖区降至较高水平的县域，舟山市辖区升至高水平的县域，其他 8 个高水平的县域保持不变，较高水平存款区位熵的县域主要分布在东北部的嘉善县、平湖市、海宁市、余姚市以及中部以南地区的丽水市辖区、台州市辖区和永康市，中等水平县域基本上分布在浙江东北地区，具体为湖州市辖区、上虞区、金华市辖区、桐乡市、富阳区、海盐县以及诸暨市，同时还包括南部的玉环县与瑞安市，较低水平以下的县域大部分分布在中部以北地区，少数分布在中部以南地区，其中，西南部的开化县、常山县以及南部地区的庆元县、泰顺县的存款区位熵在全省处于最低。2015年，高水平存款区位熵的县域布局与前两个时间节点类似，大部分都分布在浙江东北地区，少数分布在南部地区，具体来看，除了台州市辖区再次上升为高水平的县域以及慈溪市降到较高水平的县域外，其余高水平的县域与2010年保持一致，较高水平的县域格局与2010年也较为相似，主要集中分布在北部的嘉善县、海宁市、慈溪市、余姚市以及中部的金华市辖区、丽水市辖区和永康市，中等水平县域大部分位于北部地区，具体为湖州市辖区、平湖市、桐乡市、富阳区、海盐县、德清县、上虞区、诸暨市以及东阳市，同时还包括东南部的玉环县，较低水平以下县域格局较为分散，但南部县域占较大比重，北部地区县域数量较少，其中，浙江南部地区的平阳县、庆元县、苍南县、泰顺县等县域存款区位熵排在浙江省末端。

7.1.2　金融机构贷款区位熵格局

7.1.2.1　金融机构贷款区位熵格局现状

2015年，浙江省69个县域的金融机构贷款区位熵差异程度比存款区位熵大，县域间存在明显差距，贷款区位熵位列第一的宁波市辖区（2.92）是排名最后文成县（0.16）的18.25倍。区位熵指数超过2的只有杭州市辖区与宁波市辖区，说明金融机构贷款余额的集中度明显高于全省平均水平。此外，贷款区位熵指数高于1的还包括义乌市、温州市辖区、绍兴县、嘉兴市辖区、舟山市辖区、绍兴市辖区、慈溪市、台州市辖区以及永康市，说明这些地区金融机构将归集的社会资金转化为社会投资的能力相对较强，社会贷款需求相对高于全省平均水平。其余县域地区的存款区位熵均处于1以下（见表7-2）。

第 7 章
浙江县域金融服务业集聚的区际差异及影响因素

表 7-2　　　　　　　　2015 年各县域金融机构贷款区位熵

县域	金融机构贷款区位熵	排名	县域	金融机构贷款区位熵	排名
宁波市区	2.92	1	瑞安市	0.51	36
杭州市区	2.55	2	桐庐县	0.49	37
义乌市	1.78	3	新昌县	0.49	38
温州市区	1.52	4	临安市	0.47	39
绍兴县	1.26	5	浦江县	0.44	40
嘉兴市区	1.24	6	三门县	0.42	41
舟山市区	1.24	7	嵊州市	0.41	42
绍兴市区	1.22	8	岱山县	0.40	43
慈溪市	1.15	9	云和县	0.37	44
台州市区	1.08	10	龙游县	0.36	45
永康市	1.04	11	磐安县	0.36	46
余姚市	0.98	12	兰溪市	0.35	47
富阳区	0.96	13	江山市	0.34	48
丽水市区	0.93	14	嵊泗县	0.34	49
金华市区	0.90	15	临海市	0.33	50
海宁市	0.88	16	仙居县	0.33	51
海盐县	0.87	17	永嘉县	0.32	52
象山县	0.78	18	苍南县	0.32	53
桐乡市	0.76	19	建德市	0.31	54
奉化市	0.76	20	龙泉市	0.31	55
诸暨市	0.74	21	淳安县	0.30	56
嘉善县	0.72	22	天台县	0.30	57
湖州市区	0.71	23	遂昌县	0.29	58
平湖市	0.71	24	平阳县	0.29	59
上虞区	0.70	25	缙云县	0.28	60
武义县	0.69	26	常山县	0.26	61
宁海县	0.69	27	青田县	0.26	62
玉环县	0.66	28	庆元县	0.26	63
德清县	0.66	29	洞头区	0.25	64
衢州市区	0.63	30	景宁自治县	0.25	65
安吉县	0.58	31	松阳县	0.24	66
温岭市	0.58	32	开化县	0.23	67
乐清市	0.57	33	泰顺县	0.17	68
东阳市	0.56	34	文成县	0.16	69
长兴县	0.53	35			

7.1.2.2 金融机构贷款区位熵格局演变

从各种类型的数量变化来看,2005年贷款区位熵处于高水平的县域共10个,处于较高水平的共3个,处于中等水平的共8个,处于较低水平的共16个,处于低水平的共32个;2010年,高水平贷款区位熵的县域数量继续保持为10个,处于较高水平的县域数量保持为3个,处于中等水平的县域数量升为14个,处于较低水平的县域数量降为12个,低水平的县域数量降为30个;2015年,高水平贷款区位熵的县域数量继续上升为11个,较高水平的县域数量上升为6个,中等水平的县域数量降为12个,较低水平的县域数量保持为12个,低水平的县域已降为27个。通过分析可见,2005年、2010年以及2015年,低水平贷款区位熵的县域占较大比例,但低水平的县域数量逐年缩减,中等水平以上县域数量不断上升,说明2005~2015年浙江县域金融机构将其归集的社会资金转化为社会投资的能力不断提高,金融发展趋势向好。

从贷款区位熵的差异来看,2005年贷款区位熵最高的县域是杭州市辖区(3.39),最低的是泰顺县(0.16),两者相差21.2倍;2010年贷款区位熵最高的依然是杭州市辖区(3.14),泰顺县依然最低(0.43),两者相差的19.6倍;2015年贷款区位熵最高的仍是杭州市辖区(2.84),最低的县域是文成县(0.19),前者是后者的14.9倍。不难发现,浙江省县域贷款区位熵差异较为明显,且呈现出逐渐缩小的趋势。2010年69个县域贷款区位熵均值为0.652,比2005年(0.637)增长了2.4%,2015年69个贷款区位熵均值为0.646,比2010年下降了0.9%,说明2005~2015年浙江省县域贷款区位熵总体上较为稳定。

从空间格局分布来看(见图7-2),2005年高水平贷款区位熵县域集中分布在东北部的杭州市辖区、宁波市辖区、绍兴市辖区、舟山市辖区、嘉兴市辖区5个市辖区地区以及义乌市、绍兴县这2个非市辖区县域,此外,位于西南部的温州市辖区、金华市辖区、台州市辖区也处于高水平位置。较高水平贷款区位熵的县域集中分布在东北部的余姚市、慈溪市以及西南部的丽水市辖区,中等水平的县域主要分布在浙江东北部的海盐县、海宁市、平湖市、湖州市辖区、富阳区、上虞区以及西南部的永康市和玉环县,较低水平的县域由浙江中部向南北两端扩散，但北部地区总体水平高于南部地区，浙江省贷款区位熵最低的县域主要分布在景宁自治县、文成县、庆元县、泰顺县等西南部县域。2010年，高水平贷款区位熵的县域格局与2005年保持一致，7个县域分布在浙东北地区，3个县域分布在浙西南地区，除了台州市辖区降至较高水平的县域，金华市辖区降至中等水平的县域，慈溪市和余姚市由较高水平的上升至高水平，其他8个高水平的县域保持不变，较高水平贷款区位熵主要分布在东北部的海盐县以及西南部的丽水市辖区和永康市，中等水平的县域基本上分布在浙江东北地区，具体为富阳区、平湖市、海宁市、湖州市辖区、嘉善县、象山县、上虞区、宁海县、奉化市、桐乡市以及诸暨市，同时还包括南部的金华市辖区、玉环县与瑞安市，较低水平以下的县域大部分分布在浙江西南地区，少数分布在浙江东北地区，其中，西南部的庆元县、泰顺县等县域的贷款区位熵在浙江省处于最低端。2015年，高水平贷款区位熵的县域布局与前两个时间节点类似，大部分都分布在浙江东北地区，少数分布在西南部地区，具体来看，除了舟山市辖区和永康市上升为高水平的县域、余姚市降到较高水平的县域外，其余高水平的县域与2010年保持一致，较高水平的县域格局与2010年相比有所改变，主要集中分布在东北部的海盐县、海宁市、富阳区、余姚市以及西南部的金华市辖区以及丽水市辖区，中等水平的县域大部分位于北部地区，具体为湖州市辖区、平湖市、桐乡市、富阳区等9个县域，同时还包括西南部的衢州市辖区、武义县以及玉环县，较低水平县域主要分布在浙江东北地区，低水平的县域主要集中分布在浙江西南地区，其中，浙江西南部地区的泰顺县、文成县等县域贷款区位熵排在浙江省末位。

7.1.3 金融机构从业区位熵格局

7.1.3.1 金融机构从业区位熵格局现状

同金融机构存贷款区位熵一样，2015年，浙江省69个县市区金融机构从业人员区位熵指数存在明显差异，排名第一的丽水市区（3.56）是排名最后永嘉县（0.09）近40倍，表明若从从业人员集聚程度来看，浙江省县域的金

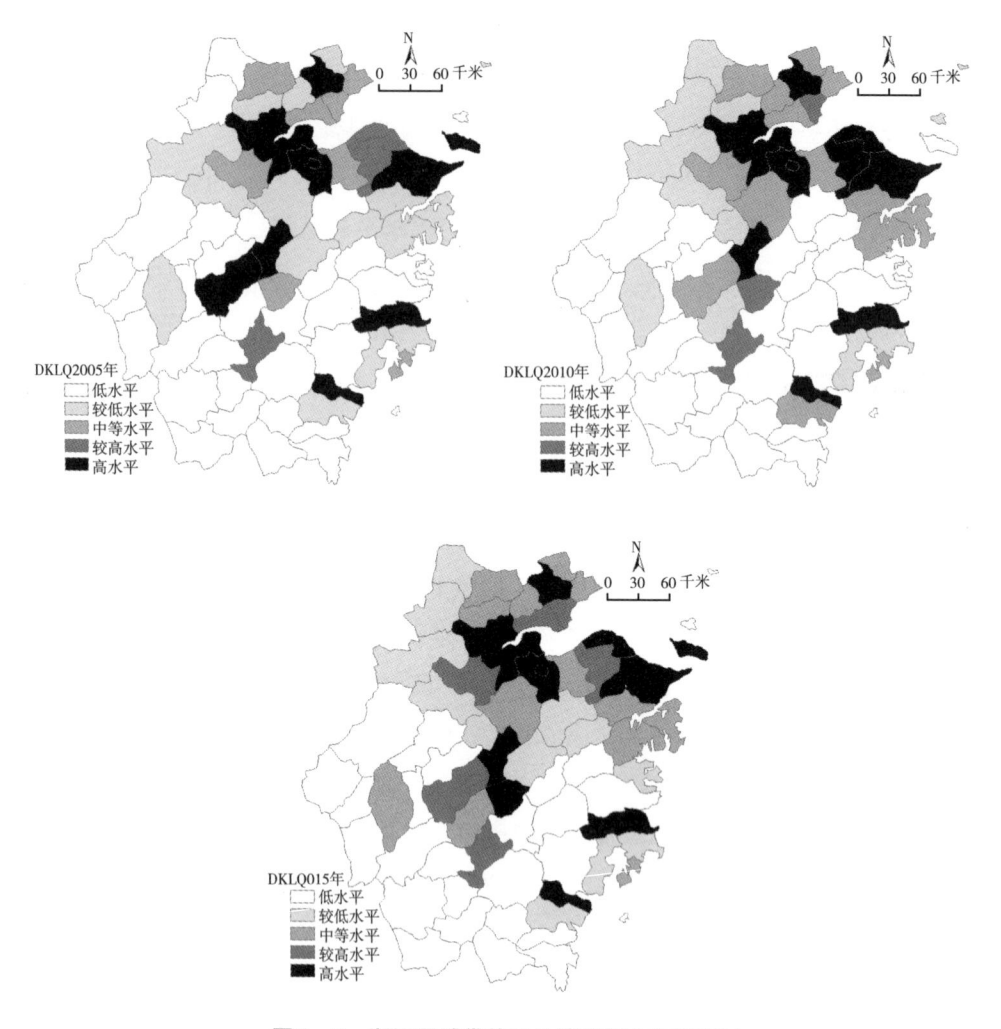

图7-2　浙江县域贷款区位熵空间分布示意图

融服务业集聚度差异较大,即部分县市区金融业具有很强的集聚趋势,相反,部分县市区金融业集聚趋势不明显。丽水市区、宁波市区、温州市区以及台州市区的金融从业人员区位熵都在3以上,说明这些县域地区的从业人员集聚水平明显高于浙江省平均水平;嘉兴市区、杭州市区以及衢州市区的金融从业人员区位熵集中在2~3,表明这些地区的从业人员集聚趋势也较为显著;湖州市区、金华市区、舟山市区、绍兴市区以及义乌市的金融从业人员区位熵集中在1~2,意味着这些地区金融行业创造就业岗位和吸引劳动力的能力

第7章
浙江县域金融服务业集聚的区际差异及影响因素

高于浙江省平均水平；剩余的县域地区的金融从业人员区位熵都低于1，说明这些地区金融服务业劳动力的相对集中程度不高。可见，以从业人员区位熵指数来看，浙江省各市辖区的集聚度明显高于非市辖区县域，反映出金融服务从业人员更多在大中城市及城市中心区集聚（见表7-3）。

表7-3　　　　　　　2015年各县域金融从业人员区位熵

县域	金融从业人员区位熵	排名	县域	金融从业人员区位熵	排名
丽水市区	3.56	1	青田县	0.26	36
宁波市区	3.31	2	缙云县	0.25	37
温州市区	3.12	3	松阳县	0.25	38
台州市区	3.04	4	宁海县	0.24	39
嘉兴市区	2.67	5	淳安县	0.23	40
杭州市区	2.25	6	临安市	0.22	41
衢州市区	2.19	7	德清县	0.22	42
湖州市区	1.72	8	嘉善县	0.21	43
金华市区	1.66	9	上虞市	0.20	44
舟山市区	1.61	10	长兴县	0.19	45
绍兴市区	1.22	11	文成县	0.18	46
义乌市	1.15	12	玉环县	0.16	47
嵊泗县	0.91	13	新昌县	0.16	48
永康市	0.69	14	三门县	0.16	49
建德市	0.51	15	海宁市	0.16	50
岱山县	0.51	16	海盐县	0.16	51
浦江县	0.47	17	洞头县	0.15	52
东阳市	0.47	18	桐乡市	0.15	53
富阳市	0.46	19	龙游县	0.15	54
绍兴县	0.43	20	平湖市	0.14	55
云和县	0.42	21	诸暨市	0.13	56
兰溪市	0.37	22	开化县	0.13	57
余姚市	0.35	23	嵊州市	0.13	58
桐庐县	0.35	24	泰顺县	0.13	59
武义县	0.35	25	平阳县	0.12	60
奉化市	0.34	26	天台县	0.12	61
慈溪市	0.34	27	临海市	0.12	62
磐安县	0.33	28	江山市	0.12	63
龙泉市	0.33	29	乐清市	0.11	64
温岭市	0.32	30	常山县	0.10	65
遂昌县	0.31	31	苍南县	0.10	66
安吉县	0.31	32	瑞安市	0.10	67
庆元县	0.29	33	仙居县	0.09	68
象山县	0.28	34	永嘉县	0.09	69
景宁自治县	0.27	35			

7.1.3.2 金融机构从业区位熵格局演变

从各种类型的数量变化来看，2005年从业区位熵处于高水平的县域有15个，处于较高水平的有7个，处于中等水平的有8个，处于较低水平的有24个，处于低水平的有15个；2010年，高水平从业区位熵县域数量下降为12个，处于较高水平县域数量下降为0个，处于中等水平的县域数量降为7个，处于较低水平的县域数量降至19个，低水平的县域数量升为31个；2015年，高水平从业区位熵的县域数量继续保持为12个，较高水平的县域数量上升为1个，中等水平的县域数量降为1个，较低水平的县域数量降至7个，低水平的县域已升至为48个。通过分析可以看出，2005年、2010年以及2015年，较低水平以下从业区位熵县域占较大比例，且中等水平以上县域数量逐年缩减，较低水平以下县域的数量不断上升，说明浙江县域金融服务业劳动力的相对集中程度逐步降低，金融服务业从业人员的空间分布日趋均衡。

从从业区位熵的差异来看，2005年从业区位熵最高的县域是丽水市辖区（2.58），最低的是长兴县（0.16），两者相差16.13倍；2010年从业区位熵最高的依然是宁波市辖区（3.18），长兴县依然最低（0.18），两者相差的17.67倍；2015年从业区位熵最高的仍是丽水市辖区（3.56），最低的县域是文成县（0.09），前者是后者的39.56倍。不难发现，浙江省县域从业区位熵差异较为明显，且呈现出逐渐扩大的趋势。2010年69个县域从业区位熵均值为0.667，比2005年（0.772）下降了13.6%，2015年69个从业区位熵均值为0.613，比2010年下降了8%，再次说明2005~2015年浙江省县域从业区位熵呈不断下降趋势，金融服务业从业人数分布逐渐分散。

从各种类型县域的分布来看（见图7-3），2005年高水平从业区位熵县域均匀分布在浙江东北地区与浙西南地区，具体为东北部的宁波市辖区、杭州市辖区、嘉兴市辖区、绍兴市辖区、湖州市辖区、舟山市辖区6个市辖区以及嵊泗县、平湖市、海盐县这3个非市辖区县域，浙江西南包括丽水市辖区、台州市辖区、温州市辖区、金华市辖区、衢州市辖区这5个市辖区地区以及非市辖区县域义乌市，不难发现，所有市辖区县域均处于高水平位置。

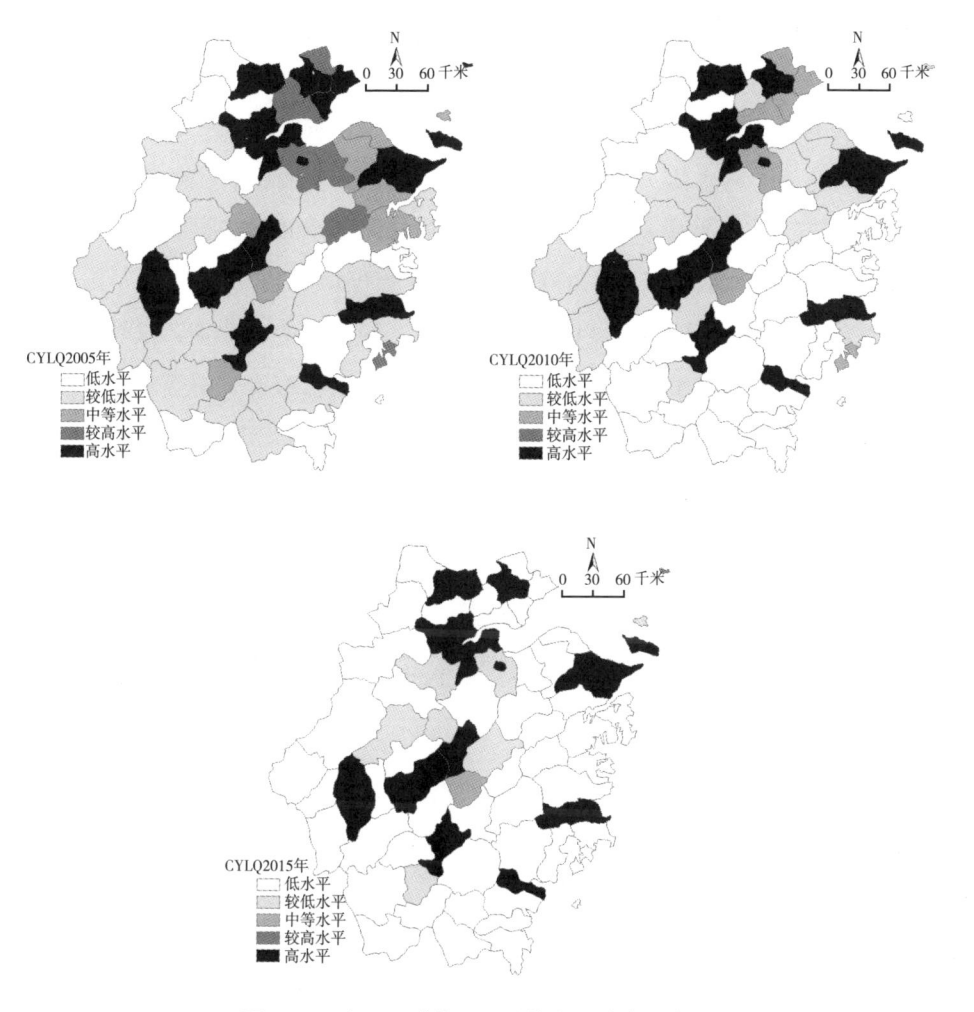

第7章 浙江县域金融服务业集聚的区际差异及影响因素

图 7-3 浙江县域从业区位熵空间分布示意图

较高水平从业区位熵的县域集中分布在浙江东北地区的海宁市、嘉善县、桐乡市、绍兴县、上虞区以及新昌县，此外浙江西南地区的玉环县也属于较高水平区。中等水平的县域主要分布在浙江东北的岱山县、奉化市、余姚市、慈溪市、宁海县，以及浙江西南地区的永康市、浦江县、云和县。较低水平以下的县域均匀分布在东北部和西南部，浙江省从业区位熵最低的县域主要分布在德清县、安吉县、淳安县、长兴县等东北部县域。2010 年，高水平从业区位熵县域同样均匀分布在浙江东北和浙西南地区，与 2005 年一样，11 个市辖区的从业区位熵为高水平，义乌市也在高水平之列；较高水平从业区位熵的县域为 0,中等水平的县域基本上分布在浙江东北地区的平湖市、海盐县、海宁市、嘉善县、绍兴县,以及浙江西南地区的永康市以及玉环县;较低水平以下的县域均匀分布在东北部与西南部,且东北部水平高于西南部水平,但东北部的德清县、苍南县以及长兴县从业区位熵在浙江省处于最低水平。2015 年,高水平从业区位熵的县域布局与前两个时间节点类似,同样均匀分布在浙东北地区,高水平的县域与 2010 年保持一致,包括 11 个市辖区以及义乌市,较高水平的县域格局与 2005 年、2010 年有所差别,仅嵊泗县处于较高水平,中等水平的县域数量大幅缩减,仅永康市处于中等水平,较低水平以下的县域均匀分布在东北部与西南部,其中,浙江南部地区的苍南县、仙居县、永嘉县以及浙江东北地区的瑞安县的从业区位熵排在浙江省末位。

7.2 浙江银行业、证券业以及保险业集聚水平的区际差异

鉴于数据的可得性,以下从市域角度,通过区位熵计算各地市分行业的金融集聚情况,其中,银行业、证券业和保险业的区位熵计算公式如下:

(1) 银行业集聚度:$LQ_{bank} = \dfrac{B_i/P_i}{B/P}$

其中,B_i 表示 i 地区银行储蓄存款余额;B 表示浙江省储蓄存款总量;P_i 表示地区人口总数;P 表示浙江省总人口。

(2) 证券业集聚度:$LQ_{stock} = \dfrac{S_i/P_i}{S/P}$

其中,S_i 表示 i 地区证券交易额;S 表示浙江省证券交易额;P_i 表示地区人口总数;P 表示浙江省总人口。

(3) 保险业集聚度:$LQ_{insure} = \dfrac{I_i/P_i}{I/P}$

其中,I_i 表示 i 地区的保费收入;I 表示浙江省保费收入;P_i 表示地区人口总数;P 表示浙江省总人口。

7.2.1 银行业

2005年，浙江省银行业集聚水平最高的是杭州市，集聚指数达到1.73，宁波市、嘉兴市以及绍兴市3个地市的银行业集聚度均超过1，以上4个地市的银行业发展处于高水平，在浙江省内具有较为明显的优势。舟山市、金华市以及温州市3个地市的银行业集聚度处于较高水平，台州市以及湖州市银行业集聚度处于中等水平，衢州市、丽水市银行业集聚度分别处于较低水平和低水平，以上7个地市的银行业集聚度均低于1，其银行业发展在浙江省内相对落后。2010年，杭州市仍然是银行业集聚度最高的地市，但集聚指数略有下降，为1.63，宁波市和嘉兴市依然保持高水平的银行集聚度，集聚度均大于1，说明以上3个地市的银行业发展在省内具有较为明显的优势。绍兴市、金华市、温州市以及舟山市处于较高水平，台州市以及湖州市处于中等水平，丽水市处于较低水平，衢州市仍为低水平，以上8个地市的银行业集聚度均低于1。2015年，杭州市仍然保持浙江省银行业集聚度最高水平，宁波市、嘉兴市、绍兴市以及金华市也处于高水平，且集聚度都超过1，以上5个地市的银行业发展在省内具有较为明显的优势。舟山市以及湖州市处于较高水平，台州市以及温州市处于中等水平，衢州市以及丽水市排名最后，处于低水平，以上6个地市的银行业集聚度均低于1，意味着这7个地市的银行业发展在浙江省内较为落后。

从各种类型的数量变化来看，2006年高水平集聚度地市共4个，较高水平共3个，中等水平共2个，较低水平共1个，低水平共1个；2010年，高水平集聚度地市个数下降为3个，较高水平个数升为4个，中等水平个数保持为2个，较低水平和低水平个数未变；2015年，高水平地市个数再次上升至5个，较高水平个数降至2个，中等水平依然保持为2个，较低水平和低水平个数保持不变。从各种类型地市的分布来看，2005年、2010年以及2015年浙江省银行业集聚度分布情况基本一致，集中表现为集聚水平高的地市主要分布在浙江东北地区，集聚水平低的地市主要分布在浙江西南地区（见图7-4）。

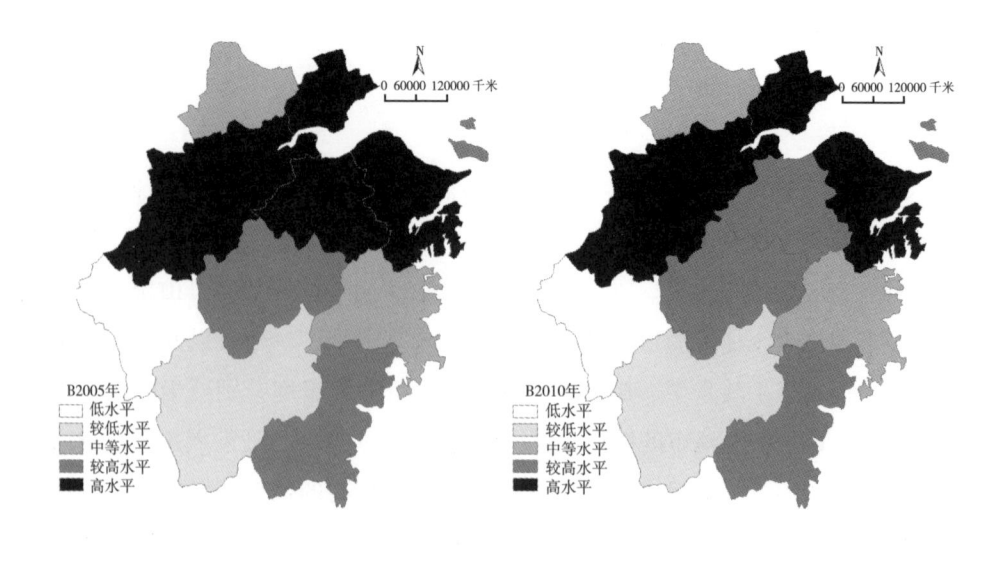

图7-4 2005年、2010年、2015年浙江市域银行业集聚空间分异示意图

7.2.2 证券业

2005年，浙江省证券业集聚水平最高的是杭州市和宁波市，集聚指数分别高达2.49和2.26，以上2个地市的证券业发展在省内具有较为明显的优势。然后是绍兴市、舟山市以及温州市3个地市处于中等水平，嘉兴市、丽

水市以及湖州市证券业集聚度处于较低水平，衢州市、金华市以及台州市证券业集聚度处于低水平，以上9个地市的证券业集聚度均低于1，其证券业发展在省内较为落后。2010年，杭州市证券业集聚度指数超过2，宁波市和绍兴市的证券业集聚度均大于1，以上3个地市的证券业发展处于高水平，在浙江省内具有较为明显的优势。嘉兴市和温州市处于中等水平，金华市、舟山市、台州市以及湖州市处于较低水平，丽水市及衢州市处于低水平的银行集聚度，以上8个地市的证券业集聚度均小于1，表明其证券业发展在省内不具有优势。2015年，杭州市依然是浙江省内证券业集聚度最高的地市，集聚指数高达2.71，绍兴市以及金华市的集聚度都超过1，以上3个地市的证券业发展在浙江省内具有较为明显的优势。宁波市、嘉兴市以及台州市处于中等水平，温州市处于较低水平，舟山市、湖州市、衢州市以及丽水市处于低水平，以上8个地市的证券业集聚度均小于1，表明其证券业发展在浙江省内相对落后。

从各种类型的数量变化来看，2006年高水平集聚度地市有2个，较高水平为0，中等水平有3个，较低水平有3个，低水平有3个；2010年，高水平集聚度地市升为3个，较高水平依然为0，中等水平个数降为2个，较低水平个数升为4个，低水平个数降为2个；2015年，高水平地市个数依然保持3个，较高水平数仍为0，中等水平数升为3个，较低水平数降为1个，低水平数升为4个。反映出浙江证券业集聚度总体上呈现下降趋势。总体来看，2005年、2010年以及2015年，浙江证券业集聚度分布总体表现为：集聚水平高的地市主要分布在浙江东北地区，集聚水平低的地市主要分布在浙江西南地区，与银行业的集聚格局基本一致（见图7-5）。

7.2.3 保险业

2005年，浙江保险业集聚水平最高的是杭州市，集聚指数达到1.62，然后是宁波市、嘉兴市、舟山市以及金华市，这4个地市的保险业集聚度也超过1，以上5个地市的保险业发展均处于高水平，在浙江省内具有较为明显的优势。湖州市和绍兴市的保险业集聚度处于较高水平，台州市以及温州市保

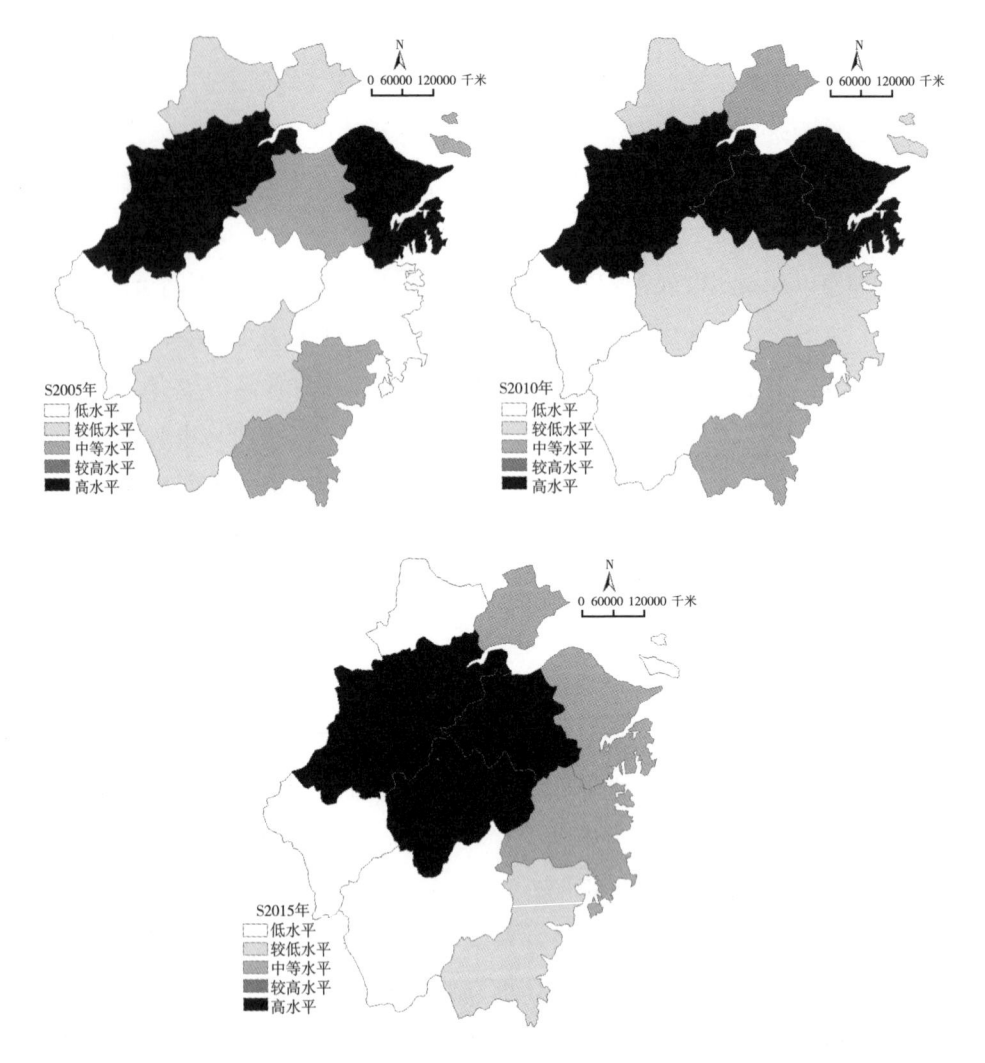

图 7-5　2005 年、2010 年、2015 年浙江市域证券业集聚空间分异示意图

险业集聚度处于中等水平，衢州市和丽水市保险业集聚度处于较低水平以下，以上 6 个地市的保险业集聚度均小于 1，表明其保险业发展在浙江省内相对落后。2010 年，杭州市依然是保险业集聚度最高的地市，集聚指数由 2005 年的 1.62 增至 1.68，处于高水平位置，宁波市、舟山市以及嘉兴市同样保持高的水平，保险集聚度均大于 1，以上 4 个地市的保险业发展在浙江省内具有较为明显的优势。金华市、绍兴市以及湖州市处于较高水平，台州市和温州市处于中等水平，衢州市和丽水市依然保持低水平的保险集聚度，以上 7 个地市

第7章
浙江县域金融服务业集聚的区际差异及影响因素

的保险业集聚度均小于1，其保险业发展在浙江省内不具有优势。2015年，杭州市仍然保持浙江省保险业集聚度最高水平，由2010年的1.68升为1.75，宁波市、嘉兴市，以及金华市依然处于高水平，且集聚度都超过1，可见，以上4个地市的保险业发展在浙江省内优势突出。绍兴市、舟山市和湖州市处于较高水平，台州市和温州市处于中等水平，衢州市和丽水市仍然处于低水平，以上7个地市的保险业集聚度均小于1，其保险业发展在省内相对落后（见图7-6）。

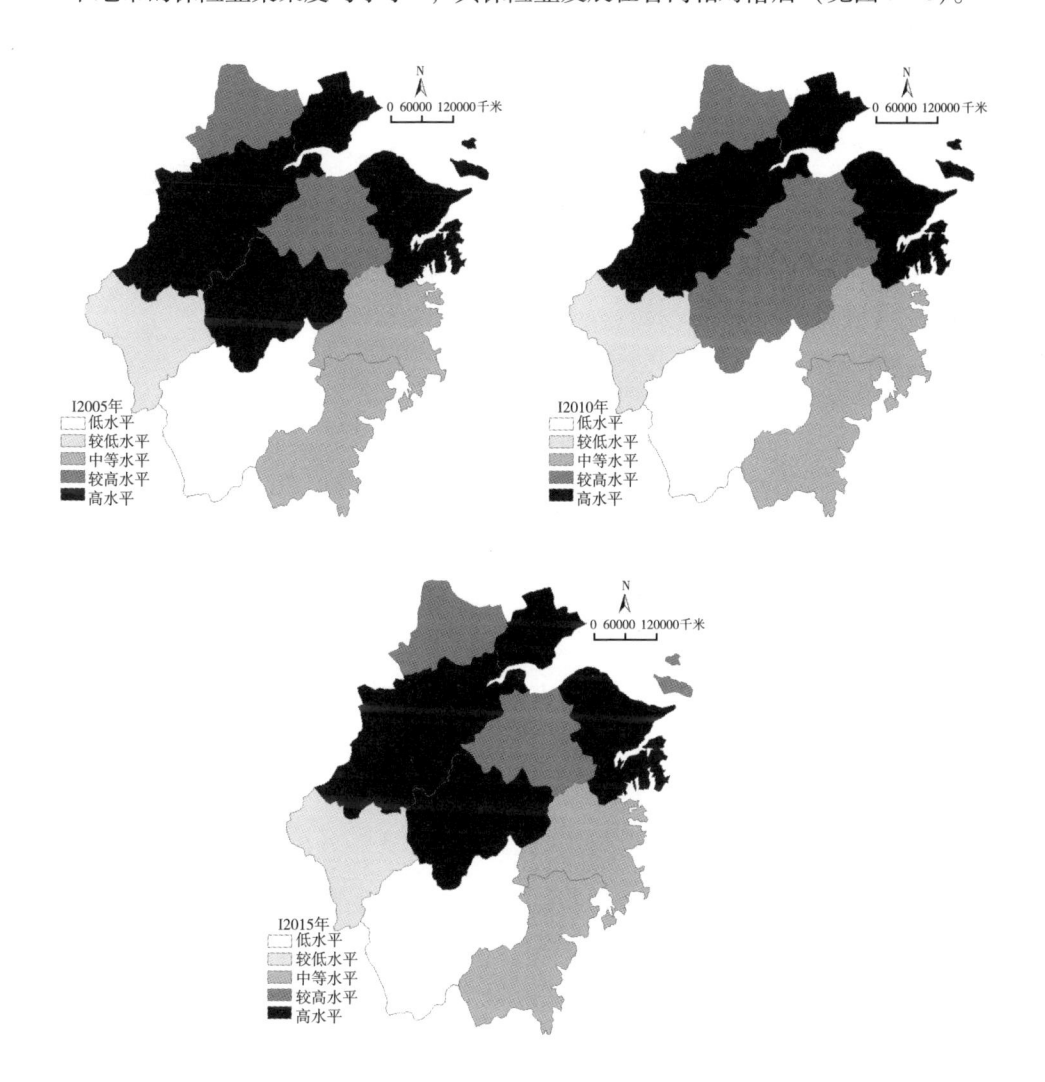

图7-6 2005年、2010年、2015年浙江市域保险业集聚空间分异示意图

从各种类型的数量变化来看，2005年高水平集聚度地市有5个，较高水平有2个，中等水平有2个，较低水平有1个，低水平有1个；2010年，高水平集聚度地市个数减少为4个，较高水平个数升为3个，中等水平个数保持为2个，较低水平个数和低水平个数依然为1个；2015年，各类型集聚度地市的数量与2010年完全相同。反映出浙江省保险业集聚度总体上呈现稳定的发展趋势。从各种类型地市的分布来看，2005年、2010年以及2015年这3个年份的保险业集聚度分布情况基本一致，也与银行业、证券业的集聚度格局相类似，都表现为集聚水平高的地市主要分布在浙江东北地区，集聚水平低的地市主要分布在浙江西南地区。

7.3 基于熵值法的县域金融集聚水平测度

金融是现代经济发展的血液，其在空间上的集聚已成为现代金融产业组织的基本形式（李林，2011）。宁波市作为全国首个普惠金融综合示范区和首个国家保险创新综合试验区，近年来，不断加快完善金融机构体系，探索构建金融市场体系，已初步形成银行、证券、期货、保险、信托及互联网金融等种类齐全的机构体系和特色市场体系，各类金融机构空间集聚现象越发明显，金融集聚俨然成为宁波金融业发展的必然趋势。当前，正处于推动形成"一核三带多点"金融产业布局的关键阶段，为其县域金融集聚的发展带来重大机遇，同时也提出了更高要求。但宁波10个县（区、市）金融与经济发展特征不同，应当在厘清金融集聚差异的基础之上，做好金融产业发展指导和调控工作。因此，科学测度宁波县域金融集聚水平，分析县域金融集聚空间分异特征，对于明确不同县域金融发展定位，优化金融功能布局具有重要现实意义。

目前，国内学术界对区域金融集聚的测度做了大量研究，按照评价方法的不同可大致归纳为三个方面：一是因子分析法，李静等（2014）选用19个指标，采用因子分析法对我国金融集聚进行测度；黄德春等（2016）选用8个指标，采用因子分析法对长江经济带39个城市金融集聚进行测度；张同功等（2018）选用6个指标，采用因子分析法对我国15个副省级城市的金融集聚进行测度。二是主成分分析法，高新才等（2014）选用16个指标，采用主成分分析法对甘肃省金融集聚进行测度；何宜庆等（2015）选用9个指标，采用主成分分析法对东中部地区8个城市群的金融集聚进行测度；徐晔等（2016）选用25个指标，采用主成分分析法对我国省际金融集聚进行测度；成学真等（2017）选用17个指标，采用主成分分析法对西北五省区金融集聚进行测度。三是区位熵法，张浩然（2016）采用区位熵法来衡量我国地级及以上城市的金融集聚程度；肖利平等（2017）采用区位熵法来衡量我国省际金融集聚程度；李延军等（2018）采用区位熵法来衡量京津冀区域金融集聚程度。

总的来说，现有研究已获得一定的成果，也为本书的进一步研究提供了重要借鉴，但仍存在以下三处不足：第一，在评价方法上，采用主观赋权评价法测度金融集聚的居多，而采用客观赋权评价法的研究较少；第二，在评价对象上，对市域、省域金融集聚评价的研究居多，基于县域尺度的较少；第三，国内学者还较少涉足宁波金融集聚领域的研究。基于此，本书从金融发展规模、金融发展效率和金融发展环境等方面选取评价指标，采用熵值法对以宁波市10个县（区、市）域金融集聚进行综合测度，一方面消除了指标权重确定过程中的主观因素的干扰；另一方面也避免了指标间信息的重复性，以期能够发现问题，进而为提升宁波县域金融集聚水平提供一定思路。

7.3.1 金融集聚水平评价模型

7.3.1.1 评价指标体系

金融集聚是诸多因素共同作用的结果，本书在现有研究基础之上，结合宁波金融业发展的实际情况，遵循数据相关性与可得性原则，从金融发展规模、金融发展效率以及金融发展环境三个层面构建宁波县域金融集聚评价指标体系，其中目标层为金融集聚水平，一级指标细分为金融发展规模、金发展效率和金融发展环境指标，3个一级指标，14个二级指标，具体如表7-4所示。

表7-4   宁波县域金融集聚评级指标体系

目标层	一级指标	二级指标	单位
金融集聚水平	金融发展规模	金融业增加值（X_1）	亿元
		金融机构年末存款余额（X_2）	亿元
		金融机构年末贷款余额（X_3）	亿元
		居民储蓄存款年末余额（X_4）	亿元
		年末保费收入（X_5）	亿元
		金融业从业人员数（X_6）	万人
	金融发展效率	金融相关比率（X_7）	%
		金融机构存贷比（X_8）	%
		保险密度（X_9）	元/人
		保险深度（X_{10}）	%
	金融发展环境	国内生产总值（X_{11}）	亿元
		财政总收入（X_{12}）	亿元
		进出口总额（X_{13}）	亿元
		固定资产投资额（X_{14}）	亿元

注：金融相关比率＝金融机构存贷款总和/GDP；保险密度＝保费收入/年末总人口；保险深度＝保费收入/GDP。

7.3.1.2　指标数据来源

2016年11月，浙江省对宁波市部分行政区划进行了调整，撤销江东区，并划归鄞州区管辖，撤销县级奉化市，设立宁波市奉化区。因此，本书以2016年的宁波市行政区划为准，将宁波县域单元设为10个：6个区，分别为海曙区、江北区、北仑区、镇海区、鄞州区以及奉化区；2个县，即象山县和宁海县；2个县级市，即余姚市和慈溪市。样本数据主要来源于2017年《宁波统计年鉴》《浙江统计年鉴》。此外，因上述资料部分数据缺失，还参考了各县（区、市）2016年国民经济和社会发展统计公报。相关指标数据如表7-5所示。

第7章
浙江县域金融服务业集聚的区际差异及影响因素

表7-5　2016年宁波市各县（区、市）相关指标数据

县域	X₁（亿元）	X₂（亿元）	X₃（亿元）	X₄（亿元）	X₅（亿元）	X₆（万人）	X₇（%）
海曙区	101.55	6565.04	6959.89	1232.45	11.82	3.71	12.94
江北区	20.10	884.74	563.81	166.09	6.71	0.29	3.77
镇海区	14.87	632.42	612.88	295.39	10.94	0.11	1.52
北仑区	21.77	1280.62	1002.10	426.04	16.23	0.16	1.87
鄞州区	151.5	2039.90	1810.96	966.50	23.75	3.07	2.83
奉化区	13.16	540.69	542.80	297.62	10.57	0.14	2.19
余姚市	33.55	1339.96	1185.14	736.98	24.68	0.23	2.79
慈溪市	31.74	1812.76	1762.48	1072.93	29.51	0.29	2.80
象山县	15.01	518.39	666.21	238.69	11.17	0.13	2.67
宁海县	14.90	581.49	700.49	256.76	13.33	0.14	2.63

县域	X₈（%）	X₉（元/人）	X₁₀（%）	X₁₁（亿元）	X₁₂（亿元）	X₁₃（亿元）	X₁₄（亿元）
海曙区	1.06	3985.89	0.01	1044.83	80.21	361.16	334.98
江北区	0.64	2711.11	0.02	383.94	95.30	278.90	315.30
镇海区	0.97	4535.66	0.01	821.13	105.52	400.71	371.30
北仑区	0.78	4020.31	0.01	1218.01	402.29	1187.92	703.67
鄞州区	0.89	2686.35	0.02	1358.83	366.40	948.01	772.66
奉化区	1.01	2072.55	0.02	494.15	62.61	184.85	208.02
余姚市	0.88	2359.46	0.03	904.75	139.11	618.44	584.97
慈溪市	0.97	1966.02	0.02	1276.17	244.93	647.20	807.78
象山县	1.29	2127.62	0.03	444.22	62.61	160.01	178.32
宁海县	1.20	1957.42	0.03	486.69	80.04	166.18	311.59

7.3.1.3　综合评价方法

学界关于多指标综合评价的方法众多，可归纳为两大类，分别是主观赋权评价法与客观赋权评价法。考虑到指标权重确定过程中主观因素的存在，本书选用熵值法对各指标进行赋权，并结合加权求和法对宁波县域金融集聚水平进行测度。熵值法具体计算过程如下（王富喜等，2013）。

(1) 选取 m 个县（区、市），n 个指标，并定义 x_{ij}（$i=1,2,\cdots,m; j=1,2,\cdots,n$）为第 i 个县（区、市）第 j 个指标的数值。

(2) 原始数据标准化处理，即正向指标 $x'_{ij} = (x_{ij} - \bar{x})/s_j$；负向指标 $x'_{ij} = (\bar{x} - x_{ij})/s_j$。

其中，$i=1,2,\cdots,m$；$j=1,2,\cdots,n$；x'_{ij} 表示标准化处理后的指标值，$\bar{x}$ 和 s_j 分别表示第 j 个指标的均值和标准差。

值得注意的是，熵值法计算过程中涉及数据的对数化，故不能直接采用标准化处理后的数据。为消除零值和负数带来的影响，需对标准化后的数据作平移处理，即 $Y_{ij} = x'_{ij} + A$（$i=1,2,\cdots,m; j=1,2,\cdots,n$）。$Y_{ij}$ 表示平移后的指标值，A 表示平移单位。

(3) 计算第 i 个县在第 j 个指标中所占比重 $p_{ij} = x_{ij}/\sum_{i=1}^{m} x_{ij}$（$i=1,2,\cdots,m; j=1,2,\cdots,n$）。

(4) 计算第 j 个指标的熵值 $h_j = -k\sum_{i=1}^{m} p_{ij}\ln(p_{ij})$（$i=1,2,\cdots,m; j=1,2,\cdots,n$）

其中，$k = 1/\ln(m)$，表示调节系数，以保证 $0 \leq h_j \leq 1$。

(5) 计算第 j 个指标的差异系数 $d_j = 1 - h_j$（$j=1,2,\cdots,n$）

其中，d_j 越大说明指标的重要性越大。

(6) 计算第 j 个指标的权重 $w_j = d_j/\sum_{j=1}^{n} d_j$（$j=1,2,\cdots,n$）。

(7) 计算第 i 个县（区、市）的金融集聚水平 $S_i = \sum_{j}^{n} w_j p_{ij}$（$i=1,2,\cdots,m; j=1,2,\cdots,n$）。

7.3.2 结果分析

对宁波市 2016 年 10 个县（区、市）的 14 个二级指标数据进行处理，计算得到各县（区、市）金融集聚综合得分以及各一级指标得分（见表7-6）。

第7章
浙江县域金融服务业集聚的区际差异及影响因素

表7-6　　　　　2016年宁波市县域金融集聚得分及排序

县域	金融发展规模 得分	排名	金融发展效率 得分	排名	金融发展环境 得分	排名	金融集聚水平 得分	排名
鄞州区	3.0836	2	1.6894	8	3.3904	2	2.7533	1
海曙区	3.5944	1	2.5816	1	1.7676	5	2.7409	2
慈溪市	2.5041	3	1.8983	6	2.9424	3	2.4519	3
北仑区	1.7193	5	1.6108	9	3.4433	1	2.2025	4
余姚市	2.1421	4	2.0508	4	2.2207	4	2.1379	5
镇海区	1.4129	7	2.0033	5	1.7183	6	1.6831	6
宁海县	1.4599	6	2.4386	3	1.2049	8	1.6799	7
象山县	1.3894	8	2.5031	2	0.9938	10	1.6082	8
奉化区	1.3893	9	1.8581	7	1.0791	9	1.4384	9
江北区	1.3049	10	1.3659	10	1.2396	7	1.3039	10

观察表7-6发现，宁波市10个县（区、市）金融集聚水平差异明显，金融集聚水平最高的鄞州区，综合得分为2.7533分，是得分最低（江北区）的2.11倍。为更好地揭示宁波县域金融集聚的空间分异特征，本书借助SPSS17.0软件，基于金融集聚综合得分，选取欧几里得距离定义样本间距离，并运用最长距离法对宁波10个县（区、市）进行系统聚类，最终得到金融集聚系统聚类冰状图（见图7-7）。

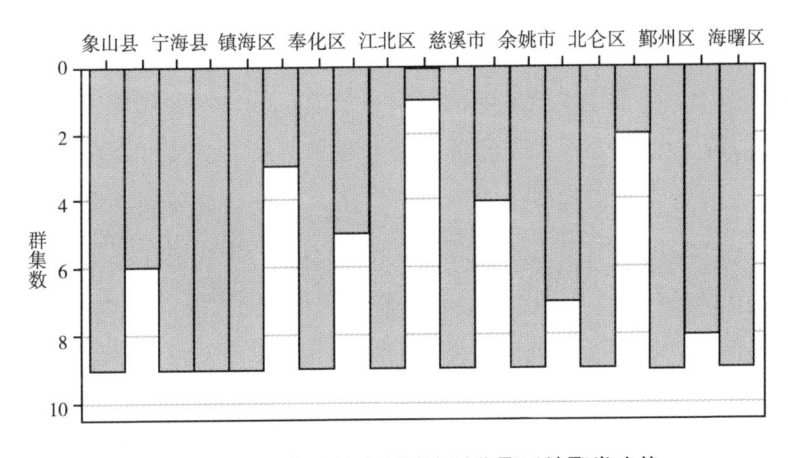

图7-7　2016年宁波市县域金融集聚系统聚类冰状

依据图7-7的聚类结果，将宁波市10个县（区、市）划分为四种类型，分别是金融集聚高值县域、金融集聚较高值县域、金融集聚较低值县域、金融集聚低值县域。

7.3.2.1 金融集聚高值县域

金融集聚高值县域包括鄞州区和海曙区两个区，综合得分均超过2.7。鄞州区地处中国长江三角洲南翼，是全国综合实力百强区之一和中国工业百强区之一，雄厚的经济实力、丰富的民间资本、扎实的产业基础以及多元化的实体企业，为加速鄞州区金融集聚提供了有利条件，推动了其金融业的蓬勃发展。虽然金融发展规模和金融发展环境得分均位于全市第二，但金融发展效率得分排名仅排第八，说明鄞州区金融服务实体经济效率有待进一步提升。海曙区位于市区中心区域，凭借传统金融中心的"磁吸效应"，加上政府的配套政策、扎实的产业基础和显著的交通优势，吸引着更多新型金融机构在此"安家"，聚集着越来越多的高端金融人才，为构建新金融集聚发展的生态圈提供了保障，海曙区金融发展规模和金融发展效率得分均位居全市第一，但金融发展环境的得分排名相对靠后，今后海曙区应提升都市经济能级和核心竞争力，营造更好的金融发展环境。

7.3.2.2 金融集聚较高值县域

金融集聚较高值的县域包括慈溪市、北仑区和余姚市三个县域，综合得分均在2~2.5。慈溪市地处杭州湾南岸，是福布斯中国十大最富有县级市之一和中国工业百强县之一，与经济社会发展相适应，慈溪市金融业也呈现出良好发展态势，金融机构体系不断完善，金融产业快速发展，金融要素集聚不断推进；北仑区是中国重点沿海港口城市之一，开放型经济规模保持在浙江省领先，该区拥有5个国家级开发区的政策扶持优势，由于政策优势显著，北仑区集聚了众多金融机构和类金融企业，形成了多元化、多层次金融服务体系；余姚市地处宁绍平原，是全国综合实力百强县市之一，金融业与区域经济发展实现了良性互动发展，金融机构数量逐步壮大，类金融机构也保持了较好的发展态势，金融集聚水平不断提升。

余姚市金融发展规模、金融发展效率以及金融发展环境得分排名均与金融集聚水平相互适应，慈溪市和北仑区金融发展规模和金融发展环境得分排名与各自金融集聚水平相匹配，但金融发展效率得分均相对较低，因此，今后应继续营造良性循环的金融环境，积极推进金融服务地方经济发展。

7.3.2.3 金融集聚较低值县域

金融集聚较低值县域包括镇海区、宁海县和象山县三个县域，综合得分均处在1.6~1.7。笔者认为，造成这种结果的原因有以下两点：第一，金融发展规模相对较小，镇海区、宁海县和象山县的金融规模得分排名分别为第七、第六、第八，这三个县域金融机构发展不均衡，保险业发展相对滞后并且银行业形式单一，金融业发展总体上仍处于较低位置，而金融集聚水平主要受金融发展规模的影响，因此，金融发展规模小是导致金融集聚得分低的直接原因。第二，金融发展环境相对落后，镇海区、宁海县和象山县的金融发展环境得分排名分别为第六、第八、第十，这三个县域工业经济发展滞后，传统产业转型偏慢，金融基础设施有待完善，进而限制了其金融集聚的发展。因此，今后应从扩大金融发展规模和改善金融发展环境入手，不断提高金融集聚水平。

7.3.2.4 金融集聚低值县域

金融集聚低值县域包括奉化区和江北区两个区，综合得分均在1.45以下，远远低于鄞州区和海曙区得分值。奉化区和江北区金融发展规模得分排名分别为第九、第十，金融发展效率排名分别为第七、第十，金融发展环境得分排名为第九、第七，它们每一项指标都处于较低水平。因此，奉化区和江北区今后应强化各方面建设，深化县域间的区域金融合作，驱动金融要素得到优化合理配置，不断深化供给侧改革促进产业结构优化升级，推进实体经济壮大发展，加强县域金融基础设施，为金融集聚的形成提供良好支撑。

7.3.3 结语

本书以宁波市为例，构建了包括3个一级指标层、14个二级指标层的金融集聚综合评价体系，综合评价结果显示，宁波市10个县（区、市）金融集聚水平空间分异明显，鄞州区、海曙区、慈溪市、北仑区以及余姚市金融集聚处于较高水平，而镇海区、宁海县、象山县、奉化区以及江北区金融集聚处于较低水平，总体而言，经济实力强、金融发展规模大的县域金融集聚水平较高，而经济实力弱、金融发展规模小的县域金融集聚水平较低。但在金融集聚水平高的县域中，大部分县域的金融发展效率并不高。基于以上结论并结合宁波实际，为加快宁波金融集聚提出以下建议。首先，宁波市政府应通过促进县域实体经济的发展驱动金融集聚。宁波部分县域的经济发展处于相对落后状态，导致金融业服务实体经济的作用就不能发挥出来，由于金融资本存在逐利本性，它必然会流入经济发达县域。其次，政府应加大对低金融集聚水平县域的政策支持。宁波北部地区县域的金融集聚水平普遍要高于南部地区，呈现出金融发展不均衡态势，金融发展相对落后的县域亟须引起政府关注，在资源和政策方面政府应给予适当倾斜，以实现宁波县域金融协调发展。最后，宁波政府应进一步提高金融服务效率。宁波市部分县域虽然金融集聚水平较高，但金融发展效率尚处于较低水平，因此，今后不仅要增强各县域实体经济竞争力、壮大县域金融产业规模，还需要大力发展新兴金融科技，进一步提升金融服务效率，努力实现宁波县域金融集聚水平的全面、整体提高。

另外，学界关于金融集聚的研究尚未成熟，对于金融集聚测度指标的选取还未达成一致。本书以宁波市为例，构建了包括3个一级指标层、14个二级指标层的金融集聚综合评价体系。由于对金融集聚形成过程理解上的分歧，以及对相关县域数据可得性的考虑，本书所构建的评价体系，尤其是测度金融发展规模及金融发展效率方面的指标还存在不足之处，需要在今后的研究中做进一步探讨。

7.4 浙江县域金融集聚的影响因素分析

考虑到金融发展与经济增长之间的联系，国外研究者们较早对金融集聚及其影响因素进行了探究。有学者认为，路径依赖、信息的空间不对称和信息腹地变动等是形成金融集聚的重要因素（Porteous，1999），这是信息流理论的重要组成部分，即认为信息流是影响金融集聚的主要机理（Corbridge，1994；Thrift，1994；Martin，1997、1998、2000）。而随着金融地理学的发展，金融地理学家开始将地理位置、距离和空间因素以及社会人文因素引入了金融研究。近年来，国内学者对我国金融集聚的影响因素也进行了大量研究。黄解宇等（2006）指出，先进的技术装备、良好的基础设施和服务设施等外部规模经济效应也是促进金融产业空间集聚的动因之一。任英华等（2010）通过实证研究发现经济基础对金融集聚促进作用显著。同时他还认为，区域创新、对外开放以及人力资本对金融集聚同样具有促进作用。黄永兴等（2011）通过对长三角城市群金融集聚的实证分析，得出经济规模和广义基础设施都促进了金融集聚形成的观点。李正辉等（2012）采用中国30个省份的面板数据，通过比较研究，也得出了相似的观点。成春林等（2013）认为区位因素是影响金融集聚的因素之一。李红等（2014）基于1995～2011年中国城市面板数据，采用改进权重的空间杜宾模型通过检验了金融集聚及其空间溢出与城市经济增长的关系。综上所述，现有研究成果为本书的研究提供了坚实的基础和重要借鉴，但仍然存在以下几点不足：大多数文献都是以省级或地市级单位为研究主体，而对于县域金融集聚的研究相对缺乏，且传统的计量模型忽视了影响因素在地区之间存在的溢出效应，对于金融集聚影响因素的空间相关性特性解释不足。鉴于此，本书选取浙江省2005～2016年69个县的数据，采用空间计量模型对浙江县域金融集聚的影响因素进行分析，以期为推动县域金融集聚发展提供借鉴。

7.4.1 变量选择与模型的建立与估计

变量选择。

(1) 因变量。本书采用区位熵指标（LQ）测度浙江县域金融服务业的集聚程度。区位熵是度量产业专业化的关键指标，可用来表征县域金融资源的丰富程度以及县域金融部门的专业化程度。计算公式为：

$$LQ = (E_{ij}/E_i)/(E_{kj}/E_k) \qquad (7-2)$$

其中，E_{ij}表示区域 i 中的 j 金融机构年末贷款余额；E_i表示区域 i 中的总人口数；E_{kj}表示国家或省域内 j 金融机构年末贷款余额；E_k表示国家或省域 k 的总人口数。判定准则为：区位熵值越大，则意味着该区域的金融集聚度越高，反之越低。一般意义上，若 LQ 值大于1，则反映某产业在此区域较为重要。

(2) 解释变量。借鉴国内外学者研究的成果，并综合相关因素及数据的可获得性，本书选择以下变量进行实证分析。

经济基础（JJJC）。经济发展与金融发展之间联系紧密。经济实力越强的县域，其金融资源的利用率就越高，同时还能产生"虹吸效应"，能够吸引其他县域的金融资源进入本县域，进而该县域的金融集聚度就越高。因此，对变量的系数预期为正，且以县域人均 GDP 来衡量经济基础。

政府干预（ZFGY）。分税制以来，我国中央政府通过向地方政府下放一部分财政管理与决策权实现一定程度的财政分权，这使得地方政府产生了干预金融的动力和能力，财政支出规模直接反映了地方政府所能够调动资源的多寡，也就决定了县级地方政府能够从多大程度上为金融企业和金融市场发展提供政策支持。因此，对该变量的系数预期为正，且以地方财政预算支出与国内生产总值的比值来衡量政府干预。

区域创新（QYCX）。区域创新表示一个地区科技成果的应用和转化能力。一方面，区域创新能力的高低影响经济效率，最终影响经济金融总量；另一方面，在科技成果转化的过程中会产生溢出效应，会使得更多的企业进入某个行业，最终会增加对金融资本的需求。因此，对该变量的系数预期为正，且以地区专利申请授权量来衡量区域创新能力。

距上海的公里数（GL）。一般而言，发达经济体对周边城市存在"虹吸效应"，会负面影响周边经济体及其产业发展。本书认为，在长三角地区，距离发达的金融中心城市——上海越近的地区，其金融服务业发展受上海的辐射和影响越大。该变量的系数预期为负，且以上海到浙江各县域地区最远公路距离与最近公路距离的均值来衡量。

对外开放（DWKF）。一般来说，一个国家或地区对外开放程度越高，其相关的金融服务需求也就越高。国际贸易的兴起对国际结算、国际融资活动起推动作用；外部金融资源基于逐利或规避管制会进入一个国家或地区，若有一个自由的市场环境，会吸引更多的金融资源进入。因此，该变量的系数预期为正，且以对外贸易出口总额与国内生产总值的比值来衡量。

7.4.2 空间计量经济模型的选择

7.4.2.1 空间自相关分析

空间自相关分析不仅可以揭示金融服务业集聚程度的时空变化特征，而且也是正确设定空间面板模型的必要条件，本书采用全域空间自相关（Global Moran's I）和局域空间自相关来刻画浙江金融服务业的集聚度空间特征。

（1）全域空间自相关。反映浙江县域金融服务业集聚度空间关联程度的总体特征，采用 Global Moran's I 统计量，其值介于 $-1 \sim 1$，表达式为：

$$I = \frac{n \sum_{i=1}^{n} \sum_{j=1}^{n} W_{ij}(x_i - \bar{x})(x_j - \bar{x})}{\sum_{i=1}^{n} \sum_{j=1}^{n} W_{ij} \sum_{i=1}^{n}(x_j - \bar{x})^2} \quad (7-3)$$

其中，n 为浙江省县域个数；x_i、x_j 分别为县域 i 和县域 j 的金融服务业集聚度；$\bar{y}$ 为全部县域金融集聚度的平均值；W_{ij} 为空间权重矩阵，用以定义空间单元的相互临接关系，当县域 i 和县域 j 相邻时 W_{ij} 取 1，当县域 i 和县域 j 不

相邻时 W_{ij} 取 0；采用 z 值对 Global Moran's I 进行统计检验，z = (I - E(I))/Var(I)，如果 z 值大于 0，且在统计上显著则表明金融集聚度在空间分布上具有明显的正向相关性。

（2）局域空间自相关。反映每个县域与相邻县域之间的空间关联程度，通过莫兰散点图可将其划分为 HH（高—高）、HL（高—低）、LH（低—高）和 LL（低—低）四种类型，其中，HH（LL）集聚型表示相邻县域间存在正的空间自相关，且存在高（低）金融集聚度度县域的空间集聚效应。HL（LH）表示相邻县域间存在负的空间自相关，高（低）金融集聚度县域被低（高）金融集聚度县域包围。

7.4.2.2 空间计量经济学模型

经过 Moran's I 指数检验后，若通过空间自相关分析已证明浙江县域金融业集聚存在显著的空间相关性，可选择空间计量模型对数据进行进一步计量检验和分析。空间计量经济学模型形式有多种，本书采取空间回归模型进行分析。空间回归模型有两种主要基本形式，分别是空间滞后模型（spatial lag model，SLM）、空间误差模型（spatial error model，SEM）。

（1）空间滞后模型，其中，空间滞后模型主要是探讨各变量在某一地区是否有空间溢出效应，其表达式为空间自回归模型（SAR），即：

$$y = \rho Wy + \beta x + \varepsilon \qquad (7-4)$$

其中，y 是 n×1 列的决策变量观察值向量；W 是 n×n 的空间权数矩阵，n 个机构或地区间的相互关系网络结构的一个矩阵；W 为空间一阶滞后因变量；ρ 是空间自回归参数，其取值在 [-1 1]，表明相邻区域之间的影响程度；x 是 k 个外生变量观察值的 n×k 阶矩阵；β 是 k×1 阶回归系数向量；ε 是随机误差序列向量。

（2）空间误差模型。空间误差模型主要是度量邻近地区因变量的误差冲击对本地区观察值的影响程度，模型中假设企业或区域间的相互联系通过误差项体现。当企业或地区之间的相互作用由于所在的相对地理空间不同而存在差异时采用此模型。空间误差构成（SEA）基本模型为：

$$y = \beta x + \varepsilon, \varepsilon = \lambda W\phi + \xi \qquad (7-5)$$

其中，y 是 n×1 列溢出成分误差；ξ 是 n×1 列的区域内随机扰动项；假定 ψ 和 ξ 是服从独立同分布且互不相关；λ 是空间自相关系数，λ 的取值在 [-1 1]，表明一个区域变量变化对相邻区域的溢出程度，可见，空间误差模型其本质是在线性模型的误差结构中加入了一个区域间溢出因素。

7.4.3 空间计量的回归结果分析

7.4.3.1 金融集聚空间自相关性检验

依据空间计量经济学方法原理，为检验金融集聚在地理空间上的相关性，以"地理"空间矩阵作为空间权重矩阵，利用 2005~2016 年浙江省 69 个县域的金融集聚指标计算 Moran's I 指数，测算结果如表 7-7 所示。

表 7-7　浙江 69 个县域金融集聚 Moran's I 指数及其 Z 值

年份	Moran's I 值	E (I)	sd (I)	Z (I)	P 值
2005	0.207	-0.015	0.083	2.676	0.007
2006	0.187	-0.015	0.083	2.426	0.015
2007	0.241	-0.015	0.083	3.093	0.002
2008	0.243	-0.015	0.083	3.123	0.002
2009	0.277	-0.015	0.083	3.507	0.000
2010	0.158	-0.015	0.083	2.066	0.039
2011	0.287	-0.015	0.085	3.574	0.000
2012	0.318	-0.015	0.084	3.942	0.000
2013	0.347	-0.015	0.084	4.284	0.000
2014	0.373	-0.015	0.085	4.580	0.000
2015	0.369	-0.015	0.084	4.581	0.000
2016	0.344	-0.015	0.082	4.370	0.000

由表 7-7 可知，Moran's I 的正态统计量 Z 值都高于正态分布函数在 5% 显著性水平下临界值（1.96），这意味着浙江 69 个县域金融集聚现象在空间上具有显著的正相关关系，即空间依赖性。换句话说，浙江 69 个县域金融产

业的发展在空间分布上并不是呈现出完全随机的状态，而是展现出一些县域的相似值之间在空间上趋于集中，这表明浙江县域金融产业的发展显现出明显的集聚现象。

为进一步解析浙江县域金融业发展的空间集聚现象，本书给出了局域Moran指数散点，如图7-8所示，此外，根据散点图得到了浙江金融集聚各县域的空间相关模式。

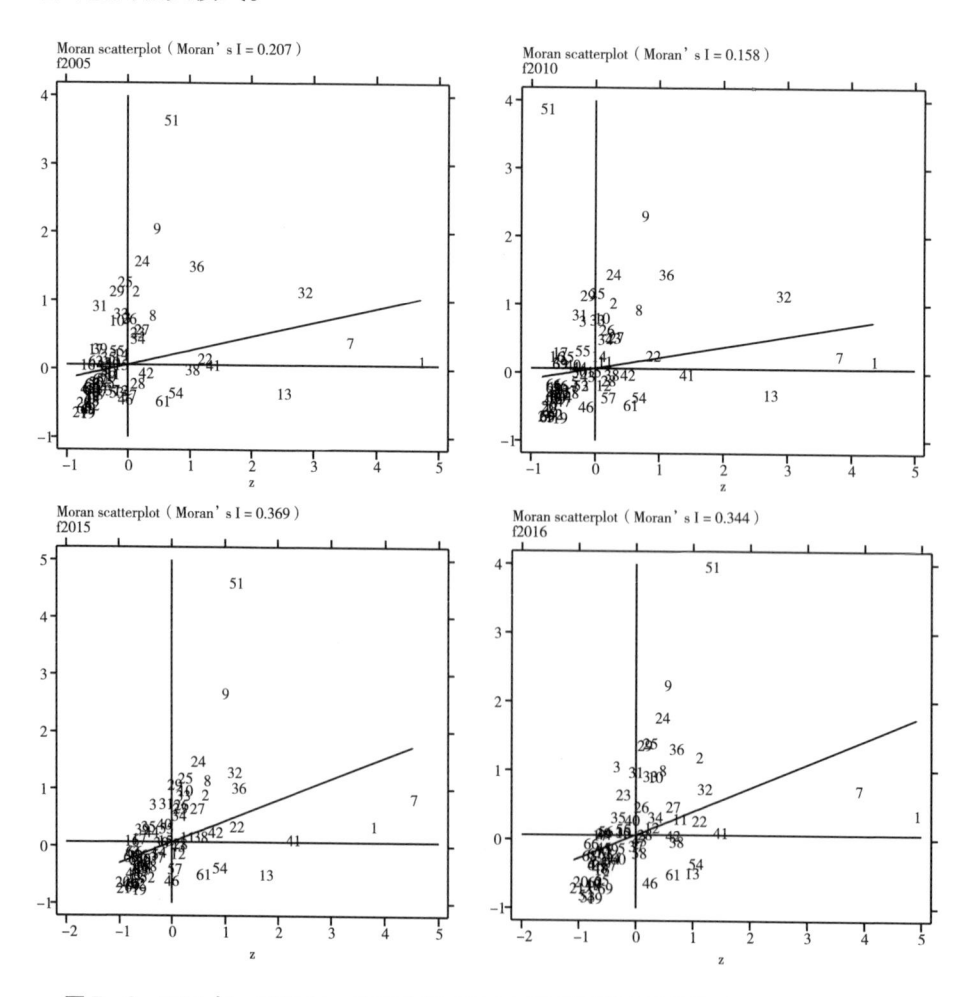

图7-8　2005年、2010年、2015年及2016年浙江县域金融集聚度Moran指数散点

观察各年度的Moran指数散点图可见，各个县域金融服务业发展共存在四种空间相关模式：第一象限（图右上方）表示高集聚增长地区被高集聚的

第7章
浙江县域金融服务业集聚的区际差异及影响因素

其他地区所包围（HH），代表正的空间自相关关系的集群；第二象限（图左上方）表示低集聚增长地区被高集聚增长的其他地区所包围（LH），代表负的空间自相关关系的集群；第三象限（图左下方）表示低集聚增长地区被低集聚增长的其他地区所包围（LL），代表正的空间自相关关系的集群；第四象限（图右下方）表示高集聚增长地区被低集聚增长的其他地区所包围（HL），代表负的空间自相关关系的集群。

由表7-8可知，2005年浙江省位于第一象限的县域有13个，分别是杭州市区、富阳区、宁波市区、余姚市、慈溪市、嘉兴市区、平湖市、海宁市、海盐县、绍兴市区、上虞区、绍兴县、舟山市区；位于第二象限的县域也有13个，分别是临安市、奉化市、瑞安市、永嘉县、桐乡市、嘉善县、德清县、安吉县、诸暨市、嵊州市、兰溪市、温岭市、青田县；位于第三象限的县域有36个，分别是建德市、桐庐县、淳安县、象山县、宁海县、乐清市、洞头区、平阳县、苍南县、文成县、泰顺县、长兴县、新昌县、东阳市、武义县、浦江县、磐安县、衢州市区、江山市、常山县、开化县、龙游县、岱山县、嵊泗县、临海市、玉环县、三门县、天台县、仙居县、龙泉市、云和县、庆元县、缙云县、遂昌县、松阳县、景宁自治县；位于第四象限的县域有7个，分别是温州市区、湖州市区、金华市区、义乌市、永康市、台州市区、丽水市区。可见，2005年的浙江县域金融集聚空间分布呈现向LL模式倾斜的趋势，主要为低集聚增长地区被低集聚增长的其他地区包围。

表7-8　金融产业集聚度各县域的空间相关模式（2005年）

象限	空间相关模式	县域
第一象限	HH	13个（杭州市区、富阳区、宁波市区、余姚市、慈溪市、嘉兴市区、平湖市、海宁市、海盐县、绍兴市区、上虞区、绍兴县、舟山市区）
第二象限	LH	13个（临安市、奉化市、瑞安市、永嘉县、桐乡市、嘉善县、德清县、安吉县、诸暨市、嵊州市、兰溪市、温岭市、青田县）
第三象限	LL	36个（建德市、桐庐县、淳安县、象山县、宁海县、乐清市、洞头区、平阳县、苍南县、文成县、泰顺县、长兴县、新昌县、东阳市、武义县、浦江县、磐安县、衢州市区、江山市、常山县、开化县、龙游县、岱山县、嵊泗县、临海市、玉环县、三门县、天台县、仙居县、龙泉市、云和县、庆元县、缙云县、遂昌县、松阳县、景宁自治县）

续表

象 限	空间相关模式	县 域
第四象限	HL	7个（温州市区、湖州市区、金华市区、义乌市、永康市、台州市区、丽水市区）

由表7-9可知，2010年，浙江省金融集聚的空间相关模式与2005年相比稍有变化，位于第一象限的县域比2005年多了2个，位于第二象限的县域比2005年少了1个，位于第三象限的县域比2005年少了3个，位于第四象限的县域比2005年多了2个。其中，奉化市、嘉善县从第二象限以及象山县从第三象限转移至第一象限，舟山市区由第一象限移至第三象限，青田县从第二象限转移至第三象限，宁海、玉环县及遂昌县均由第三象限转移至第四象限，洞头区、东阳市及景宁自治县由第三象限转移至第二象限，丽水市区由第四象限转移至第三象限。

表7-9　　　金融产业集聚度各县域的空间相关模式（2010年）

象 限	空间相关模式	县 域
第二象限	LH	12个（临安市、瑞安市、洞头区、永嘉县、桐乡市、德清县、安吉县、诸暨市、嵊州市、东阳市、温岭市、景宁自治县）
第三象限	LL	33个（建德市、桐庐县、淳安县、乐清市、平阳县、苍南县、文成县、泰顺县、长兴县、新昌县、兰溪市、武义县、浦江县、磐安县、衢州市区、江山市、常山县、开化县、龙游县、舟山市区、岱山县、嵊泗县、临海市、三门县、天台县、仙居县、丽水市区、龙泉市、青田县、云和县、庆元县、缙云县、松阳县）
第四象限	HL	9个（宁海县、温州市区、湖州市区、金华市区、义乌市、永康市、台州市区、玉环县、遂昌县）

由表7-10可知，2015年，浙江省县域金融集聚的空间相关模式比2010年有较大变化，由原来的LL"一边倒"模式转变成HH和LL"两极分化"模式。其中，位于第一象限的县域比2010年增加6个，位于第二象限的县域比2010年减少2个，位于第三象限的县域比2010年减少1个，位于第四象限的县域比2010年减少三个。其中，桐乡市、诸暨市从第二象限移至第一象限，金华市区、义乌市、永康市从第四象限移至第一象限，舟山市区由第三象限移至第一象限；兰溪市、浦江县都由第三项象限移至第二象限，瑞安县、

第 7 章
浙江县域金融服务业集聚的区际差异及影响因素

景宁自治县都由第二象限移至第三象限,玉环县由第四象限移至第三象限,武义县、丽水市区都由第三象限移至第四象限。

表 7-10 金融产业集聚度各县域的空间相关模式(2015 年)

象 限	空间相关模式	县 域
第一象限	HH	21 个(杭州市区、富阳区、宁波市区、余姚市、慈溪市、奉化市、象山县、嘉兴市区、平湖市、海宁市、桐乡市、嘉善县、海盐县、绍兴市区、诸暨市、上虞区、绍兴县、金华市区、义乌市、永康市、舟山市区)
第二象限	LH	10 个(临安市、洞头区、永嘉县、德清县、安吉县、嵊州市、兰溪市、东阳市、浦江县、温岭市)
第三象限	LL	32 个(建德市、桐庐县、淳安县、瑞安市、乐清市、平阳县、苍南县、文成县、泰顺县、长兴县、新昌县、磐安县、衢州市区、江山市、常山县、开化县、龙游县、岱山县、嵊泗县、临海市、玉环县、三门县、天台县、仙居县、龙泉市、青田县、云和县、庆元县、缙云县、遂昌县、松阳县、景宁自治县)
第四象限	HL	6 个(宁海县、温州市区、湖州市区、武义县、台州市区、丽水市区)

由表 7-11 所示,2016 年,浙江省县域金融集聚的空间相关模式相比 2015 年稍有变化,位于第一象限的县域增加 1 个,位于第二象限的县域比 2015 年减少 1 个,位于第三象限的县域减少 1 个,位于第四象限的县域增加 1 个,总体上依然维持着 HH 和 LL 的两极分化模式。其中,宁海县、湖州市区由第四象限移至第一象限,德清县由第二象限移至第一象限,平湖市由第一象限移至第二象限,洞头区、永嘉县以及兰溪市均由第二象限移至第三象限,金华市区由第一象限移至第四象限,衢州市区、三门县均由第三象限移至第四象限。因此,本书认为,浙江县域金融业集聚存在着地理空间分布上的依赖性和异质性。例如,嘉兴市区和温州市区作为两个金融集聚度高的县域地区,但并没有归属于同一象限,这是因为与嘉兴市邻近的大部分地区,例如海宁市、桐乡市等县域的金融集聚度较高,即高集聚增长的地区被高集聚增长的其他地区所包围,反映了金融业集聚在地理空间分布上的依赖性。与温州市区邻近的县域如永嘉县、青田县都是金融集聚度较低的地区,即高集聚增长地区被低集聚增长的其他地区包围,这充分反映了金融业集聚在地理空间分布上的异质性。

表 7-11　　金融产业集聚度各县域的空间相关模式（2016 年）

象限	空间相关模式	县域
第二象限	LH	9 个（临安市、平湖市、长兴县、安吉县、嵊州市、东阳市、浦江县、温岭市、临海市）
第三象限	LL	31 个（建德市、桐庐县、淳安县、瑞安市、乐清市、洞头区、永嘉县、平阳县、苍南县、文成县、泰顺县、新昌县、兰溪市、磐安县、江山市、常山县、开化县、龙游县、岱山县、嵊泗县、玉环县、天台县、仙居县、龙泉市、青田县、云和县、庆元县、缙云县、遂昌县、松阳县、景宁自治县）
第四象限	HL	7 个（温州市区、金华市区、武义县、衢州市区、台州市区、三门县、丽水市区）

上述分析表明，浙江县域金融服务业发展存在着空间集聚现象，而且地区差异比较显著。因此，有必要从空间维度的相关性和异质性出发，对浙江金融服务业集聚的影响因素进行空间计量分析。

7.4.3.2　金融业集聚影响因素空间计量模型的选择与估计

由于数据在空间上表现出的复杂性、自相关性和变异性，而普通最小二乘法没有考虑空间效应，使得模型的估算存在偏差问题，得出的各种结果和推论不够完整、科学，缺乏应有的解释力，所以本书假定区域之间的经济行为在空间上具有异质性的差异，拟将空间依赖性考虑进来。为更好地了解模型的合理性，先对模型进行普通最小二乘法（OLS）估计，然后借助两个拉格朗日乘数来判断空间计量经济学模型 SLM 和 SEM 的形式。通过 OLS 回归结果（见表 7-12）可以看出，模型的拟合优度约为 0.733。为得到更好的模型拟合效果，进行空间计量模型的估计。

由于事先无法根据经验推断是误差项的依赖还是空间延迟的依赖，所以参照安瑟兰等的研究提出了以下判别准则：如果在空间依赖性的检验中发现 LMLAG 较之 LMERR 在统计上更加显著，且 R-LMLAG 显著而 R-LMERR 不显著，则可以断定适合的模型是空间滞后模型；相反，如果 LMERR 比 LMLAG 在统计上更加显著，且 R-LMERR 显著而 R-LMLAG 不显著，则可以断定空间误差模型是恰当的模型。从表 7-12 可见，LMLAG 和 LMERR、R-

第 7 章
浙江县域金融服务业集聚的区际差异及影响因素

LMLAG 和 R – LMERR 在统计上的水平都非常接近，所以还必须通过 SEM 和 SLM 模型估计的结果作进一步的判断。

表 7 – 12　　　　　　　　　　OLS 估计结果

模型	回归系数	标准差	t 统计量	P 值
C	– 10.02746 ***	1.375674	– 7.29	0.000
JJJC	0.6985695 ***	0.1010249	6.91	0.000
ZFGY	2.433392 ***	0.4265643	5.70	0.000
QYCX	0.1924432 **	0.0342688	5.62	0.038
GL	– 0.1779949 ***	0.0841584	2.11	0.003
DWKF	0.3924195 ***	0.1266739	3.10	0.000
R^2	0.7993	F	50.18	
R^2 Adj	0.7834	Log L	5.720163	
AIC	0.5596731	SC	13.96431	
空间依赖性检验	DF	统计值	P 值	
Moran 指数（误差）	1	1.835	0.067	
LMLAG	1	0.082	0.774	
R – LMLAG	1	1.149	0.284	
LMERR	1	1.353	0.245	
R – LMERR	1	2.420	0.120	

注：*、**、*** 分别表示通过 10%、5%、1% 显著性检验。

从表 7 – 13 可知，空间误差模型（SEM）的对数似然值 LogL 较大、SC 值和 AIC 值较小，模型拟合效果明显优于 SLM 模型，因此，空间误差模型是相对比较合适的计量模型。

表 7 – 13　　　　　　SEM 模型与 SLM 模型结果比较

	SEM	SLM
lambda/rho	0.770528 **	0.679401 **
C	– 10.32567 ***	– 10.18446 ***
JJJC	0.7245969 ***	0.7057483 ***
ZFGY	2.431474 ***	2.449817 ***
QYCX	0.1858488 ***	0.1856264 ***
GL	– 0.1780824 **	– 0.1932285 **

续表

	SEM	SLM
DWKF	0.3685016 ***	0.3785725 ***
AIC	2.86256	3.925459
Log L	6.56872	6.037271
SC	20.73541	21.79831

注：*、**、*** 分别表示通过 10%、5%、1% 显著性检验。

7.4.3.3 空间计量结果及经济解释

从 SEM 模型空间分析结果来看，参数 lambda 通过了 5% 的显著性检验，且系数为正，说明随着经济全球化、市场化和信息化的不断发展，浙江县域金融业空间集聚现象日益明显，金融产业发展的空间依赖性和空间溢出效应显著。所有的解释变量均对浙江省县域金融集聚起到促进作用。经济基础、政府干预、企业创新以及对外开放水平均在 1% 的显著性水平下对金融集聚产生正向作用，各地区距上海距离也在 5% 的显著性水平下对金融集聚产生正向影响。具体经济解释如下。

经济基础（JJJC）的影响显著为正，与预期相符，表明经济基础对浙江县域的金融集聚产生了积极的影响，体现了县域经济发展对促进金融资源集聚的驱动效应。空间计量结果证明人均国内生产总值水平每提高 1%，会对浙江县域金融集聚水平带来 0.7245% 的增长。同时，2015 年浙江省 69 个县域经济发展增速明显，人均生产总值均呈正向增长，全年 69 个县市区人均 GDP 同比平均增加 5.65%，其中，人均 GDP 增速超过平均增速的共有 32 个县市区，42 个县市区都能达到 5% 以上的增速，洞头县、文成县以及嵊泗县这 3 个地区的人均 GDP 增速已经超过 10%。县域金融产业发展需要一定的经济发展水平为基础，近年来，面对经济金融发展中的新问题、新挑战，浙江金融业主动适应新常态，积极满足新需求，降低融资成本，实现了金融平稳健康运行。随着浙江县域经济快速发展，居民收入水平不断提高，社会财富持续增加，促进了浙江县域金融业发展与集聚。

政府干预（ZFGY）的影响显著为正，与预期相符，表明浙江县域政府的

第7章
浙江县域金融服务业集聚的区际差异及影响因素

干预政策加快了本地区金融集聚过程。空间计量结果表明政府干预度每增加1%，浙江县域金融集聚水平将会增长2.4315%，且政府干预对县域金融集聚的影响最大，进一步说明浙江地方政府对金融服务业的扶持与规划指导起到了举足轻重的作用。近年来，浙江省及各地市为加快金融服务业健康发展，先后出台了一系列政策措施，对促进金融业深化改革，布局和推进金融服务业集聚发展，丰富金融市场的功能和层次，逐步形成结构合理、富有弹性、具备核心竞争力的地方金融体系具有重要的意义。

区域创新（QYCX）的影响显著为正，与预期相符，表明区域创新对浙江省县域金融服务业集聚起到驱动作用。空间计量结果表明区域创新度每增加1%，浙江县域金融集聚水平因而会增长0.1858%。近年来，浙江省把实施创新驱动发展摆在核心战略位置，浙江省积极实施区域创新战略，政府、企业、科研院所等机构大力推行技术创新，县域区域创新能力提升明显。2015年浙江区域创新能力居全国第5位，企业技术创新能力居全国第3位，知识产权综合实力居全国第2位，R&D经费支出及占GDP比重达2.3%，并被列为全国首批创新型试点省份。浙江创新环境的形成及各项技术的飞速发展推动了金融业科技创新、服务创新、产品创新，提高了金融机构的管理水平和运行效率，最终促进了金融产业的发展。

对外开放（DWKF）的影响显著为正，与预期相符，表明浙江县域对外开放程度对金融产业集聚有着显著的积极效应。浙江是中国最早对外开放的省份之一，与世界上230多个国家和地区建立了直接的经济贸易关系。浙江积极推进外贸经营主体、出口市场、出口商品和贸易方式多元化，形成民营企业、国有及国有控股企业、外商投资企业等共同开拓国际市场的格局。对外开放程度的扩大有力地推动了资金、技术、人才等各种资源的流动，贸易规模扩大使得金融服务的需求不断扩大，特别是国际结算需求推动了金融产业的极大发展。另外，对外开放程度的提升有利于更好地吸收国外先进的知识与技术、科学的管理方法和运营模式，并将其运用到金融领域，促进金融产业的发展。目前，浙江省已经形成了一些极具竞争力的金融高地，例如杭州、宁波等，这些地区金融产业的发展离不开国际贸易的扩大。

距上海远近（GL）的影响显著为负，与预期相符，表明浙江省县、市、区离上海的距离对浙江省县域金融集聚具有较强的解释力，即上海对浙江县域金融集聚的辐射作用明显。上海市作为国际金融中心，不仅具有门类齐全、结构合理、流动自由的金融人力资源体系，还具有全球影响力、吸引力、配置力的国际金融人才高地。由于地域关系，浙江各县市金融服务业的集聚发展受到上海市的"虹吸效应"和负向影响，而且距离上海越近的县市受到的辐射和影响越大。

7.5 结论与建议

7.5.1 主要结论

（1）从金融发展现状来看，浙江各县域存贷款余额规模存在显著差异，杭州市辖区、宁波市辖区、绍兴市辖区、温州市辖区以及台州市辖区始终处于浙江省前列，庆元县、景宁县、云和县、洞头县、嵊泗县等西南县域一直处于较低规模；浙江各县域金融服务业就业比重差异同样明显，仅丽水市辖区、衢州市辖区及温州市辖区就业比重均超过10%，18个县域就业比重在3.5%~10%，其余48个县域就业比重均低于3.5%。从金融相关比率及存贷比空间格局演变来看，县域金融相关比率差异较大，浙江西南县域金融发展水平较高，局部地区空间临近县域金融发展差距较大；浙江各县域金融存贷比总体水平较低，浙江东北地区的县域存贷比相对较高，但11个市辖区的存贷比处于较低水平。

（2）从浙江县域金融服务业集聚区际差异来看，存款区位熵和贷款区位熵空间特征基本一致，中低水平县域占较大比重，低水平县域数量逐年缩减，中等水平以上县域数量不断上升，大部分高水平区位熵县域都分布在浙江东北地区，少数分布在南部地区，总体上说明浙江县域金融机构归集社会资金的能力和将其转化为社会投资的能力不断提高，金融发展趋势向好；较低水平以下从业区位熵县域占较大比重，且中等水平以上县域数量逐年缩减，较低水平以下县域数量不断上升，说明浙江县域金融服务业劳动力的相对集中程度逐年递减，金融服务业劳动力的空间分布趋向分散。

（3）从银行业、证券业以及保险业集聚水平区际差异来看，杭州市、宁波市、嘉兴市、绍兴市及金华市5个地市保持银行业集聚度高水平，其余6个地市的银行业发展水平在浙江省较为落后；杭州市、绍兴市以及金华市证券业集聚处于较高水平，其余8个地市的证券业发展在浙江省内不具有优势；杭州市、宁波市、嘉兴市以及金华市保险业集聚处于较高水平，其余7个地市的保险业发展在浙江省处于相对劣势。总体上，银行业、证券业及保险业集聚空间格局基本一致，即集聚水平高的地市主要分布在浙江东北地区，集聚水平低的地市主要分布在浙江西南地区。

（4）通过空间自相关性检验发现，浙江69个县域金融集聚在空间上具有显著的正相关关系，说明浙江县域金融产业发展确实存在着空间集聚现象，地区差异比较显著。利用空间计量模型对影响浙江县域金融集聚的因素进行实证分析，结果表明，经济基础、政府干预、区域创新以及对外开放水平指标均在1%的显著性水平下对浙江省金融服务业集聚产生正向影响，而各地区距上海距离在5%的显著性水平下对浙江金融服务业集聚产生抑制作用。

7.5.2 政策建议

基于上述分析结论，结合浙江省金融服务业发展实际，本书提出以下政策建议。

（1）加强县域之间的经济合作和政府协调，不仅要通过夯实经济基础和提高政府干预水平来促进本县域金融集聚水平的提高，还要发挥经济和产业的带动作用，提高区域总体经济发展水平的关联效应，同时合理确定政府职能边界，加强县级地方政府之间在产权制度改革和信用体系建设等方面的协调与合作，发挥经济增长、产业发展以及政府干预在县域间对金融集聚的正向溢出作用，提高区域总体金融集聚水平。

（2）加强区域经济合作，提高贸易开放水平，浙江省正以"一带一路"统领新一轮对外开放，把"一带一路"建设作为提升浙江开放型经济水平的主抓手、产业发展的大平台、创新驱动的助推器、重大改革突破的牵引机，各县域应积极充分地利用对外区域发展平台，扩大对外贸易范围，加速县域内部的国际资金流通，促进金融服务业集聚发展。此外，还要利用多种贸易方式提升贸易开放水平，注重贸易方式转型，实现贸易方式多样化，通过有效提升开放水平促进区域金融服务业集聚。

第8章
浙江金融服务业与制造业的共同集聚研究

　　服务业集聚对制造业发展的作用对于区域经济发展不可或缺，尤其在我国经济发展"新常态"背景下，亟须通过转变生产方式和培育新的经济增长点以克服经济下行态势，将空间结构调整作为经济发展的驱动引擎便是一条路径，而在空间结构调整中，服务业集聚占有核心位置，制造业的优化升级依赖于服务业集聚（陈建军等，2009）。浙江作为中国以制造业集群为特色的重要省份，"十三五"期间，加快金融服务业集聚、做强金融产业既是促进浙江经济发展、维护经济安全的重要保障，也是培育经济新增长点、推动制造业转型升级的重要举措。因此，基于产业共同集聚的视角，探究浙江金融服务业与制造业的空间关联及其内在发展机理，有利于了解浙江两大产业的空间互动格局，发现产业联动发展的空间集聚规律，对于合理规划浙江金融服务业集聚区建设，促进浙江金融服务业与制造业的有机融合，优化金融资源配置、调整产业结构和空间布局都具有重要的理论与现实意义。

　　产业空间集聚的现象吸引了众多国内外学者的关注，但目前的研究多以制造业的产业间集聚为研究对象，针对金融服务业和制造业共同集聚的实证研究还很少见，对于两者共同集聚的内在机理缺乏探讨；少数对中国第二、第三产业、制造业与生产性服务业以及制造业与物流业共同集聚的研究，主要基于省级层面和地级以上城市层面的数据，基于县域空间尺度的研究比较少见。因此，本书将在借鉴 E-G 修正指标的基础上，基于县域视角测算浙江金融服务业和制造业的产业集聚度以及两大产业之间的共同集聚度，同时对浙江金融服务业与制造业间共同集聚的形成机理作了尝试性解释。

8.1 研究方法与数据资料

8.1.1 研究方法

关于产业集聚的测算方法，研究者们目前普遍使用的有行业集中度、赫芬达尔系数、赫希曼—赫芬达尔系数、区位熵指数、空间基尼系数、EG 指数以及共同集聚指数。考虑到行业分布和企业规模会对产业集聚产生影响，本书首先采用空间基尼系数、赫芬达尔系数和 EG 指数来测算浙江省 69 个县市区制造业和金融服务业的单一产业集聚程度，其次利用修正的 EG 共同集聚指数来测度两大产业的共同集聚程度。

（1）空间基尼系数。空间基尼系数（G）为测度单一产业区域集聚程度的重要指标，计算公式为：

$$G = \sum_i (S_i - X_i)^2 \qquad (8-1)$$

其中，S_i 表示 i 地区某产业就业人数占该产业所有地区就业总人数的比例；X_i 表示 i 地区总就业人数占所有地区就业总人数的比例。G 越大，说明该产业在空间上分布越不均衡，也就是产业空间集聚度愈高。

（2）赫芬达尔系数。赫芬达尔系数（H）为测度产业绝对集聚程度的常用指标，计算公式为：

$$H = \sum_{i=1}^{N} Z_i^2 = \sum_{i=1}^{N} \left(\frac{X_i}{X}\right)^2 \qquad (8-2)$$

其中，N 表示单一产业中企业总个数；X_i 表示该产业中企业 i 的市场规模

(就业人数或产值); X 表示该单一产业的市场总规模（就业人数或产值）; Z_i 表示第 i 个企业的市场占有率。H 越大，表明产业内企业市场集聚度越高。

但考虑到计算 H 系数时需要企业层面的规模数据，且这些数据不易获取，本书结合相关文献，在式（8-2）的基础上对赫芬达尔系数的计算公式予以一定调整，调整后计算公式：

$$H \equiv \sum_{i=1}^{K} n_i \left(\frac{E_i/n_i}{T}\right)^2 \equiv \sum_{i=1}^{K} \frac{1}{n_i}\left(\frac{E_i}{T}\right)^2 \equiv \sum_{i=1}^{K} \frac{1}{n_i} S_i^2 \quad (8-3)$$

其中，K 表示地区个数；n_i 表示 i 地区某一单一产业企业个数；E_i 表示 i 地区该单一产业就业人数；T 表示所有地区该单一产业总就业人数。稍微调整后的系数虽然精确度不及调整前，但总体上不影响判别产业集聚程度。

（3）EG 指数。EG 指数为测定单一产业空间集聚程度的常用指标，计算公式为：

$$\gamma = \frac{G - (1 - \sum_i X_i^2)H}{(1 - \sum_i X_i^2)(1 - H)} \quad (8-4)$$

其中，G 为空间基尼系数；H 为赫芬达尔系数；X_i 为表示 i 地区总就业人数占所有地区就业总人数的比例。通常情况下，$0 < \gamma < 0.02$ 表明该单一产业在区域内为低度集聚；$0.02 < \gamma < 0.05$ 为中度集聚；$\gamma \geq 0.05$ 为高度集聚。

（4）EG 共同集聚指数。艾里森和格莱泽（1997）构造了 EG 指数后又提出了新的 EG 修正指数来测度不同产业空间共同集聚程度，但德弗罗（Devereux）等注意到 EG 修正指数计算太过繁杂，因此，他们在此基础上将 EG 共同集聚指数简约为：

$$C(r) = \left(G_r - \sum_{j=1}^{r} w_j^2 G_j\right) / \left(1 - \sum_{j=1}^{r} w_j^2\right) \quad (8-5)$$

其中，$w_j = T_j / \sum_{j=1}^{r} T_j$ 表示在特定区域内第 j 个单一产业总就业人数 T_j 占所有产业总就业人数比重，j 为单一产业个数；G_r 表示多产业共同形成的空间集聚度；G_j 表示单一产业内部所形成的空间集聚水平，且均按照以下赫芬达尔系数计算得来，即：$G = \sum_{n=1}^{K} s_k^2 - \frac{1}{K}$，其中，$S_K$ 表示某单一产业或多个产业第 K 个地区就业人数占该产业所有区域总就业人数的比重，K 表示地区个数。C（r）值越大，说明不同产业间的空间集聚程度越高。判别规则为：$0 < C(r) < 0.02$ 代表低度集聚；$0.02 < C(r) < 0.05$ 代表中度集聚；$C(r) \geq 0.05$ 代表高度集聚。

8.1.2 数据资料

本书所有的原始资料均来源于 2003~2016 年《浙江省统计年鉴》。本书采用行业就业人数反映产业规模，各县市区分行业就业人数采用年末单位就业人员数。其中，计算赫芬达尔指数时需要各个县市区的各行业企业个数，由于 69 个县市区的分行业企业个数难以获取，因而利用浙江省各行业企业个数与各个县市区各行业就业人数占浙江省比重计算得出，浙江省各行业企业个数根据《浙江省统计年鉴》中按行业分的法人单位数得到。考虑要对浙江省产业集聚情况进行分区域比较分析，因此，按照浙江省地貌特征可分为浙江东北与浙江西南两大区域。浙江东北包括的地级市有杭州市、宁波市、嘉兴市、湖州市、绍兴市以及舟山市，浙江西南包括的地级市有温州市、金华市、衢州市、台州市以及丽水市。

8.2 浙江单一产业集聚水平和演变趋势

8.2.1 制造业产业集聚水平及演变

从浙江省总体来看，制造业总体空间集聚程度较低，且呈斜"W"型上升趋势。2002 年，浙江省制造业空间基尼系数为 0.004509，2007 年逐步下降到 0.003495，2010 年又提高到 0.003846，2011 年出现下滑，但此后几年处于渐升阶段，2015 年达到 0.008592，制造业在区域的总体集聚水平稍低，但仍为上升演变趋势。从赫芬达尔系数来看，2002～2015年，该系数一直处于下降阶段，且由2002年的0.000008降至2015年的0.000003，由此可见，该地区制造业中企业的规模分布较为均衡。但反映制造业总体集聚程度的EG指数则与空间基尼系数的变动趋势基本保持一致，2002～2015年，制造业总体集聚凸显出斜"W"型演变趋势，具体表现有：2002～2007年集聚程度从0.004793下滑至0.003723，2007～2010年集聚程度又回升至0.006767，2011年回落至0.006154，2011～2015年总体集聚水平快速提升至0.009284，由此可见，虽然现阶段浙江省制造业的总体集聚水平较之前有很大提高，但仍处于低度集聚水平，这表明浙江省制造业企业空间分布相对均衡，浙江制造业EG指数演变趋势如图8-1所示。

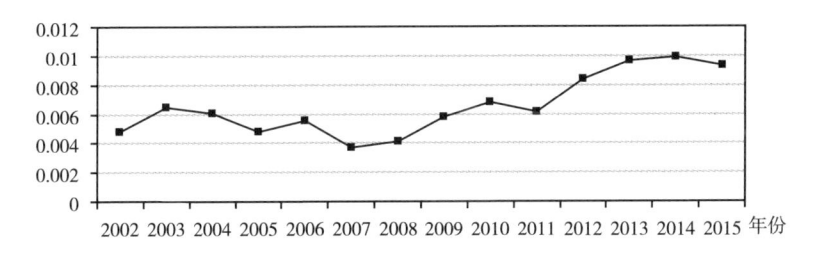

图8-1　浙江制造业EG指数演变趋势

从两大区域比较来看，浙江东北地区制造业G指数总体上呈上升趋势，H指数近年来逐步降低，而EG指数依然显示出较强的增强态势，但依然处于低度集聚水平；浙江西南地区制造业G指数呈"过山车"趋势，先上升再下降再上升，最终维持在最初的水平，H指数变化趋势同浙江东北地区一致，呈总体下滑趋势，EG指数演变趋势与该地区G指数保持一样，先升后降再升，但最终仍处于低度集聚水平。2002～2008年，浙江东北地区制造业G指数明显低于浙江西南地区，但2008年以后至今，浙江东北地区制造业G指数又高于浙江西南地区；2002～2015年，浙江东北地区制造业H指数一直处于浙江西南地区水平之下；两地区制造业EG指数特征与它们的G指数保持一致，即2002～2008年，浙江东北地区制造业EG指数低于浙江西南地区，自2008年至今，浙江东北地区制造业EG指数又高于浙江西南地区。总体而言，两大地区制造业产业集聚水平都处于低度集聚水平（均小于0.02），如表8-1所示。

表 8-1　　　　　浙江东北与浙江西南制造业产业集聚比较

年份	G 指数 浙江东北	G 指数 浙江西南	H 指数 浙江东北	H 指数 浙江西南	EG 指数 浙江东北	EG 指数 浙江西南
2002	0.00397	0.016515	1.17E-05	2.57E-05	0.004579	0.017611
2003	0.007196	0.022799	1.11E-05	2.12E-05	0.008186	0.024606
2004	0.006747	0.025204	1.04E-05	1.82E-05	0.007531	0.027134
2005	0.006438	0.021299	8.53E-06	1.98E-05	0.007172	0.022811
2006	0.006879	0.026908	7.59E-06	1.87E-05	0.007794	0.028852
2007	0.005321	0.014889	6.84E-06	1.7E-05	0.006062	0.015983
2008	0.006721	0.013058	6.11E-06	1.59E-05	0.007755	0.013985
2009	0.010247	0.010195	5.55E-06	1.42E-05	0.011877	0.010906
2010	0.011798	0.009718	5.02E-06	1.29E-05	0.013741	0.010369
2011	0.010659	0.009876	4.54E-06	1.18E-05	0.012609	0.010534
2012	0.014643	0.015487	4.26E-06	1.13E-05	0.017147	0.016591
2013	0.016556	0.015098	3.69E-06	1.06E-05	0.019212	0.016163
2014	0.016674	0.01613	3.21E-06	9.47E-06	0.019417	0.017269
2015	0.015508	0.016676	3.11E-06	9.8E-06	0.017961	0.01789

浙江省是制造业大省，2015年，浙江省规模以上制造业增加值、利润总额、出口交货值和制造业投资分别达11991亿元、3325亿元、11707亿元和7579亿元，均居全国前列。浙江省大部分县、市、区分别被冠以中国五金制品基地、中国阀门生产基地、中国拉链及纽扣生产基地、中国厨具之都、中国家电基地等称号，2015年浙江省制造业法人单位数达42万家，其中大部分是中小企业，各个地区制造业行业壁垒较低，产业结构相似度较高，行业分布呈现均匀化趋势，因此，不论在浙江东北地区还是浙江西南地区，制造业产业集聚度都处于低度集聚状态。但分地区来看，浙江东北地区与浙江西南地区还是存在差异。由于地理区位、资源禀赋、经济状况、开放程度等方面的优势，浙江东北地区制造业整体实力强于浙江西南地区。2008年之前，浙江东北地区制造业企业分布较为均衡，而浙江西南地区分布相对集中，表现为前者的产业集聚度低于后者；但2008年国际金融危机之后，浙江制造业受到一定冲击，尤其对出口导向型企业的影响较大，例如杭州、宁波、嘉兴等出口企业占较大的浙江东北区域制造业受挫严重，一些缺乏核心竞争力的中

小企业纷纷倒闭；而浙江西南地区大部分企业以内销为主，受金融危机影响较小。因此，2008年以后，浙江东北地区的制造业总体规模有所减小，企业分布也更为集聚，最终表现为浙江东北地区制造业集聚度明显高于浙江西南地区。

8.2.2 金融服务业产业集聚水平及演变

从总体来看，浙江金融服务业的空间集聚度前期属于低度集聚，现阶段处于中度集聚，且呈斜"N"型上升趋势。2002~2003年，浙江省金融服务业空间基尼系数保持在0.003左右，2004~2011年该系数有所提升，基本维持在0.008左右，虽然2012~2015年该系数突破了0.01，但仍属于较低水平。金融服务业赫芬达尔系数一直处于下降趋势，从2002年的0.000987下降至0.000125。从EG指数来看，自2002年起的14年间，金融服务业总体集聚呈斜"N"型变动趋势，2002~2007年，EG指数从最低的0.001661上涨至0.007531，但在2007~2011年EG指数总体上呈现下降趋势，自2011年开始，EG指数不断上升，2013~2015年的EG指数均突破了0.02，到2015年达到峰值。从EG变动趋势中不难发现，浙江省金融服务业在2012年之前属于低度集聚，但自2012年以后呈加速集聚态势，表明现阶段浙江金融服务业的空间集聚度呈现较为明显的提升，如图8-2所示。

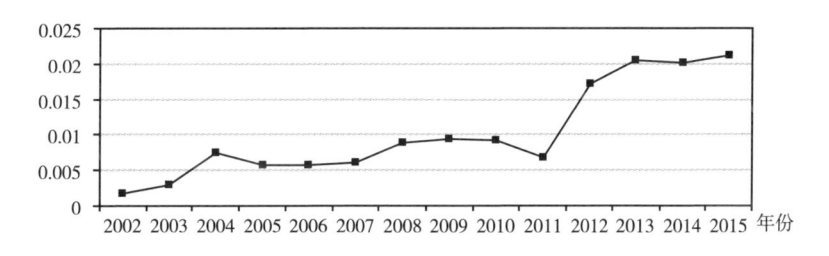

图8-2 浙江金融服务业EG指数演变趋势

从两大区域比较来看，浙东北地区金融业G指数总体呈逐年上涨趋势，H指数却凸显出逐年下降态势，而浙江东北地区金融业EG指数处于不断增强趋势，最终维持在0.03左右，呈现出中度集聚水平；与浙江东北地区相似，浙江西南地区G指数也显示出不断上升趋势，H指数也呈现出不断下降趋势，

EG指数也显示出逐渐加强态势,最终维持在0.06左右,属于高度集聚水平。不管是金融业G指数、H指数还是EG指数,在2002~2015年的14年间,浙江西南地区的产业集聚水平都处在浙江东北地区之上。对于EG指数,浙江东北地区在2011年之前均处于低度集聚水平,2011年后均维持在中度集聚水平,而浙江西南地区仅在2002~2005年处于低度集聚水平,而2005~2012年为中度集聚,从2012年至今逐步演变为高度集聚,如表8-2所示。

表8-2　　　　　浙江东北与浙江西南金融业产业集聚比较

年份	G指数		H指数		EG指数	
	浙江东北	浙江西南	浙江东北	浙江西南	浙江东北	浙江西南
2002	0.002679	0.013587	0.001492	0.002918	0.001608	0.011626
2003	0.004215	0.014619	0.001379	0.002389	0.003428	0.013434
2004	0.00996	0.029079	0.001301	0.00191	0.009845	0.029472
2005	0.009578	0.018699	0.001102	0.001813	0.009592	0.018264
2006	0.008628	0.021664	0.000971	0.001617	0.008823	0.021662
2007	0.01009	0.019948	0.000855	0.001445	0.010662	0.020021
2008	0.015366	0.021554	0.000799	0.001409	0.016958	0.021732
2009	0.016465	0.021856	0.000709	0.001233	0.018396	0.022205
2010	0.016073	0.022493	0.000636	0.001097	0.018102	0.022956
2011	0.00931	0.022854	0.000597	0.001072	0.010427	0.023357
2012	0.028207	0.040772	0.00047	0.000733	0.032583	0.043008
2013	0.031795	0.052946	0.000291	0.000491	0.036623	0.056253
2014	0.026257	0.068505	0.000259	0.00061	0.03033	0.072817
2015	0.029525	0.061049	0.000203	0.000326	0.034005	0.065222

依据产业演化规则,伴随着地区经济水平的提高,产业结构会逐渐往第二产业、第三产业转移,第三产业的发展与经济发展水平高度相关,金融服务业也是如此。一般情况下,经济越发达的地区服务业越繁荣,金融服务业也愈加兴盛。相对浙江西南地区而言,浙江东北地区经济更为发达,各县市区经济发展程度比较均衡,制造业分布也更为分散,居民金融服务需求更加广泛和强劲,相应的金融中介机构追溯客户发展,其空间分布也相对分散。因此,表现为浙江东北地区的金融服务业空间集聚度总体上低于浙江西南地区。

8.3 浙江金融服务业与制造业共同集聚的总体特征

从浙江省总体来看，2002年至现阶段，浙江金融服务业与制造业间的共同集聚水平都在中度集聚度临界值0.02之上，且除了2003～2006年这4年共同集聚程度属于中度集中外，其余各年份两个产业的共同集聚度均处于高度集中水平，且在2014年达到峰值，为0.063856。结果表明，浙江金融服务业与制造业之间存在明显的共同集聚现象，且基本上保持着较高程度的集聚水平，如图8-3所示。

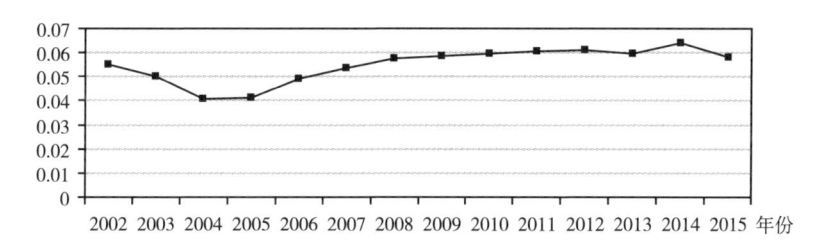

图8-3 浙江金融服务业与制造业共同集聚变动趋势

由于浙江东北和浙江西南各自经济增长的基础、产业结构以及区域特征的不同，两大区域的产业共同集聚具有一定的差异。从两大区域总体来看，浙江东北与浙江西南两大区域的金融业与制造业之间均存在中度以上共同集聚，且浙江东北地区的共同集聚程度在2002～2015年始终高于浙江西南地区。其中，浙江东北地区两大产业共同集聚度在各个年份均在0.07之上，属于高度集中；浙江西南地区除了在2002年、2003年、2012年以及2013年两大产业共同集聚度在0.05之上，其他年份的共同集聚度均在0.02～0.05，总体上属于中度集中。由此表明，浙江东北地区制造业与金融服务业的共同集聚水平更高，金融服务业与实体经济的融合更为紧密，区位优势、经济状况以及开放程度等制度因素的差异可能对地区产业共同集聚产生了重要影响。也就是浙江东北地区制造业更为分散（集聚度低），相应的金融服务业也更为分散（集聚度低），而且两者的共同集聚度更高，足以说明金融服务业追逐实体经济的客户布局发展，金融支持实体经济的发展态势浙江东北地区更好，两者的产业发展在空间上更为协调，如图8-4所示。

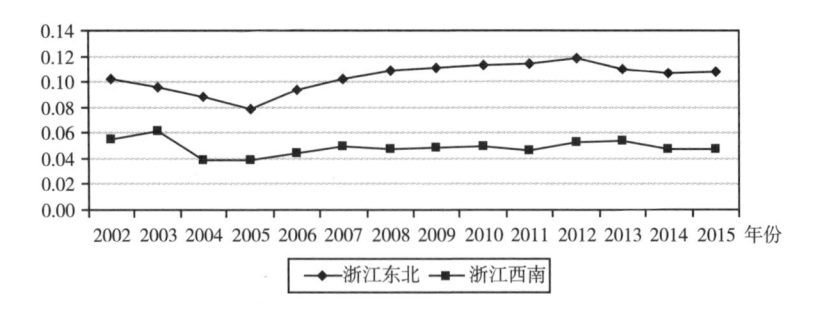

图8-4 浙江东北与浙江西南金融服务业与制造业共同集聚水平比较

8.4 浙江金融服务业与制造业共同集聚空间分异及驱动因素

8.4.1 研究方法与数据资料

8.4.1.1 共同集聚指数

学术界对于产业共同集聚测度方法并未达成相对一致的意见，本书主要参考刘志彪和郑江淮（2008）的做法，基于产业集聚的区位熵指标，采用区位熵的相对差异来测度浙江县域金融服务业与制造业的共同集聚。具体计算公式为：

$$coaggl = 1 - |maggl - faggl|/(maggl + faggl) \qquad (8-6)$$

其中，faggl 为金融服务业的区位熵，且 faggl =（县域金融业城镇单位就业人员/县域城镇单位就业人员）/（浙江省金融业城镇单位就业人员/浙江省城镇单位就业人员）；maggl 为制造业的区位熵，且 maggl =（县域制造业城镇单位就业人员/县域城镇单位就业人员）/（浙江省制造业城镇单位就业人员/浙江省城镇单位就业人员）。coaggl 数值越大，意味着浙江县域两大产业共同集聚水平越高。

8.4.1.2 核密度估计

核密度估计往往用来探究空间热点，采用空间平滑对点状数据作密度分析，鉴于此，本书拟借助核密度估计测度 2005 年、2010 年以及 2015 年的浙江 69 个县域金融业与制造业共同集聚的空间分布特征，具体计算公式为（蒋天颖，2014）：

$$f_n(x) = \frac{1}{nh}\sum_{i=1}^{n} K\left(\frac{x-x_i}{h_n}\right) \quad (8-7)$$

其中，n 为县域数量；h 为带宽；h_n 为次级带宽，即搜索半径；$K\left(\frac{x-x_i}{h_n}\right)$ 为核函数。

8.4.1.3 空间自相关

Global Moran's I 指数常常被用于测算区域某属性值的空间自相关情况，反映是否存在空间集聚特征，计算公式为（滕堂伟等，2017）：

$$I = \frac{n\sum_{i=1}^{n}\sum_{j=1}^{n}W_{ij}(x_i-\bar{x})(x_j-\bar{x})}{\sum_{i=1}^{n}\sum_{j=1}^{n}W_{ij}\sum_{i=1}^{n}(x_j-\bar{x})^2} \quad (8-8)$$

其中，n 为浙江省县域个数；x_i、x_j 分别为县域 i 和县域 j 的共同集聚度；$\bar{y}$ 为全部县域共同集聚度的平均值；W_{ij} 为空间权重矩阵，用以定义空间单元的相互临接关系。I 值越大，意味着空间自相关程度越高。

由于县域之间存在异质性，为了更好地反映在县域共同集聚的空间聚集特征，本书借助 Getis – Ord Gi * 指数测算浙江省 69 个县域产业共同集聚水平空间分布的高低值集聚情况，计算公式（徐冬冬等，2017）为：

$$G_i^*(d) = \frac{\sum_{j=1}^{n} W_{ij}(d) x_j}{\sum_{j=1}^{n} x_j} \qquad (8-9)$$

其中，x_j 为各县域共同集聚度；W_{ij} 为空间权重矩阵；n 为研究区域个数。

8.4.1.4 趋势面分析

趋势面指实际曲面的近似值，能够较好模拟地理要素在空间上分布演化态势。鉴于此，本书借助趋势面分析方法探测县域金融业与制造业共同集聚的总体空间分异趋势。假设 $Z_i(x_i, y_i)$ 为县域 i 的共同集聚水平，(x_i, y_i) 为平面空间坐标，依照定义可知：

$$Z_i(x_i, y_i) = T_i(x_i, y_i) + \varepsilon_i \qquad (8-10)$$

其中，$T_i(x_i, y_i)$ 为趋势函数，表示大范围内的趋势值；ε_i 为自相关随机干扰项，表示第 i 个县域共同集聚水平真实值与趋势值产生的误差。

8.4.1.5 空间杜宾模型

本书在考察县域金融服务业与制造业共同集聚的影响因素时，不仅考虑驱动因素对本地区产业共同集聚的影响，同时还考虑了周边县域各个因素对本地区产业共同集聚的影响，故而，本书将借助空间杜宾模型来进行实证检验，具体计量模型为：

$$y = \rho W_y + \alpha I_n + X\beta + WX_\gamma + \varepsilon, \varepsilon \sim N(0, \sigma^2 I_n) \qquad (8-11)$$

其中，y 表示被解释变量；ρ 为空间自回归系数；W 为空间权重矩阵；W_y 为被解释变量的空间滞后项；X 表示解释变量；β 为解释变量系数；WX_γ 为解释变量的空间滞后项。

8.4.1.6 数据资料

本书所有的原始资料来源于 2006~2016 年《浙江省统计年鉴》和各地市统计年鉴及统计公报，并对行政区划调整的区域做了相应的合并处理，从而保证了数据的连续性。

8.4.2 浙江县域金融服务业与制造业共同集聚空间分异特征分析

8.4.2.1 金融服务业与制造业共同集聚核密度估计

为考察浙江各县域金融服务业与制造业共同集聚的空间分布，本书采用ArcGIS 10.2中的核密度分析工具，对2005年、2010年和2015年的浙江省各县域共同集聚度的空间分异特征作可视化处理，并按自然断点法分成低值、较低值、中值、较高值和高值5个类别，绘制浙江各县域金融服务业与制造业共同集聚核密度分布（见图8-5）。

由图8-5可知，浙江各县域金融服务业与制造业共同集聚的总体空间分布无明显变化，且分布状况较为均匀，主要分布区域以浙江西部、中部及北部为主。但从核密度值及其分布来看，有着较为明显的变动。2005年，核密度中值区、较高值区及高值区数量较多，除绍兴市辖区为高值区外，杭州市辖区、宁波市辖区、湖州市辖区、嘉兴市辖区、温州市辖区、桐庐县、慈溪市、余姚市、奉化市、象山县、海盐县、上虞市、新昌县、建德市、龙游县、磐安县、仙居县、永嘉县、苍南县19个县域为较高值区，此外，处于中值区的有24个。2010年，高值区未发生变化，依然为绍兴市辖区，较高值区数量降到18个，其中，湖州市辖区、桐庐县、奉化市、象山县、海盐县、上虞市、仙居县、永嘉县共同集聚核密度值出现不同程度的下降，岱山县、嵊州市、浦江县、兰溪市、临海市、遂昌县及洞头县则上升为较高值区，此外，中值区并未发生明显变化。2015年，浙江各县域共同集聚核密度分布较2010年呈较大变化，除绍兴市辖区外，建德市及武义县由于金融服务业与制造业共同集聚水平的提升，也转变为核密度分布的高值区，较高值区数量降至14个，中值区数量也下降为15个。

8.4.2.2 金融服务业与制造业共同集聚的聚类格局

为了研究浙江县域金融服务业与制造业共同集聚指数空间集聚特征及演

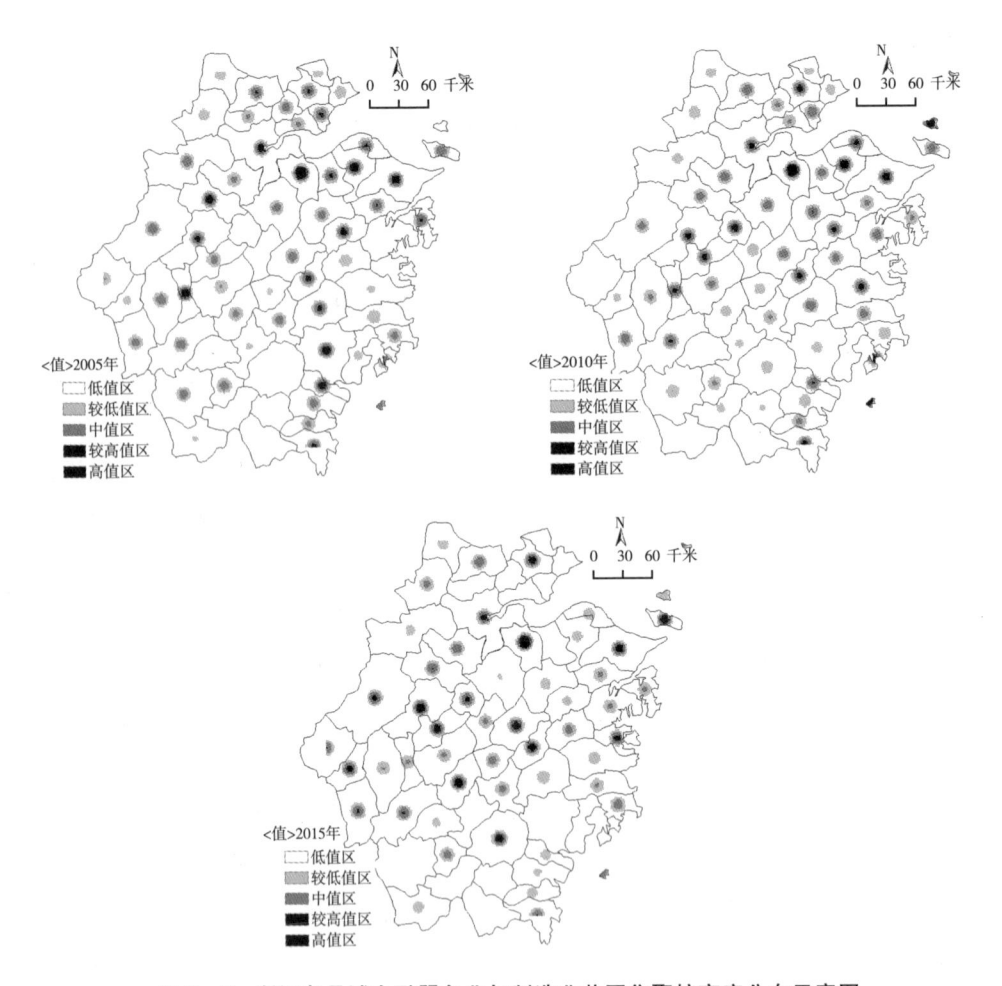

图 8-5　浙江各县域金融服务业与制造业共同集聚核密度分布示意图

化，本书通过全局自相关方法，算得浙江县域共同集聚度的全局 Moran's I 指数（见表 8-3）。由 Moran's I 指数可见，2011 年之前浙江县域金融业与制造业共同集聚度呈现出持续的空间集群现象，但从 2012 年开始这种空间集聚态势逐渐消失，且总体上呈"波浪状"演变趋势。具体地，2005~2006 年，全局 Moran's I 指数不断上升，由 0.172 上涨至研究时段内的最高值 0.238，集聚分布呈强化趋势；而后，全局 Moran's I 指数持续下降至 2009 年的 0.144，2010 年又回升至 0.183，2011 年又再次下降到 0.131，集聚程度虽然有所弱化，但依然处于较高水平；2012 年，全局 Moran's I 指数骤降至 0.039，虽然

第8章
浙江金融服务业与制造业的共同集聚研究

在 2013 年和 2014 年出现缓慢上升，但依然处于低水平，到 2015 年全局 Moran's I 指数已低至 0.021，总之，2012~2015 年 4 年间全局 Moran's I 值始终处于低值状态，说明近年来浙江金融业与制造业共同集聚度的空间自相关性越来越弱，这也意味着县域金融业与制造业的共同集聚发展逐渐从空间集群分布格局向空间均衡分布格局转变。

为了能够更为直观地显示出各县域与邻近县域制造业与金融服务业共同集聚之间的关系，本书以 2015 年为例，对浙江省各个县、市、区的共同集聚指数的局部 Moran's I 指数进行分析。图 8-6 显示了 2015 年浙江县域制造业与金融服务业共同集聚指数的局部 Moran's I 指数散点，观察散点图不难发现，各个县域共同集聚发展共存在四种空间相关模式：第一象限表示"高—高"集聚型，表明共同集聚水平较高的县域与同为较高水平县域相邻的正向空间自相关集群，或者说一个县域的共同集聚发展对周边县域具有正向带动作用，辐射（极化）效应较强，例如富阳区、建德市、桐庐县、淳安县、宁波市辖区、舟山市辖区等 19 个县、市、区；第二象限表示"低—高"集聚型，表示一个共同集聚发展水平较低的县域被较高县域包围的负向空间自相自相关集群，例如临安市、慈溪市、海宁市、桐乡市、德清县、长兴县等 19 个县、市、区；第三象限表示"低—低"集聚型，表示共同集聚发展水平较低的县域与同为水平较低县域相邻的正向空间自相关集群，即一个县域及其周边县域的共同集聚发展水平均较低，例如余姚市、温州市辖区、瑞安市、乐清市、永嘉县、平阳县等 17 个县市区；第四象限代表"高—低"集聚型，表示一个共同集聚发展水平较高的县域被较低县域包围的负向空间自相关集群，例如杭州市辖区、奉化市、洞头县、苍南县、嘉兴市辖区、湖州市辖区等 14 个县、市、区。可见，2015 年的浙江县域制造业与金融业共同集聚空间分布并未集中位于某一个象限，即共同集聚的空间分布较为均匀地分布在四个象限中，该结论与全局 Moran's I 指数是一致的，再次说明了目前浙江县域间制造业与金融服务业共同集聚不存在明显的空间自相关性。

表8-3 浙江县域金融服务业与制造业共同集聚指数全局空间自相关情况

	2005年	2006年	2007年	2008年	2009年	2010年	2011年	2012年	2013年	2014年	2015年
Moran's I	0.172	0.238	0.200	0.145	0.144	0.183	0.131	0.039	0.056	0.076	0.021
E(I)	-0.015	-0.015	-0.015	-0.015	-0.015	-0.015	-0.015	-0.015	-0.015	-0.015	-0.015
sd(I)	0.079	0.079	0.079	0.079	0.079	0.079	0.078	0.079	0.079	0.079	0.079
Z(I)	2.367	3.198	2.724	2.025	2.018	2.509	1.857	0.684	0.900	1.151	0.447
P(I)	0.018	0.001	0.006	0.043	0.044	0.012	0.063	0.494	0.368	0.250	0.655

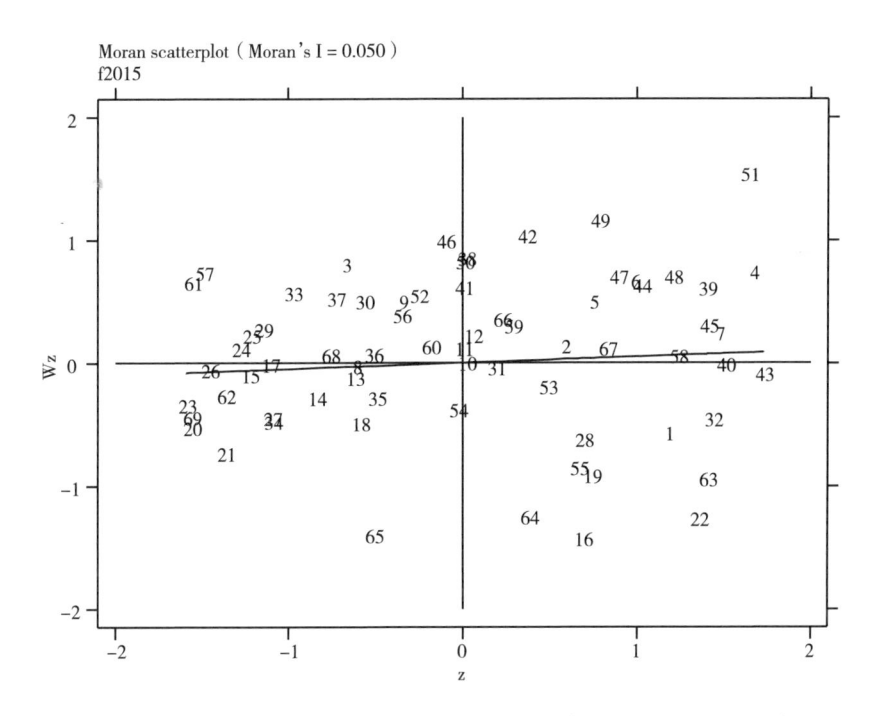

图8-6 浙江县域制造业与金融业共同集聚度的 Moran's I 指数散点

为更好地探索浙江各县域金融服务业与制造业共同集聚的空间格局,了解其高低值集聚分布情况,依据局部空间自相关方法,借助 ArcGIS 10.2 测算浙江县域金融服务业与制造业共同集聚的 Getis – Ord Gi * 值,并按自然断点法分为5级,绘制浙江各县域金融服务业与制造业共同集聚的空间冷热点分布(见图8-7)。

图8-7表明,2005~2015年浙江部分县域金融服务业与制造业共同集聚的 Gi * 值分布呈现出明显的空间冷热点分布。具体而言,2005年具有显著的高值簇与低值簇的区域共有10个,其中,宁波市辖区、余姚市及慈溪市为热点区,绍兴市辖区及上虞市为次热点区,表明以上5个县域主要位于绍甬一带,产业共同集聚程度较高,且在空间上呈高值集中;三门县、临海市、文成县、景宁县以及泰顺县5个县域为冷点区,表明这些县域未能形成良好的集聚效应。2010年,具有显著的高值簇与低值簇的区域共有19个,冷热点区数量呈现显著增加态势,其中,余姚市和慈溪市继续稳定在热点区,而宁波

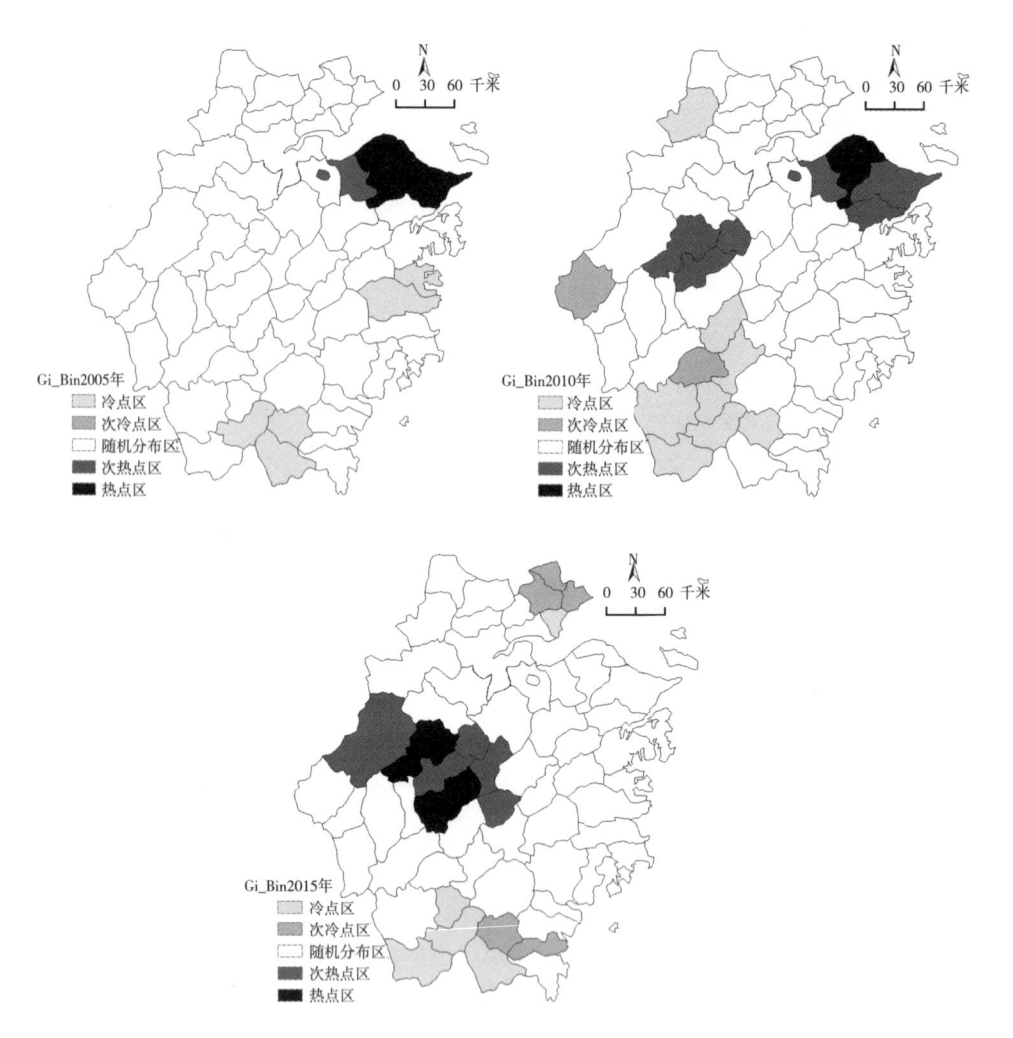

图 8-7 浙江各县域金融服务业与制造业共同集聚的空间冷热点分布示意图

市辖区、绍兴市辖区及上虞市产业共同集聚水平有所下降且对周边县域的辐射减弱，由热点区退居为次热点区，奉化市、建德市、浦江县及兰溪市4个县域异军突起，均进入到次热点区，开始带动周边县域产业共同集聚发展；与此同时，除文成县和景宁县保持冷点区不变外，其余冷点区县域变动明显，三门县、泰顺县及临海市产业共同集聚水平有所提升且对周边县域辐射逐渐消失，由冷点区进入随机分布区，开化县和松阳县由随机分布区加入次冷点区，安吉县、武义县、丽水市辖区、龙泉市、云和县及庆元县也由随机分布区加入冷点区，表明这些县域金融服务业与制造业的共同集聚趋势减弱。2015年，冷热点分布再次发生变动，宁波及绍兴一带已无集聚效应，杭州及金华一带却呈现出良好的集聚态势，具体分布在建德市、淳安县、金华市辖区、义乌市、永康市、浦江县及兰溪市7个县域，以上县域会对周边县域产业共同集聚发展起到积极的辐射作用；冷点区主要分布在嘉兴、丽水及温州一带，表明这一带的县域金融服务业与制造业共同集聚水平较低，且会对周边县域产业共同集聚发展产生不利影响。总体来看，2005~2015年浙江金融业与制造业共同集聚度热点区域出现次数不多，且分布范围由绍甬一带转移至杭金一带，冷点区则始终集中分布在浙江省南部地区，但大部分县域处于随机分布区域，表明这些县域的共同集聚度没有明显的集中分布特征。

8.4.2.3 金融服务业与制造业共同集聚的空间趋势面分析

为进一步揭示浙江县域金融服务业与制造业共同集聚的时空分异规律，采用ArcGIS 10.2中的地统计分析模块，对2005年、2010年和2015年浙江县域金融服务业与制造业共同集聚进行空间趋势面分析，并绘制出变化趋势线（见图8-8）。2005~2015年浙江县域金融服务业与制造业共同集聚水平总体呈现出"东高西低，北高南低"的分布态势，2005年、2010年空间趋势线较为平缓，说明这两个时期东西方向和南北方向没有出现强烈分异现象，但2015年空间趋势线变化较为明显，表明该时期东西方向和南北方向存在强烈分异现象。东西方向上，2005年与2010年趋势线大致呈现出由西向东逐步攀升的一条斜线，且2010年的趋势线更为陡峭，说明该时期浙江东部县域金融服务业与制造业共同集聚水平高于西部地区县域，且差距不断增大；2015年的趋势呈现"两头高，中间低"的"U"型分布，表明该时期浙江东部县域及西部县域逐渐出现极化态势，东部和西部明显高于中部。南北方向上，2005年与2010年无明显变化，趋势曲线呈由南向北微弱上升态势，而2015年趋势线北端略有下降，逐渐呈现出"北高南低"的半抛物线形状，总体上这三个时期内浙江北部县域如杭州市辖区、宁波市辖区等共同集聚水平明显高于南部县域。综上所述，浙江县域金融服务业与制造业共同集聚水平的空间指向性比较强烈，且浙江东部及北部县域金融服务业与制造业共同集聚水

177

平具有领先优势。

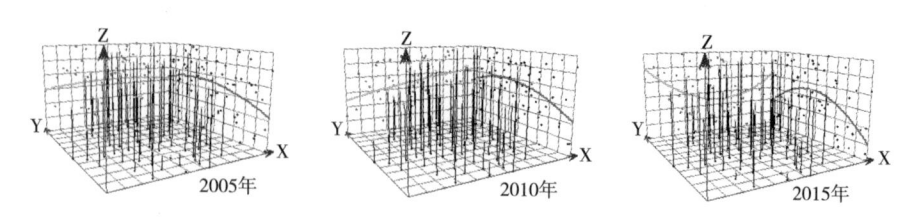

图 8-8　浙江各县域金融服务业与制造业共同集聚的空间趋势面分析

8.4.3　浙江县域金融服务业与制造业共同集聚的驱动因素

8.4.3.1　驱动因素变量及指标选取

已有研究认为，产业关联度是影响产业间共同集聚的关键驱动因素（陈国亮、陈建军，2012），同时，县域规模及知识密集度对区域产业共同集聚存在一定的影响（金晓雨，2015），此外，有文献表明，政府干预、对外开放程度以及基础设施水平对地区产业共同集聚也有显著的作用（杨仁发，2013）。因此，本书将共同集聚驱动因素归纳为产业关联度、县域规模、知识密集度、政府干预、对外开放度以及基础设施水平六个层面。(1) 产业关联度（link）将其定义为 link = (F/M) × δ，基于数据的可得性，F 代表金融服务业年末单位就业人员数；M 代表制造业年末单位就业人员数，考虑到并非所有金融服务业都是用于制造业发展的，因而设置系数 $\delta = 0.547$。金融服务业与制造业共同集聚则是由于产业之间存在关联效应，考虑到能够节约运输成本，产业间通常选择在空间上的共同集聚，因此，假设产业关联促进了产业共同集聚，预期符号为正。(2) 县域规模（us）以县域年末总人口数来衡量，一般来说，随着县域规模的增加，关联度低的制造业因集聚收益低于拥挤成本而转移出去，关联度高的制造业由于较高的集聚收益将会与生产性服务业共同集聚在县域中，因此，假设县域规模的扩大有助于实现产业共同集聚，即预期符号为正。(3) 知识密集度（kd）以每万人专利申请授权量来衡量，现有研究已证明知识外溢促进了产业间共同集聚，若想要实现彼此间的知识外溢，就需要与之相匹配的知识密集度，意味着只有在高知识密度的环境里，才能产生产业间的知识外溢，进而促进产业共同集聚，因此，假设知识密集度提高带来的知识外溢有助于产业共同集聚，即预期符号为正。（4）政府干预（gov）地方财政预算支出与国内生产总值的比值来表示，大多数地方政府更加注重工业的发展，相反，金融服务业涉及国民经济命脉，通常受到较大程度的管制，最终导致制造业集聚和金融服务业集聚呈现不对称发展，进而对产业共同集聚产生抑制作用，因此，假设政府干预与产业共同集聚呈反比关系，即预期符号为负。（5）对外开放度（open）以对外贸易出口总额与国内生产总值的比值来衡量，对外开放意味着市场的一体化，伴随一体化程度的提升（即运输成本减少），相互开放的地区将形成专业化生产，具有关联性的企业将集聚在一起，产业间共同集聚在该地区得到实现，因此，假设对外开放水平提高有助于产业共同集聚，预期符号为正。（6）基础设施水平（inf）以每万人拥有的公路里程来衡量，基础设施依赖型制造业往往是资源和原材料加工行业，对金融服务业需求相对较低，从而和金融服务业共同集聚水平较低，因此，假设基础设施水平与产业共同集聚成反比关系，预期符号为负。为了消除量纲和异方差的影响，对所有变量均作对数化处理。

8.4.3.2 实证结果分析

基于2005~2015年浙江省69个县域相关数据，通过构建空间面板杜宾模型对浙江县域金融服务业与制造业共同集聚驱动因素进行计量分析，经Hausman检验发现，无论是空间还是非空间面板模型，均应选择随机效应模型。估计结果如表8-4所示。不难看出，普通面板随机效应模型的回归系数大多数是高于空间面板杜宾模型，这意味着普通面板模型存在高估解释变量对被解释变量影响的现象，经对比判断，空间面板杜宾模型的回归系数与实际更加符合。此外，空间溢出参数 ρ 的系数显著为0.1316，说明浙江县域金融业与制造业共同集聚存在明显的空间依赖性，因此，空间面板杜宾模型比普通面板模型更为适合。

空间杜宾模型的随机效应回归结果显示，产业关联对金融业与制造业共同集聚起到显著抑制作用，这与假设不符，可能的原因是：虽然浙江省已步入工业化后期前半阶段，产业结构由第二产业为主逐步向第三产业为主转型，但浙江大部分县域经济依然以制造业为主，而生产性服务业尤其是金融服务业比重相对较低，大部分县域制造业主要是通过产业自身关联而非是与金融服务业相关联，表明产业间关联对浙江县域金融业与制造业共同集聚并未起到正向的推动作用；县域规模对产业共同集聚产生显著正向影响，符合预期假设，意味着县域金融服务业与制造业共同集聚水平会随着县域规模的扩大而不断提升，近年来，浙江省着力破除县域经济的路径依赖，加快发展城市经济和都市圈经济，这也为县域金融业与制造业共同集聚提供了有力支撑；知识密集度对产业共同集聚产生了显著负向作用，与假设不符，可能的原因为：传统制造业仍然是浙江实体经济的主体，但大部分传统制造业对高新化和智能化要求很低，导致制造业对金融服务业产生的知识溢出并不敏感，因此，大部分制造业不会选择聚集在知识密集度高的县域，而它们更加倾向于生产成本少的低知识密集度的县域；对外开放度对产业共同集聚产生显著正向作用，与预期相符，说明对外开放度的提升有助于促进金融业和制造业的发展和集聚，意味着对外开放水平越高的县域产业共同集聚水平越高，反之越低，对外开放程度的差异是导致浙江各县域产业共同集聚水平参差不齐的重要因素；基础设施水平对产业共同集聚产生显著促进作用，与预期不符，可能的原因是浙江省基础设施依赖型制造业企业大多数为中小型企业且基数较大，普遍面临"融资难、融资贵"问题，对金融服务业的需求较大，最终通过此需求来实现金融服务业与制造业的匹配；政府干预对产业共同集聚的作用方向为负，符合预期假设，但未通过显著性检验，可能与浙江各县域市场化程度较高、政府行政干预相对较少有一定关系。

表8-4　　　　　普通面板模型和空间面板杜宾模型回归结果

变量名称	普通面板随机效应		空间面板杜宾模型随机效应	
	回归系数	标准误差	回归系数	标准误差
cons	0.4295 ***	0.0416		
lnlink	-0.2663 ***	0.0194	-0.2566 ***	0.0483
lnus	0.0012 ***	0.0003	0.0013 ***	0.0003
lnkd	-0.0026 ***	0.0003	-0.0021 ***	0.0008
lngov	0.2135	0.1828	-0.0214	0.3875

续表

变量名称	普通面板随机效应		空间面板杜宾模型随机效应	
	回归系数	标准误差	回归系数	标准误差
lnopen	0.2631***	0.0480	0.1989***	0.0589
lninf	0.0012	0.0008	0.0029*	0.0016
ρ			0.1316**	0.0603

注：***、**和*分别表示回归系数在1%、5%和10%的显著性水平上显著。

为进一步揭示每个解释变量对本地区和周围地区的影响，本书还对模型的直接效应、间接效应以及总效应进行了估计（见表8-5）。直接效应结果显示，对外开放和城市规模的系数均显著为正值，说明两者对产业共同集聚水平的提升具有正向的推动作用。产业关联和知识密集度的系数均显著为负值，表明两者对产业共同集聚水平的提升产生了一定的抑制作用。综上所述，对外开放、城市规模、产业关联以及知识密集度是影响本地区产业共同集聚的主要因素。间接效应结果显示，对外开放的系数显著为正，意味着对外开放在空间上有溢出效应，会对周边县域产业共同集聚水平的提升起到促进作用。而城市规模的系数显著为负，说明本地区的城市规模大小会产生挤出效应，从而抑制周边县域共同集聚水平的提升。因此，对外开放及城市规模对周边地区产业共同集聚会产生明显影响。总效应估计结果显示，所有通过显著性检验变量的估计结果与直接效应估计结果基本保持一致。

表8-5　　　　空间面板杜宾模型的直接效应和间接效应

变量名称	直接效应		间接效应		总效应	
	回归系数	标准误差	回归系数	标准误差	回归系数	标准误差
lnlink	-0.2592***	0.0476	-0.0383	0.0437	-0.2974***	0.0661
lnus	0.0013***	0.0003	-0.0013*	0.0007	-0.0001	0.0008
lnkd	-0.0021***	0.0008	-0.0006	0.0010	-0.0027***	0.0009
lngov	-0.0108	0.3845	0.5904	0.6370	0.6011	0.4233
lnopen	0.2102***	0.0538	0.3035*	0.1610	0.5137***	0.1664
lninf	0.0028*	0.0015	-0.0031	0.0021	-0.0002	0.0014

注：***、**和*分别表示回归系数在1%、5%和10%的显著性水平上显著。

8.5　浙江金融服务业与制造业共同集聚的形成机理

作为新古典经济学的代表，马歇尔（Marshall，1920）认为产业集聚的成因主要可归纳为三个外部性，分别是熟练的劳动力市场、上下游投入产出关联以及知识溢出。Marshall 外部性理论不仅适用于单一产业间的共同集聚的解释，艾里森等（2010）通过实证分析还发现该理论同样可用于解释不同产业间的共同集聚现象。因此，本书在 Marshall 外部性理论框架下，结合浙江制造业集群的特色以及"一区域一特色"的金融产业空间布局思路，尝试对金融服务业与制造业在浙江省形成共同集聚的成因予以解释。

（1）熟练的劳动力市场。浙江作为中国以制造业集群为特色的重要省份，自然会产生大量的劳动力需求，进而会吸引众多劳动者在此集聚，形成了较为熟练的劳动力市场。虽然金融服务业与制造业的产业性质不同，前者属于第三产业，后者归属第二产业，理论上存在行业进入壁垒，但由于金融服务业作为知识密集型产业，进而需要一定的人力资本结构才能发展，而浙江省大部分县、市、区处于制造业产业链的较高位置，能够形成熟练的劳动力市场，进而满足金融服务业发展的条件，从而使金融服务业与制造业的共同集聚成为可能。

（2）上下游投入产出关联。关联产业共同集聚使得产业中相关企业在选择厂址时会考虑建在有投入产出关联的企业附近。对于金融服务业与制造业共同集聚来说，金融服务业作为制造业生产的中间投入能很大程度上解释两者在空间上的协同定位。另外，在产业转移过程中，与制造业相关的中间投入产业往往向制造业集群区靠近，从而克服距离因素，获得外部规模经济效应。对于制造业大省浙江而言，要提高制造业核心竞争力，必须有相应的金融服务规模和较高的金融服务水平来支撑，促进了该地区金融服务业与制造业的共同集聚。

（3）知识溢出。产业间的知识溢出由多种路径，对于金融服务业与制造业来说，主要体现在基于研发合作的知识溢出机制。金融服务业与制造业均属于技术密集型和知识密集型产业,若想实现两者之间的知识外溢,还需要与之相匹配的知识技术密集度,即只有在高知识技术密度的条件下,金融服务业与制造业间的知识溢出才会发生,进而有助于不同产业间的共同集聚。浙江作为中国以制造业集群为特色的重要省份,2015年为了加快金融服务业集聚又推出"一区域一特色"的金融产业空间布局思路,随着浙江知识技术密集型产业的推进力度不断加大,使得浙江在高知识密度的环境里发展,因此,知识密集度提高引起的知识外溢促进了浙江金融服务业与制造业间的共同集聚。

8.6 结论与建议

8.6.1 主要结论

本书以浙江省县域数据作为样本,基于单一产业集聚指数对浙江制造业、金融业集聚特征进行了测算与分析,此外,以浙江省69个县域作为样本,借助空间统计分析方法和空间面板杜宾模型,探究县域金融服务业和制造业共同集聚的空间格局、集聚特征及其驱动因素,得出以下结论。

(1)浙江制造业总体空间集聚程度较低,且呈斜"W"型上升趋势;浙江东北和浙江西南地区制造业都处于低度集聚水平(均小于0.02)。浙江金融服务业空间集聚前期属于低度集聚,现阶段处于中度集聚水平,且呈斜"N"型上升趋势;浙西南地区的金融服务业集聚水平都处于浙江东北地区之上。

(2)2005~2015年浙江各县域金融服务业与制造业共同集聚的总体空间分布无明显变化,且分布状况较为均匀,主要分布区域以浙江西部、中部及北部为主。但从核密度值及其空间分布来看,存在比较明显的变动,2015年核密度高值区增加了2个,较高值区数量从19个降至14个,中值区数量也从24个骤降为15个。

（3）2005~2015年浙江县域金融服务业与制造业共同集聚呈现出明显的空间冷热点分布。2005年与2010年空间热点区域主要集中在宁波及绍兴一带，冷点区域主要集中在温州及丽水一带；2015年空间热点区域主要集中在杭州及金华一带，冷点区域集中在嘉兴、温州及丽水一带。但大部分县域处于随机分布区域，表明这些县域的共同集聚度没有明显集中分布特征，其产业共同集聚呈现均衡发展态势。

（4）2005~2015年浙江县域金融服务业与制造业共同集聚总体呈现出"东高西低，北高南低"空间趋势面分布态势。在东西方向上，2005年与2010年的趋势呈现由西向东逐步攀升的一条斜线，2015年的趋势呈现"两头高，中间低"的"U"型分布；在南北方向上，2005年与2010年呈由南向北微弱上升态势，2015年呈现"北高南低"的半抛物线形状。可见，浙江县域金融服务业与制造业共同集聚水平的空间指向性比较明显，且浙江东部及北部县域为产业共同集聚发展比较突出的县域。

（5）浙江县域金融服务业与制造业共同集聚是由诸多因素综合驱动的结果，产业关联和知识密集度对本县域及所有县域的产业共同集聚起显著抑制作用，但对周边县域无显著影响；城市规模对本县域的产业共同集聚产生显著促进作用，但对周边县域产生显著抑制作用；对外开放对本县域、周边县域以及所有县域的产业共同集聚均产生显著促进作用；基础设施水平对本县域的产业共同集聚产生显著正效应，而对周边县域无显著影响。

（6）熟练的劳动力市场、上下游投入产出关联以及知识溢出同样适用于金融业与制造业共同集聚的解释，产业转移有助于这三大经济集聚因素的效应发挥，并最终促成金融业与制造业的地理集中。

8.6.2 政策建议

浙江作为中国以制造业集群为特色的重要省份，加之"一区域一特色"的金融产业空间布局的实施，这为金融业与制造业在浙江的集聚创造了有利条件。浙江省应抓住发展机遇，优化产业布局，积极引导金融服务业和制造业协同发展。基于以上分析，为了更好地促进浙江金融服务业与制造业的共同集聚及融合，本书提出以下四点建议。

（1）积极促进浙江产融结合，提高各产业增值空间。浙江省应积极加快产融结合，加速企业储蓄转为投资，进而进一步驱动区域经济增长。规模较大公司可考虑自营财务公司，金融类公司也可投资于赋有潜力的制造类企业，最终促使行业间各资本能够互相渗透，进一步拉动投资生产效率。

（2）拓宽浙江制造业产业链，扩大产业间有效需求。若想推进浙江制造业对金融业的依赖，亟须对制造业产业链予以延展，使得制造业往两头高端的研发设计、物流、营销等服务环节延伸，进而促使金融资本的加入，最终扩大了制造业对金融业的消耗需求。

（3）加快杭甬金融中心建设，发挥两极的带动作用。杭州、宁波应加速区域性金融中心建设，一方面为浙江金融产业进一步大规模集聚创造更有利机遇；另一方面又可以促进技术创新，最终为浙江产业结构升级提供重要保障。此外，一旦杭州、宁波搭建一定规模的金融高地后，将会生成较强的扩散力，"两极"也将会对其他县域的金融集聚以及产业共同集聚起到一定的拉动作用。

（4）在金融资源点上集聚的同时，注重面上均衡分布。浙江省大部分县域经济发展水平相对较低，金融产业集聚程度较低，需要配合国家及省市地方战略布局，积极引导金融资源流向经济欠发达区域，进而为当地经济发展和制造业转型升级增加驱动引擎。同时，还需注意金融资源在初次投入之后向其他区域流向状况，切实保障长期有效吸引金融资源集聚。

第 9 章
金融业与制造业共同集聚对劳动生产率的影响及空间效应

9.1 研究背景

根据新古典经济增长理论，经济体的长期增长依赖于劳动生产率的提高。中国共产党第十九次全国代表大会报告明确指出，我国经济已由高速增长阶段转为高质量发展阶段，提出了提高全要素生产率的紧迫要求。然而在经济新常态下，形成生产性服务业集聚已成为提高地区劳动生产率、促进产业结构优化升级的重要保障。在全球化和信息化发展的推动下，生产性服务业的集聚程度不断提高，在空间上与制造业集聚形成了协同发展的态势（豆建民，2016）。金融服务业作为生产性服务业的重要组成部分，制造业的转型升级和快速发展离不开其有力地支撑。那么，金融服务业与制造业共同集聚如何影响地区劳动生产率，是否存在空间溢出效应，溢出效应有多大？这一系列问题都值得深入探讨。浙江省作为中国以制造业集群为特色的重要省份，"十三五"期间加快金融服务业集聚、做强金融产业是培育经济新增长点、推动制造业转型升级的关键举措。鉴于此，基于新经济地理学理论，深入探讨浙江金融服务业与制造业共同集聚对地区劳动生产率的影响和空间溢出效应，对于推动浙江省产业间有效集聚和经济高质量发展有着重要的理论与现实意义。

在金融服务业集聚和制造业集聚的众多研究议题中，金融服务业集聚和

第9章
金融业与制造业共同集聚对劳动生产率的影响及空间效应

制造业集聚与生产率间的关系一直备受关注。伊艾瑞和摩尔（Iyare & Moore，2011）、格林伍德、桑切斯和王（Greenwood，Sanchez & Wang，2013）及陶锋、胡军、李诗田（2017）认为金融服务业集聚对本地区生产率的提高具有促进作用，徐晔、宋晓薇（2016）及初春、吴福象（2018）认为金融集聚还能产生空间溢出效应。陈柳（2010）、纳卡穆拉（Nakamura，2012）及吴明琴、童碧如（2016）认为制造业集聚通过集聚效应提高技术水平、降低企业生产成本，最终提高企业全要素生产率。但魏玮、张万里（2017）认为制造业过度集聚带来的拥挤效应会对生产率产生负向影响。随着全球化和信息化的不断深入发展，生产性服务业集聚与制造业集聚逐渐呈现出互动发展局面，两种产业间共同集聚也受到了学界重视，相关研究主要集中在共同集聚的存在性研究（吉亚辉等，2012；李宁等 2018）、共同集聚度的测度研究（张玉华等，2018）、共同集聚的差异性研究（陈娜等，2013）以及共同集聚的经济效应研究（伍先福，2017；周明生等，2018）。

综上所述，现有相关研究多是从金融服务业集聚和制造业集聚来分析单一产业集聚对地区劳动生产率的影响效应，而仅有的几篇关于多产业共同集聚与生产率关系的文献中，也都是研究整个生产性服务业与制造业共同集聚的地区经济增长效应，鲜有涉及金融服务业与制造业共同集聚影响地区劳动生产率方面的研究，且对于共同集聚的空间溢出效应研究更为少见。基于此，本书以浙江省69个县域作为研究对象，从金融服务业与制造业共同集聚的视角出发，采用空间杜宾模型研究共同集聚对地区劳动生产率的影响和空间溢出效应，以期为促进浙江产业有效集聚、推动浙江经济高质发展提供有价值的参考建议。

9.2 变量、数据及模型

9.2.1 变量选取

9.2.1.1 被解释变量

地区生产率（LP）。对于地区劳动生产率水平的测度，借鉴桑瑞聪、彭飞、熊宇（2017）的做法，本书选用平均劳动生产率替代地区劳动生产率，计算方法为地区生产总值除以全社会就业人员数量。此外，参照毛琦梁（2017）的思路，以人均 GDP 替换平均劳动生产率进行模型的稳健性检验。同时，为了检验共同集聚对制造业劳动生产率的影响，进一步计算了制造业劳动生产率，其计算方法与地区劳动生产率类似，即制造业总产值除以全社会制造业就业人员数量。

9.2.1.2 核心解释变量

共同集聚指数（COA）。学术界对于产业共同集聚测度方法并未达成相对一致的意见，本书主要参考杨仁发（2013）的做法，基于产业集聚的区位熵指标，采用区位熵的相对差异来测度浙江省县域金融服务业与制造业的共同集聚。具体计算公式为：

$$coaggl = 1 - |maggl - faggl|/(maggl + faggl) \qquad (9-1)$$

其中，faggl 为金融服务业的区位熵，且 faggl =（县域金融业城镇单位就业人员数量/县域城镇单位就业人员数量）/（浙江省金融业城镇单位就业人员数量/浙江省城镇单位就业人员数量）；maggl 为制造业的区位熵，且 maggl =（县域制造业城镇单位就业人员数量/县域城镇单位就业人员数量）/（浙江省制造业城镇单位就业人员数量/浙江省城镇单位就业人员数量）。coaggl 数值越大，意味着浙江县域两大产业共同集聚水平越高。

9.2.1.3 控制变量

考虑到地区劳动生产率是多种因素共同影响的结果，产业共同集聚只是其中的一个因素，因此，为了更加客观地揭示产业共同集聚对地区劳动生产率的贡献，基于现有研究成果（杨仁发等，2018；郑长娟等，2017），本书主要选取以下四个可能对地区劳动生产率产生影响的控制变量。政府干预（GOV）。选用地方政府财政收入占 GDP 的比重作为政府干预的代理变量。信息化水平（INF）。选用人均年末移动电话用户数量作为信息化水平的代理变量。对外开放水平（OPEN）。选用县域进出口总额占 GDP 的比重作为对外开放水平的代理变量。人力资本水平（HC）。选用县域中等职业教育学校在校学生数量占年末常住总人口数量的比重作为人力资本水平的代理变量。

9.2.2 数据资料

本书数据主要来源于2006~2016年《浙江统计年鉴》以及浙江各县市国民经济和社会发展统计公报。另外，由于缺少2006年义乌市、2013年绍兴县以及2013年上虞市相关数据，因而本书还参考了2007年《义乌市统计年鉴》以及2014年《绍兴市统计年鉴》。为避免量纲和异方差造成的干扰，本书对所有变量均作对数化处理。

9.2.3 模型设定

9.2.3.1 空间自相关

借助 Global Moran's I 指数揭示经济变量空间关联程度的整体特征，其值介于 -1~1，计算公式（蒋天颖等，2014）如下：

$$I = \frac{n\sum_{i=1}^{n}\sum_{j=1}^{n}W_{ij}(x_i - \bar{x})(x_j - \bar{x})}{\sum_{i=1}^{n}\sum_{j=1}^{n}W_{ij}\sum_{i=1}^{n}(x_j - \bar{x})^2} \qquad (9-2)$$

其中，n为县域总数；x_i、x_j分别为县域i和j的变量观测值；$\bar{x}$为全部县域变量观测值的平均值；W_{ij}为空间权重矩阵，当县域i和j相邻时W_{ij}取1，当县域i和j不相邻时W_{ij}取0。若I值显著大于0，说明县域间呈集聚分布；若I值显著小于0，说明县域间呈离散分布。I值越大，说明空间自相关度越高。

9.2.3.2 空间杜宾模型

本书在考察地区劳动生产率的影响因素时，不仅考虑驱动因素对本地区劳动生产率的影响,同时还考虑了周边地区各个因素对本地区劳动生产率的影响。因此,本书借助了空间杜宾模型来进行实证检验,具体计量模型(张廷海等,2018)如下:

$$y = \rho W_y + \alpha l_n + X\beta + WX_\gamma + \varepsilon, \varepsilon \sim N(0, \sigma^2 I_n) \quad (9-3)$$

其中,y 表示被解释变量;ρ 表示空间自回归系数;W 表示空间权重矩阵;W_y 表示被解释变量的空间滞后项;X 表示解释变量;β 表示解释变量系数;WX_γ 表示解释变量的空间滞后项。

9.2.3.3 空间效应分解

由式(9-3)可以看出,空间杜宾模型涉及被解释变量与解释变量的空间滞后项,意味着一个县域的解释变量不仅会影响本县域被解释变量,还会潜在地影响其他县域被解释变量。因此,不能直接利用回归结果去分析解释变量对被解释变量的影响。本书借鉴乌加特(Ugarte,2011)提出的空间回归模型的偏微分方法,从空间杜宾模型的总效应中划分出直接和间接效应,直接效应反映对本县域的影响,间接效应反映对其他县域的影响。为获得以上两种效应,对式(9-3)做以下变形:

$$Y = (1-\rho W)^{-1}\alpha l_n + (1-\rho W)^{-1}(X_t\beta + \theta WX_t) + (1-\rho W)^{-1}\varepsilon \quad (9-4)$$

令 $S_r(W) = V(W)(I_n\beta + W\theta_r)$,$V(W) = (I_n - \rho W)^{-1}$,得到:

$$Y = \sum_{r=1}^{k} S_r(W)x_r + V(W)l_n\alpha + V(W)\varepsilon \quad (9-5)$$

将式(9-5)转换成矩阵形式,得到:

$$\begin{bmatrix} y_1 \\ y_2 \\ \vdots \\ y_n \end{bmatrix} = \sum_{r=1}^{k} \begin{bmatrix} S_r(W)_{11} & S_r(W)_{12} & \cdots & S_r(W)_{1n} \\ S_r(W)_{21} & S_r(W)_{22} & \cdots & S_r(W)_{2n} \\ \cdots & \cdots & \cdots & \cdots \\ S_r(W)_{n1} & S_r(W)_{n2} & \cdots & S_r(W)_{nn} \end{bmatrix} \begin{bmatrix} x_{1r} \\ x_{2r} \\ \vdots \\ x_{nr} \end{bmatrix} + V(W)l_n\alpha + V(W)\varepsilon$$

$$(9-6)$$

根据式（9-6），由 y_n 对本县域的 x_{nr} 求偏导数得到直接效应，等于矩阵 $S_r(W)$ 中对角元素的平均值；由 y_n 对第 m 个县域的 x_{mr} 求偏导数得到间接效应，等于矩阵 $S_r(W)$ 中非对角元素的平均值。

9.3 浙江金融业与制造业共同集聚对劳动生产率影响的实证结果分析

9.3.1 空间自相关检验

本书采用全局 Moran 指数来揭示浙江县域服务业与制造业共同集聚度和地区劳动生产率的空间自相关性。表9-1显示了浙江2005~2015年县域金融服务业与制造业共同集聚度的 Moran 指数变动情况，表9-2显示了浙江2005~2015年县域劳动生产率的全局 Moran 指数变动情况。

从表9-1中不难发现，2005~2011年浙江县域金融服务业与制造业共同集聚度都呈现出显著的正向空间自相关性（自相关系数变动区间为0.1~0.2），意味着这7年间浙江县域两种产业共同集聚度在空间上存在明显的相关性，即浙江县域产业共同集聚度在空间上既非随机分布也非均质分布，而是受到与之邻近县域产业共同集聚度的影响，最终呈现出空间集群化特征。2012~2015年浙江县域金融服务业与制造业共同集聚度的全局 Moran 指数出现明显减小，表明2012年以来浙江县域产业共同集聚度的空间自相关性处于下降态势，各个县域受邻近县域产业共同集聚度的影响有所减弱。但总体上，2005~2015年浙江县域金融服务业与制造业共同集聚度呈现出较为显著的空间自相关性。

由表9-2可知，2005~2015年浙江县域劳动生产率的全局 Moran 指数都处于0.4以上，最高水平是2005年的0.500，所有年份的全局 Moran 指数 P 值都为0.000，即全都通过了显著性检验。这表明浙江县域劳动生产率呈显著

表9-1　2005~2015年浙江县域金融服务业与制造业共同集聚指数全局空间自相关情况

指数	2005年	2006年	2007年	2008年	2009年	2010年	2011年	2012年	2013年	2014年	2015年
Moran's I	0.172	0.238	0.200	0.145	0.144	0.183	0.131	0.039	0.056	0.076	0.021
E(I)	-0.015	-0.015	-0.015	-0.015	-0.015	-0.015	-0.015	-0.015	-0.015	-0.015	-0.015
sd(I)	0.079	0.079	0.079	0.079	0.079	0.079	0.078	0.079	0.079	0.079	0.079
Z(I)	2.367	3.198	2.724	2.025	2.018	2.509	1.857	0.684	0.900	1.151	0.447
P(I)	0.018	0.001	0.006	0.043	0.044	0.012	0.063	0.494	0.368	0.250	0.655

表9-2　2005~2015年浙江县域劳动生产率全局空间自相关情况

指数	2005年	2006年	2007年	2008年	2009年	2010年	2011年	2012年	2013年	2014年	2015年
Moran's I	0.500	0.483	0.457	0.433	0.446	0.426	0.446	0.446	0.423	0.433	0.420
E(I)	-0.015	-0.015	-0.015	-0.015	-0.015	-0.015	-0.015	-0.015	-0.015	-0.015	-0.015
sd(I)	0.077	0.078	0.077	0.077	0.077	0.076	0.077	0.078	0.077	0.078	0.078
Z(I)	6.644	6.398	6.094	5.832	5.967	5.769	5.953	5.941	5.650	5.746	5.565
P(I)	0.000	0.000	0.000	0.000	0.000	0.000	0.000	0.000	0.000	0.000	0.000

的正空间自相关性,即存在空间集聚特征,本县域与邻近县域的劳动生产率具有一定的相似性。

9.3.2 空间计量

9.3.2.1 地区劳动生产率的实证结果

由于全局空间自相关检验已揭示出浙江金融服务业与制造业共同集聚及地区劳动生产率存在较强的空间关联性,因而需建立空间计量模型。首先,因为通过 WALD 检验得出 Spatial Dubin Model 不能简化成 Spatial Lag Model 和 Spatial Error Model,所以选用空间杜宾模型;其次,通过 Hausman 检验、拟合优度和自然对数函数值等检验得出最优为双固定效应 SDM 模型。为避免传统 OLS 方法因未考虑变量内生性问题导致计量结果出现偏差的情况,本书选取最大似然估计方法(maximum likelihood estimation)估计双固定效应 SDM 模型,并借助 MATLAB R2016a 软件估计结果(见表 9-3)。由于 SDM 模型涉及解释变量和被解释变量的空间滞后项,因此,不能直接用模型估计系数表示解释变量对被解释变量的影响,需要借助偏微分方法将空间溢出效应分解成直接和间接效应,以期更加科学地衡量各因素对浙江县域劳动生产率影响的县域内和县域间溢出效应,双固定效应空间杜宾模型的效应分解如表 9-3 所示。

表 9-3　　产业共同集聚与地区劳动生产率的空间计量估计结果
——被解释变量为平均劳动生产率

变量	SDM	SDM 分解		
		直接效应	间接效应	总效应
LNCOA	0.040* (1.777)	0.043* (1.804)	-0.040 (-1.225)	0.003 (0.103)
LNGOV	0.488** (2.376)	0.367* (1.706)	1.768*** (6.036)	2.135*** (8.397)
LNINF	-0.165*** (-7.388)	-0.161*** (-6.554)	-0.035 (-1.015)	-0.196*** (-7.107)

续表

变量	SDM	SDM 分解		
		直接效应	间接效应	总效应
LNOPEN	0.038 *** (3.720)	0.036 *** (3.468)	0.021 (1.487)	0.057 *** (4.128)
LNHC	0.108 (0.072)	0.523 (0.332)	-5.916 ** (-2.189)	-5.393 ** (-2.212)
W × LNCOA	-0.036 (-0.987)			
W × LNGOV	2.147 *** (6.838)			
W × LNINF	-0.077 ** (-2.123)			
W × LNOPEN	0.034 ** (2.136)			
W × LNHC	-6.627 ** (-2.189)			
ρ	-0.236 *** (-4.999)			
R^2	0.969			

注：*** 、** 和 * 分别表示回归系数在 1%、5% 和 10% 的显著性水平上显著；括号内数值表示 T 检验统计量。

依据表 9-3 的估计结果，空间滞后回归系数 ρ 通过显著性检验，意味着产业共同集聚的空间溢出效应对地区劳动生产率具有明显作用，也进一步验证了采用空间计量模型的科学性。从直接效应来看，产业共同集聚对本县域劳动生产率的影响系数为 0.043，且通过了 10% 的显著性检验，这说明产业共同集聚对当地劳动生产率的提升具有较好的促进作用。这是由于金融服务业与制造业之间具有明显的投入产出关联，并且两个行业内部不同企业之间也具有一定的知识技术关联，因此，产业共同集聚将有助于在两大行业间生成集聚企业网络，并依赖知识溢出和技术交流促使企业平均生产成本的降低，拉动各产业生产率的提升，进而带动整个区域的产业升级和劳动生产率的提高。产业共同集聚间接效应为 -0.040，但未通过显著性检验，说明本县域金融业与制造业共同集聚对其他县域劳动生产率并未表现出明显的空间溢出效应。这表明，浙江产业共同集聚的外溢效应主要局限于各县域范围以内。

从控制变量的直接效应和间接效应来看，政府干预的直接效应显著为正。这说明政府把财政支出更多用于教育和改善基础设施等方面时，有助于推动地区技术进步，进而提升了地区劳动生产率。其间接效应为显著的正空间溢出效应，可能的原因是周边县域存在"搭便车"的行为，有效促进这些县域劳动生产率的提升。信息化水平的直接效应显著为负，可能的原因是浙江大部分县域还尚处于信息化水平较低的阶段，当前需要投入大量的人力、物力资本进行信息化建设，因此，信息化水平对本县域劳动生产率的促进作用难以实现甚至出现了副作用，信息化水平的间接效应不显著，说明信息化水平对其他县域劳动生产率的空间溢出效应并不明显。对外开放的直接效应显著为正，说明对外开放对提升县域劳动生产率具有促进作用，可能是因为贸易双方的产业关联效应及学习效应有效地促进了浙江县域资源的优化配置，进而提高地区劳动生产率，但对外开放的空间溢出效应并不显著，说明浙江县域的对外开放具有较强的空间局限性。人力资本的直接效应为0.523，但未通过显著性检验，表明人力资本未能实现对本县域劳动生产率的提升，可能的原因是浙江大部分县域人力资本资源的低配置效率不利于地区创新，这使得对劳动生产率的促进作用不能得到很好地发挥。但人力资本的空间溢出效应显著为负，说明人力资本水平高的县域对外围县域具有虹吸效应，促使周边县域的人力资源流入本县域，进而抑制了周边县域劳动生产率的提升。

9.3.2.2 制造业劳动生产率的实证结果

后文进一步对产业共同集聚与制造业劳动生产率之间的关系进行空间计量分析。经检验，双固定效应SDM模型依然为最优选择，估计结果如表9-4所示，与3.2.1小节一样，本节着重分析模型的直接效应和间接效应，以期更加科学地衡量各因素对浙江县域制造业劳动生产率影响的区域内和区域间溢出效应。

表 9-4　产业共同集聚与制造业劳动生产率的空间计量估计结果

变量	SDM	SDM 分解		
		直接效应	间接效应	总效应
LNCOA	0.093** (2.297)	0.109** (2.636)	-0.260*** (-4.523)	-0.151*** (-2.785)
LNGOV	0.414 (1.148)	0.281 (0.757)	1.843*** (3.662)	2.124*** (4.852)
LNINF	-0.185*** (-4.694)	-0.186*** (-4.495)	-0.033 (-0.563)	-0.219*** (-4.619)
LNOPEN	0.002 (0.111)	-0.001 (-0.054)	0.045* (1.770)	0.044* (1.803)
LNHC	-5.933** (-2.236)	-4.482* (-1.761)	-16.027*** (-3.423)	-20.869*** (-4.972)
W×LNCOA	-0.278*** (-4.355)			
W×LNGOV	2.197*** (3.977)			
W×LNINF	-0.084 (-1.337)			
W×LNOPEN	0.052* (1.869)			
W×LNHC	-20.042*** (-3.733)			
ρ	-0.236*** (-4.980)			
R^2	0.887			

注：***、**和*分别表示回归系数在1%、5%和10%的显著性水平上显著；括号内数值表示T检验统计量。

由表9-4可知，浙江县域金融业与制造业共同集聚对制造业劳动生产率的直接效应为0.109，且通过了5%的显著性检验，表明产业共同集聚对本县域制造业劳动生产率的提升作用较为明显。一方面，产业共同集聚区对金融机构具有强大吸引力，使得银行、证券和保险等金融机构入驻进来。高水平的专业化程度不仅提高了集聚区的金融运行效率，还增强了为制造业企业提供全方位、多层次金融服务的能力，进而促进了企业生产率的提升。另一方面，金融类企业在知识创新、科技研发等环节的先进模式和经验有效强化了制造业企业的学习模仿能力，提高了制造业企业的管理效率，进而提升了制造业劳动生产率。同时，产业共同集聚对制造业劳动生产率的间接效应为 -0.260，且通过了1%的显著性检验，说明本县域的产业共同集聚对周边县域制造业劳动生产率的提升产生抑制作用，可能是由于本县域的产业共同集聚出现过度情况，导致共同集聚的集聚效应转变成拥塞效应，此时，高效率企业因拥塞成本低于共同集聚所节省的成本而选择留在本县域，但低效率企业因拥塞成本过高而选择向外围地带或其他县域迁移，进而拉低了周边县域制造业劳动生产率水平。

控制变量方面，政府干预的直接效应并不显著，可能是由于在一定程度上政府干预扭曲了资源在不同制造业企业之间的配置，使得政府干预对本县域制造业劳动生产率的提升作用没有发挥出来，但政府干预的间接效应显著为正，可能是由于本县域的政府干预对周边县域制造业的资源配置起到了促进作用，进而驱动了周边县域制造业劳动生产率的提高。信息化水平对制造业劳动生产率的直接效应显著为负，间接效应并不显著，这与地区劳动生产率的情况保持一致。对外开放的直接效应不显著，但间接效应显著为正，说明对外开放所带来的"学习效应"和"溢出效应"未能对本县域制造业劳动生产率的提升起到显著促进作用，反而会对周边县域制造业劳动生产率产生正向作用。人力资本的直接效应显著为负，可能是由于人力资本的低配置抑制了本县域制造业劳动生产率的提升，人力资本对制造业劳动生产率的间接效应也显著为负，这与地区劳动生产率的情况一致。

9.3.2.3 稳健性检验

为了进一步检验浙江县域产业共同集聚对地区劳动生产率影响的稳健性，本书将模型的被解释变量由平均劳动生产率调整为人均GDP，估计结果如表9-5所示。稳健性检验结果表明，人均GDP对地区劳动生产率的直接效应和间接效应与之前以平均劳动生产率为被解释变量的估计结果保持一致。在控制变量方面，大部分变量直接效应和间接效应的系数方向、显著性并没有发生根本性改变，充分表明了本书研究结论是稳健可靠的。

表 9-5　产业共同集聚与地区劳动生产率的空间计量估计结果
——被解释变量为人均 GDP

变量	SDM	SDM 分解		
		直接效应	间接效应	总效应
LNCOA	0.030 ** (2.512)	0.034 *** (2.789)	-0.062 (-1.670)	-0.028 * (-1.740)
LNGOV	-0.352 *** (-3.217)	-0.422 * (-3.709)	1.046 *** (6.997)	0.624 *** (4.687)
LNINF	-0.016 (-1.379)	-0.019 (-1.578)	0.041 ** (2.319)	0.021 (1.496)
LNOPEN	0.022 *** (4.201)	0.021 *** (3.678)	0.025 *** (3.444)	0.046 *** (6.545)
LNHC	-2.501 *** (-3.195)	-2.143 ** (-2.592)	-5.110 *** (-3.592)	-7.253 *** (-5.826)
W × LNCOA	-0.065 *** (-3.438)			
W × LNGOV	1.113 *** (6.817)			
W × LNINF	0.043 ** (2.324)			
W × LNOPEN	0.034 ** (4.163)			
W × LNHC	-6.377 *** (-4.019)			
ρ	-0.236 *** (-5.081)			
R^2	0.995			

注：*** 、** 和 * 分别表示回归系数在 1%、5% 和 10% 的显著性水平上显著；括号内数值表示 T 检验统计量。

第9章
金融业与制造业共同集聚对劳动生产率的影响及空间效应

9.4 结论与建议

9.4.1 主要结论

本书将新增长理论与新经济地理理论相结合,基于2005~2015年浙江省县域面板数据,采用空间杜宾模型实证检验了金融服务业与制造业共同集聚对地区劳动生产率的影响和空间溢出效应,得到以下结论。

(1) 2005~2011年浙江县域金融服务业与制造业共同集聚度呈现出较强的空间自相关性,2012~2015年共同集聚空间自相关性有所减弱。2005~2015年浙江县域劳动生产率始终呈现出显著的正向空间自相关性。

(2) 金融服务业与制造业共同集聚对县域劳动生产率的提升呈显著促进作用,但空间溢出效应并不明显。政府干预、信息化和对外开放分别对县域劳动生产率的提升呈显著促进、抑制和促进作用,政府干预和人力资本分别呈显著正向、负向空间溢出效应。

(3) 金融服务业与制造业共同集聚对制造业劳动生产率的提升呈显著促进作用,且呈显著的负向空间溢出效应。信息化和人力资本均对制造业劳动生产率的提升呈显著抑制作用,政府干预、对外开放和人力资本分别呈显著正向、正向和负向空间溢出效应。

(4) 以人均GDP取代平均劳动生产率作为被解释变量进行稳健性检验,估计结果进一步验证了产业共同集聚对县域劳动生产率影响的稳健性。

9.4.2 政策建议

基于以上结论,为了更好地发挥金融服务业与制造业共同集聚对浙江县域劳动生产率的拉动效应,本书提出以下建议。

(1) 政府在制定和规划相关产业政策时,需考虑到不同县域的空间特征,应充分结合各县域劳动生产率和产业共同集聚的空间特征合理布局，科学利用共同集聚优势。同时，也要减少金融服务业和制造业生产要素的外流，推动县域经济的协调和可持续发展。

（2）在金融服务业与制造业共同集聚的过程中，应考虑各县域的比较优势，支持互补度和关联度高的金融机构和制造业企业共同集聚，避免简单的两者共同。适当加强普惠性金融资源在中小型制造业企业的投入，促进制造业劳动生产率和县域劳动生产率的共同提高。

（3）政府干预、信息化、对外开放和人力资本也是提高劳动生产率的关键因素。因此，地方政府应提高科学技术的财政支出，不断完善信息化基础设施，以"一带一路"为统领创建全面开放新格局，加快推进高技能人才队伍建设，为县域劳动生产率提供良好的发展环境。

第10章
浙江金融业集聚的区域经济增长效应实证

10.1 引言

围绕金融集聚对区域经济增长的影响问题,学术界作了大量研究。丁艺(2010)和李标等(2016)借助区位熵的省域数据研究金融集聚对区域经济增长的影响,发现金融集聚对我国经济增长的促进效果显著。潘辉等(2013)采用省际面板数据实证检验了全国以及东中西部三大区域金融集聚与经济增长的关系,得出金融集聚有效促进了实体经济增长。李红等(2014)选用市际面板数据,实证检验发现人力资本、金融集聚规模和金融产出密度是城市经济发展差异的主要原因。不难发现,以上文献都是以全国或者四大经济带作为研究对象。此外,在研究方法上,现有文献多使用单一指标,例如区位熵指数、泰尔指数等来衡量金融集聚度。但宗晓武(2008)认为在分析金融集聚与差异问题时有必要考虑空间溢出效应,若忽视空间溢出效应且对研究对象进行单一研究,则得到的结果不具有准确性。而安瑟兰(1995)提出的空间计量经济学方法有效地解决了这一难题,并推动了空间计量经济学在区域经济问题上的应用,同时也为本书引入空间计量经济学方法提供了思路。

本书基于以下两种考虑进行研究：（1）在金融集聚对区域经济增长影响的研究方面，国内学者们虽得出了很多富有意义的结论，但是基于省域范围、市域范围的研究居多，基于县域范围的研究较少。（2）大部分文献忽略了空间溢出效应，导致研究结果不够准确。因此，本书将从空间交互作用的角度，采用空间计量经济学方法研究金融服务业集聚对浙江69个县市经济增长的影响效应。

10.2 金融集聚对区域经济增长的影响机制

通过对相关文献的系统梳理，本书将从金融功能机制、产业调整机制和知识溢出机制三个方面就金融集聚对区域经济增长的影响机制进行阐释。

10.2.1 金融功能机制

金融功能主要分为五大类，即规避风险、信息揭示、促进公司治理、集聚储蓄和方便物品交换，金融集聚通过以上五种功能影响实体经济的发展。例如，由于市场信息不对称和昂贵的交易成本，使得企业融资贷款难，进而制约了实体企业的经营与扩建，即使企业通过某种途径可以贷款，昂贵的交易成本也打击了企业扩大生产的积极性，这种情况下，金融证券市场随之诞生，使得企业可以通过股市融资，通过期货期权市场规避远期风险，通过"新三板"市场解决中小微企业融资难问题等。股票市场中的散户投资者一般不具备风险控制的能力，因为市场的信息总是滞后的，即使是评估（评级）公司、监督机构等要想获取信息成本也很昂贵，由此，金融中介机构便随之出现，它凭借相关金融的大数据，获取市场信息，及时向投资者公布，起到了信息揭示的作用，促进了市场的健康运行。证券交易所的出现，使得大公司融资问题得到解决，降低了企业管理人员的道德风险与交易成本，提高了公司治理的能力，促进了经济增长。银行业具备吸收储蓄的资格，可以将居民手中的闲置资金集聚在一起，不但解决了居民小资金"无处可投"的困惑，而且提高了储蓄转投资的比例，扩大投资，拉动经济增长。金融服务业的出现，不仅解决了"物物交换"的烦琐手续，现如今随着信息技术和金融科技的迅速发展，涌现出日益更新的银联支付、支付宝、微信支付等电子支付，方便了贸易往来，促进了经济增长。

10.2.2 产业调整机制

金融集聚促进经济增长的产业调整机制主要通过两条路径实现：一是金融集聚可以有效快速地为产业调整提供资金需求；二是金融集聚可以促进企业创新，提升产业结构，进而优化金融生态，影响金融集聚。

一方面，金融集聚为产业调整提供资金支持。随着经济的快速发展，产业结构面临着调整，产业结构需要向更高级别的调整和优化。产业结构调整，资本集聚与转投资是关键。区域金融机构数量增加和规模的扩大，提高了金融信用，降低了交易成本，有助于提高区域金融集聚水平；区域金融集聚水平的高低直接影响该地区的储蓄额和储蓄转投资的效率，缩短转投资周期，满足了产业调整过程企业的研发费用、设备换代费用等资金需求。另外，金融集聚区内丰富的金融产品能有效地规避产业结构调整过程中企业面临的各种风险，进而提升产业结构。

另一方面，金融集聚催化产业创新。新经济增长理论学派指出，技术创新是经济增长的重要来源，企业通过创新提高生产率，降低成本，提高产品附加值，增加利润率，最终促进整个产业结构的提升。金融集聚不仅为企业创新提供资金支持，而且通过金融机构的多样化为不同类型企业的创新提供支持。例如，金融咨询公司、小额贷款公司为小微企业的创新提供了金融和智力支持，加快了产业集群的创新，从而促进了经济增长。产业结构升级也吸引更多的金融机构在区域内布局，提高了金融集聚水平。同时，产业升级过程中面临的各种风险迫使金融机构创新更多的金融产品来适应市场需求，从而优化了金融结构，促进金融集聚。

10.2.3 知识溢出机制

金融集聚的知识溢出机制是指金融知识（一般指隐性知识）通过扩散、转移等方式向其他产业流动，影响其他产业的创新能力和市场的集聚度等，进而促进企业增收，促进经济增长。金融集聚通过与实体企业的人才共享机制，促进知识的扩散，提升企业的创新能力，例如，目前越来越多的金融机构与企业的财务部门合作，联合制作财务报表，培养财务人员，这不仅让金融机构减少了道德风险的损失，而且降低了企业的成本，有助于推动企业创新。依据新制度经济学派的观点，知识是容易被模仿的，所以尽管企业短时间获得知识，但是很快就容易被其他企业模仿，企业之间的竞争增加，迫使企业要保护知识产权和努力创新。非正式网络传播认为是人与人之间的交流传播实现了知识共享。金融服务业是一个知识密集型行业，所以金融人才的素质整体相对较高，通过业务往来，金融人才与企业员工的交流实现了金融知识的共享，降低了企业的学习成本。

10.3 指标选取、数据来源与研究方法

10.3.1 指标选取

10.3.1.1 被解释变量

采用人均地区生产总值（PGDP）来衡量地区的经济增长情况，计算公式为：人均地区生产总值＝地区生产总值/年平均常住人口。

10.3.1.2 解释变量

核心解释变量：采用区位熵指标（LQ）测度浙江县域金融服务业的集聚

程度。区位熵是度量产业专业化的关键指标，可用来表征县域金融资源的丰富程度以及县域金融部门的专业化程度。计算公式为：

$$LQ = (E_{ij}/E_i)/(E_{kj}/E_k) \tag{10-1}$$

其中，E_{ij}表示区域 i 中的 j 金融机构年末贷款余额；E_i表示区域 i 中的总人口数；E_{kj}表示国家或省域内 j 金融机构年末贷款余额；E_k表示国家或省域 k 的总人口数。判定准则为：区位熵值越大，则意味着该区域的金融集聚度越高，反之越低。一般意义上，若 LQ 值大于 1，则反映某产业在此区域较为重要。

消费需求、投资需求和外部需求被并称为"三大需求"，即拉动经济增长的"三驾马车"。因此，本书选取的控制变量主要有固定资产投资（INV）、社会消费品零售总额（CON）及出口商品总额（EX）。

10.3.2 数据来源

本书选取 2005~2015 年浙江 69 个县域各变量的年度数据，数据来源于浙江省各年统计年鉴、各地市统计年鉴及各地市国民经济和社会发展统计公报。为了消除异方差和量纲的影响，在建模过程中对所有变量进行取对数化处理。各指标的描述性统计结果如表 10-1 所示。

表 10-1　　　　　　　　　指标变量描述性统计

变量	样本数	平均值	标准差	最小值	最大值
PGDP	759	2.355395	0.063106	2.152235	2.505967
LQ	759	-1.32251	0.918103	-3.91202	1.071584
INV	759	4.683103	1.072199	1.69562	8.37723
CON	759	4.352706	1.141266	1.4884	8.30202
EX	759	11.19426	1.778538	5.7589	15.395

10.3.3 研究方法

面板数据有信息量大、包含更多的变化以及变量之间共线性较弱的特点，使用面板数据会获得更高的自由度,从而可增加参数估计的有效性。由于每个时间断面的县域之间金融集聚度存在空间自相关性(空间依赖),可以在普通面板数据模型的基础上,通过融入空间和时间效应的空间面板计量模型探讨各选定因素对县域金融服务业集聚度时空格局变化的影响。空间面板计量模型有两种主要基本形式,分别是空间滞后模型(spatial lag model,SLM)、空间误差模型(spatial error model,SEM),并且这两种模型分别对应不同的空间交互效应的设定方式。

(1)空间滞后模型(SLM)。如果空间交互效应或空间自相关性来源于区域间贸易、劳动力、资本、技术和知识流动等实质的相关性,可以通过加入因变量的空间滞后因子进行分析,即:

$$y_{it} = \delta \sum_{j=1}^{n} w_{ij} y_{jt} + \beta x_{it} + \mu_i + \lambda_t + \varepsilon_{it}, \varepsilon_{it} \sim i.i.d(0, \delta^2) \quad (10-2)$$

其中,i 表示截面维,i = 1, 2, …, N;t 表示时间维,t = 1, 2, …, T;δ 是空间自回归系数;y_{it} 表示被解释变量在第 i 个截面单元第 t 时期的观测值;x_{it} 是 k 维行向量,表示 k 个解释变量在第 i 个截面单元第 t 时期的观测值;β 是 k 维列向量,表示相应解释变量的系数;μ_i 表示空间固定效应,其控制了所有空间固定且不随时间变化的变量;λ_t 则表示时间固定效应,其控制了所有时间固定且不随空间变化的变量;w_{ij} 是空间权重矩阵 W 中的一个元素。

(2)空间误差模型(SEM)。在模型设定过程中,很可能会遗漏一些与被解释变量有关的变量(变量具有隐蔽性或无法准确量化),而这些变量存在空间自相关性,同时区域间可能存在随机误差冲击空间溢出效应,例如,某一空间单元的要素波动会通过空间传导机制波及其他地区。因此,在某些情况下忽略误差的空间自相关性也会造成模型设定的偏误,即:

$$y_{it} = \beta x_{it} + \mu_i + \lambda_t + \varphi_{it}, \varphi_{it} = \rho \sum_{j=1}^{n} w_{ij} \varphi_{jt} + \varepsilon_{it}, \varepsilon_{it} \sim i.i.d(0, \delta^2)$$

$$(10-3)$$

其中,φ_{it} 表示空间自相关误差项;ρ 表示误差项的空间自相关系数。

第 10 章
浙江金融业集聚的区域经济增长效应实证

10.4 浙江金融业集聚的区域经济增长效应空间计量分析

10.4.1 空间计量分析

10.4.1.1 空间自相关检验

需要对所选取的所有变量进行空间自相关性的检验。检验结果如表 10-2 所示。

表 10-2　　浙江 69 个县域各经济变量的 Moran's I 指数

年份	Moran's I 指数				
	PGDP	LQ	INV	CON	EX
2005	0.628 ***	0.207 ***	0.512 ***	0.437 ***	0.587 ***
2006	0.636 ***	0.187 **	0.496 ***	0.44 ***	0.592 ***
2007	0.637 ***	0.241 ***	0.479 ***	0.442 ***	0.593 ***
2008	0.641 ***	0.243 ***	0.515 ***	0.445 ***	0.583 ***
2009	0.658 ***	0.277 ***	0.528 ***	0.444 ***	0.549 ***
2010	0.649 ***	0.158 **	0.552 ***	0.438 ***	0.595 ***
2011	0.632 ***	0.287 ***	0.521 ***	0.44 ***	0.588 ***
2012	0.656 ***	0.318 ***	0.543 ***	0.441 ***	0.581 ***
2013	0.662 ***	0.347 ***	0.532 ***	0.426 ***	0.572 ***
2014	0.655 ***	0.373 ***	0.534 ***	0.425 ***	0.536 ***
2015	0.677 ***	0.369 ***	0.506 ***	0.407 ***	0.548 ***

注：*、**、*** 分别表示通过 10%、5%、1% 显著性检验。

根据表 10-2 中各变量的空间自相关性检验结果，可以对浙江省目前经济活动的空间自相关性有比较客观的了解，其结果显示如下。

（1）浙江省经济发展程度指标空间关联的显著性水平较高，均全部通过显著性水平为 1% 的显著性检验，说明浙江省经济发展水平存在较为明显的空间依赖性。同时根据其指数数值大小，发现其空间自相关程度基本上呈逐年上升的趋势，即这种空间依赖性逐年增强。

（2）浙江省金融集聚程度指标空间关联的显著性水平也较高，除了2006年和2010年是通过5%的显著性检验，其余年份全部通过显著性水平为1%的显著性检验，表示浙江省金融集聚程度空间依赖性较为明显，空间依赖性总体呈上升趋势。

（3）浙江省固定资产投资指标空间关联的显著性也较高，均通过了显著性水平为1%的显著性检验，说明其空间自相关性也较为明显。同时随着年份的增长，Moran's I 指数有所变化，且呈先升后降趋势。

（4）浙江省社会消费指标在2005~2015年的Moran's I 指数均通过了显著性水平为1%的显著性检验，说明其空间自相关性也较为明显。

（5）浙江省出口指标在2005~2015年的Moran's I 指数均通过了显著性水平为1%的显著性检验，且指数值均在0.5以上，说明其空间自相关性非常明显。

（6）综合观察各个经济变量，整体存在较强的空间自相关性，反映经济发展程度的变量和反映金融集聚程度的变量空间自相关性均为显著，可以进一步对其进行空间计量经济的建模分析，并探讨金融集聚对经济增长的作用机制。

10.4.1.2 空间面板数据建模分析

本书将采用固定效应模型作为面板数据模型，主要基于以下考虑：（1）随机效应模型假定个体效应与模型中的解释变量不相关，而固定效应模型假定个体效应与解释变量相关。显然，对于本书研究问题来说，后者的假定更为适合。（2）随机效应模型认为个体效应的差异与个体的特征不存在内在联系，即这种差异可能是随机产生的，而固定效应模型反映个体效应的差异与个体特征存在内在联系，也就是说该个体效应是固定的，后者情形更适合于本书。

为突出空间因素的作用，本书建立了三个模型——普通固定效应模型（FE）、SLM模型和SEM模型。其中，SLM和SEM模型均选择空间固定效应模型进行回归。回归结果如表10-3所示。

表 10-3　普通面板模型回归结果与 SEM 模型、SLM 模型回归结果

变量	普通固定效应	SEM 空间固定效应	SLM 空间固定效应
LQ	0.0348343 ***	0.012275 **	0.0140534 ***
INV	0.0069941 ***	0.0120759 ***	0.0069483 **
CON	0.0193308 ***	0.0054884	0.0056879 *
EX	0.0043608 ***	-0.0008556	0.002526
ρ			0.5625463 ***
λ		0.918879 ***	
R^2	0.7344	0.9324	0.9667
Log L		2745.6733	2843.4222

注：*、**、*** 分别表示通过 10%、5%、1% 显著性检验。

首先，比较固定效应面板估计结果和空间面板回归估计结果空间回归模型采用了极大似然（ML）估计法，并通过空间依赖性检验发现，SLM 模型和 SEM 模型的拟合优度检验值 R^2 均高于固定效应面板模型。另外，SLM 模型中空间滞后回归系数为正值，且达到了 1% 的显著性水平，表明邻近地区产业结构对本地区产业结构有同向的促进作用，而 SEM 中空间误差回归系数也为正值，也达到了 1% 的显著性水平，表明一个地区的产业结构不仅受到本地区相关变量的影响，还受到邻近地区相关变量的影响，这说明空间因素的确在发生作用。

其次，比较 SLM 模型和 SEM 模型常见的选择标准有拟合优度 R^2、自然对数似然函数值（LOG-L）、似然比率（LR）、赤池信息准则（AIC）、施瓦茨准则（SC）和拉格朗日乘子等。这里我们采用自然对数似然函数值准则进行选择，该值越大，模型拟合效果越好。从表 10-3 给出的具体估计结果来看，在两种模型中，空间固定效应 SLM 模型估计结果的 LOG-L 似然值优于其他空间面板模型，因此，本书进一步关注 SLM 模型的估计结果并在此基础上进行分析。

10.4.2　实证结果分析

由空间滞后面板数据模型估计结果发现，模型的空间滞后项 ρ 系数显著

为 0.5625，表明浙江县域的经济增长和其相邻地区呈正相关关系，即一个地区的经济增长会由于相邻地区经济的增长而增长。由此可知，一个地区的金融集聚会产生向外溢出作用，这是因为当金融聚集产生，金融机构的竞争增强，导致金融机构的利润下降，使得金融机构向外转移，从而形成金融周边溢出。

表示金融集聚度的区位熵系数符号为正，县域金融集聚度每增长 1%，将会带来区域经济 0.0141% 的增长，这表明了对于浙江县域来说，金融集聚对区域经济增长有着积极的正向作用，且也能反映出浙江县域经济增长速度的不同有可能是金融集聚度的差异导致的。金融行业作为现代市场经济的核心，能够通过引导市场资金的流动和优化资金配置，起到联通、协调、支撑不同产业和区域发展的重要作用，多样化、多层次的金融产品和金融服务，是供给侧结构性改革背景下区域经济转型升级的重要支撑。近年来，浙江县域经济快速发展，取决于金融业对于浙江经济的支持，例如，以杭州为代表的金融科技、宁波为代表的保险创新、温州为代表的民间金融、台州为代表的小微金融、丽水为代表的农村金融、湖州衢州为代表的绿色金融走在全国前列，为地方经济发展贡献了巨大力量，未来的发展同样取决于金融支持是否有力、是否强大。浙江省充分发挥杭州等移动支付之城、网商银行等互联网金融、泰隆银行等小微金融、温州民商银行等民营金融、玉皇山南基金小镇等金融特色小镇、宁波国家保险综合创新试点等诸多优势，探索建设"无现金浙江"，加快建设集网络金融安全中心、网络金融产业中心、移动支付中心、保险创新中心于一体的新兴金融中心，将浙江省打造成新经济大省。

再观察影响浙江省县域经济增长的其他控制变量，固定资产投资、社会消费品零售总额及出口商品总额的系数均为正，这与浙江省县域经济发展的现实情况相符。其中，固定资产投资系数显著，对于浙江县域来说，固定资产投资每增加 1%，浙江县域人均 GDP 会增加 0.0069%；社会消费品零售总额系数显著，说明社会消费品零售总额每增加 1%，浙江县域人均 GDP 会增加 0.0057%，出口商品总额系数并不显著，可能的原因是浙江省县域的出口贸易并没有有效地转化为产出。

第 10 章
浙江金融业集聚的区域经济增长效应实证

10.5 结论与建议

10.5.1 主要结论

通过上述分析，本章得到以下初步结论。

(1) 基于金融功能机制、产业调整机制和知识溢出机制，对金融集聚区域经济增长效应的影响机制进行分析，发现金融集聚通过规避风险、信息揭示、促进公司治理、集聚储蓄和方便物品交换这五大功能影响实体经济的发展；金融集聚促进经济增长的产业调整主要通过两条路径实现，一条路径是金融集聚可以有效快速地为产业调整提供资金需求；另一条路径是金融集聚可以促进企业创新，提升产业结构；金融集聚的知识溢出机制是指金融知识通过扩散、转移等方式向其他产业流动，影响其他产业的创新能力和市场的集聚度等，进而促进企业增收，推动经济增长。

(2) 通过变量的空间自相关性检验发现，浙江省的经济发展程度指标显著性水平较高，均全部通过显著性水平为1%的显著性检验，说明浙江省经济发展水平存在较为明显的空间依赖性，且呈逐年增强的趋势；浙江省金融集聚程度指标显著性水平也较高，除了2006年和2010年是通过5%的显著性检验，其余年份全部通过显著性水平为1%的显著性检验，表示浙江省金融集聚程度空间依赖性较为明显；控制变量方面，固定资产投资、社会消费及出口贸易均通过了显著性水平为1%的显著性检验，说明其空间自相关性也较为明显。

(3) 由空间滞后面板数据模型估计结果发现，金融集聚度的区位熵系数符号为正，县域金融集聚度每增长1%，将会带来区域经济0.0141%的增长，这表明对于浙江县域来说，金融集聚对区域经济增长有着积极的正向作用，反映出浙江县域金融集聚度的差异也是导致区域经济增长差距的因素。其他控制变量方面，固定资产投资、社会消费品零售总额及出口商品总额的系数均为正，这与浙江省县域经济发展的现实情况相符。

10.5.2 政策建议

基于上述分析结论，结合浙江省金融服务业发展实际，提出以下政策建议。

（1）重视区域经济增长与金融集聚的互动。金融集聚会对一个地区的经济增长起到强有力的推动作用，相应地，一个地区的经济发展水平也会影响金融集聚的程度，因此，应重视区域经济增长与金融集聚的互动。

（2）着力发展金融企业，繁荣金融活动。经济落后的地市要缩小与经济发达地市之间的差距，应该发展金融企业、繁荣金融活动，更加注重推动金融集聚，促进金融业的进一步发展。为此，迫切需要地方政府全面打造区域性金融中心，以促进金融产业集聚发展为出发点，进一步增强金融业对经济发展的渗透力和支撑力。

（3）充分利用相邻地市的相互支持，推动金融集聚。加强金融发达地区的区域辐射力度。由于金融集聚会产生外溢效应，所以应加强金融发展较好的地区，例如杭州、宁波的辐射作用，把杭州和宁波当作两个"龙头"来抓，实现同城化、一体化发展，建设引领全省经济发展和辐射带动周边地区的经济高地。

（4）坚持区域经济开放发展。应坚持区域协同、开放发展，建立县域间经济增长共同体、金融业发展共同体、金融集聚共同体。发展过程中，不仅要注重省内各县域间的经济开放，也要推动地市间、省域间乃至国别间的经济开放。

第 11 章
发达地区县域金融集聚的产业结构升级效应

党的十九大报告指出,中国特色社会主义进入新时代,社会主要矛盾已转变为人民日益增长的美好生活需要与不平衡、不充分的发展之间的矛盾。从产业结构的角度来看,这一矛盾主要体现在服务业、特别是现代服务业与制造业发展之间。金融是现代经济的核心,解决产业结构"不平衡、不充分"以促进优化升级问题离不开金融体系的支持。在我国产业结构服务化和经济金融化加速的背景之下,金融集聚作为范围经济、规模经济和区域专业化分工的全新演绎,俨然已成为区域产业结构调整和经济持续增长的主要力量和集中体现(于斌斌,2017)。现实中,北京、上海、深圳等城市,正是通过提高金融集聚程度、深化金融改革内涵呈现出产业结构升级的良好局面,成为推进经济健康良性发展的典型案例。而作为"一带一路"重要节点城市和长三角南翼经济中心,宁波市具有区位、港口、产业和开放四大优势。因此,充分发挥金融集聚效应、有效提升金融资源配置效率,建构与经济发展水平相适配的金融服务体系,进而驱动产业结构升级,是当前宁波亟须考虑并解决的关键问题。

11.1 研究基础

金融集聚与产业结构升级的因果及数量关系一直备受国内外学者们的关注。20世纪70年代初,国外学者就进行了积极的探讨。1974年,金德尔伯格基于马歇尔的"产业集聚"理论研究发现,金融机构在运营过程中具有向特定地理空间集中的趋势,这种趋势不仅能产生外部规模经济效应,还可以帮助金融业主体提高资金周转频率、提升业务发展速率,进而促进区域产业结构升级;2001年,青木昌彦(2001)通过研究日本、德国金融体系的运行机制及模式,发现以银行业金融机构为主导的金融业发展战略在地区产业结构升级过程中占有举足轻重的作用;此后,部分学者进一步研究了金融市场、金融结构对产业结构升级的影响(Cetorelli,2006;Antzoulatos,2011;Gjelsvik,2017)。国内学者关于金融集聚对产业结构升级的效应研究起步相对较晚,他们从技术创新、资源配置、要素集聚等方面分析了金融集聚对产业结构升级的作用机理(顾海峰,2010;孙根紧,2015;张红伟等,2016;侯丁等,2017);还有部分学者以某一省份或某一区域作为研究对象,通过实证分析均验证了金融集聚对产业结构升级具有正向作用(郑开焰等,2015;成学真等,2016;王曼怡等,2016;白江等,2017)。

上述研究成果基本上都支持了金融集聚对产业结构升级的促进作用,但现有研究仍有不足:(1)在研究尺度上,基于省域尺度研究区域、市域尺度研究省域的居多,而基于县域尺度研究市域的较少;(2)在研究方法上,基本上都是采用静态面板数据模型,而对于考虑了被解释变量滞后效应的动态面板数据模型则较少采用。为此,本书基于县域面板数据,实证考察宁波金融集聚对产业结构升级的影响效应,并将传统的静态面板模型与动态面板模型结合起来进行研究,以期对金融集聚的产业结构升级效应进行整体把握。

11.2 金融集聚影响产业结构优化升级的内在机制

金融集聚实现金融主体间基础设施共建与信息共享,并利用区域内金融资源的持续流动与合理配置驱动产业结构升级和经济增长,最终生成集聚效应。现从资本形成机制、资本导向机制、产业整合机制以及风险防范机制四个方面对金融集聚效应进行剖析(王曼怡等,2016),以期更好地揭示金融集聚影响产业结构升级的内在机制。

11.2.1 资本形成机制

金融机构以及金融资源的集聚为产业结构升级提供了稳定的资金来源。宁波地区占据优越的地理条件,也得到了国家政策的优惠支持,金融集聚程度不断增强,集聚区内完善的金融服务体系与高效的支付体系对企业周转资金额起到了良好的节约效果,且在一定程度上减少了产业结构升级过程当中的资金约束。因此,金融集聚区内的金融机构凭借自身区位优势,有效增强了融资的深度。此外,金融集聚有力克服了单个储蓄账户集中储蓄所带来的交易成本和信息不对称问题,并依赖完善的融资制度对社会资金的导向影响改善资本的供给和配置,进而为产业结构优化升级提供大量的需求资金。

11.2.2 资本导向机制

金融集聚可以提升产业结构升级中的资源配置效率。产业结构优化的目标是实现其高级化与合理化,高效便利的网络结构缩减了信息交流成本,实现了信息资源共享,从产业的收益情况、竞争状况及发展前景等方面综合考虑,将对优质产业予以资本供给,最终驱动资本从低流动性的产业移至高流动性的产业,进而强化资源配置,推动产业结构升级。

11.2.3 产业整合机制

金融集聚能带来主导产业和新兴产业的集聚并促进产业整合。宁波围绕其"名城名都"的发展目标，必定存在主导产业和新兴产业的更替。伴随着金融集聚程度的不断提升，完善的金融体系进一步加快了产业整合，驱动了产业结构的优化升级。在集聚效应的催生下，主导产业可以高效吸收创新成果，并产生示范效应，借助产业链的发展拉动关联产业发展，促进产业整合；资本市场利用其对新兴产业的引导功能，驱使资源向优势产业集聚，实现资源的合理配置，推动产业结构升级。

11.2.4 风险防范机制

信息不对称及交易成本等问题在金融交易中是不可避免的，金融机构集聚度越高，金融市场越发达，金融风险越容易规避。金融集聚升至一定水平，各金融机构间为谋利竞相出卖不完全市场交易信息，导致交易成本下降，进而减少了各类金融风险的发生，并促进经济发展。金融资源的集聚能够驱动科技进步，企业获利后继续推动科技创新，又将带来收益。因此，宁波必须借助政策引领或直接投资来优化金融系统，有效规避与分散金融风险，确保产业结构平稳升级。

11.3 变量、数据及模型

11.3.1 变量设计

11.3.1.1 被解释变量

产业结构升级（Uis）。为充分体现产业结构升级的内涵，参照徐敏等

(2015)、卓乘风等（2018）的做法，将第一、第二、第三产业均引入指标测度中，构造产业结构升级指数，其计算公式为：

$$Uis = \sum_{i=1}^{3} y_i \times i, 1 \leqslant Uis \leqslant 3 \qquad (11-1)$$

其中，i=1,2,3，分别代表第一、第二、第三产业；y_i 表示第 i 产业产值占总产值的比重。Uis 数值越大，意味着产业结构升级水平越高。

11.3.1.2 核心解释变量

金融集聚（Fag）。国内学者通常采用区位熵作为金融集聚度衡量指标（仲深等，2018；刘颜等，2017），但区位熵主要用于测度地区产业的专业化程度，而产业集聚的本质是同一产业在某个特定地理区域内集群发展，意味着这一区域单位面积上的企业数越来越多，产值规模越来越大，产业集聚度越来越高。由此看来，区位熵并不是衡量产业集聚的最佳指标。因此，为了更好地体现金融集聚的本质特征，现引入产值密度熵以真实反映各县域的金融集聚度，计算公式为（尹福禄等，2018）：

$$Fag_{it} = (F_{it}/S_i)/(F_t/S) \qquad (11-2)$$

其中，Fag_{it} 表示县域 i 在时间 t 的金融集聚度；F_{it} 表示县域 i 在时间 t 的金融业增加值；S_i 表示县域 i 的行政区面积；F 表示所有县域在时间 t 的金融业增加值之和；S 表示所有县域的行政区面积之和。DQ_{it} 数值越大，意味着金融集聚度越高。预期金融集聚对产业结构升级的影响为正。

11.3.1.3 控制变量

考虑到地区产业结构升级是多种因素共同影响的结果，为了更加客观地揭示区域金融集聚对产业结构升级的贡献，基于现有研究成果，本书主要选取5个可能对产业结构升级产生影响的控制变量：（1）经济发展水平（Pgdp），借鉴文献仲深等（2018）的做法，选用人均GDP作为代理变量，预期符号为正；（2）信息化水平（Inf），借鉴张林（2018）的做法，基于县域数据的可得性，选用人均年末移动电话用户数作为代理变量，预期符号为正；

(3) 人力资本水平 (Edu)，借鉴于斌斌 (2017) 的做法，选用学校专任教师数与在校学生数的比值作为代理变量，预期符号为正；(4) 政府干预水平 (Gov)，借鉴焦勇等 (2017) 的做法，选用地方政府财政收入占 GDP 的比重作为代理变量，预期符号为正；(5) 对外开放水平 (Open)，借鉴徐春华等 (2013) 的做法，选用地区进出口总额占 GDP 的比重作为代理变量，预期符号为正。为消除量纲和异方差的影响，对所有变量均作对数化处理。

11.3.2 数据来源

本书研究时段为 2003~2016 年，为了保证数据的连续性，以 2015 年的宁波市行政区划为准，将宁波县域单元设为 6 个：1 个中心城区，包括江北、江东、鄞州、海曙、镇海、北仑 6 个区；2 个县，即象山县和宁海县；3 个县级市，即余姚市、慈溪市和奉化市。样本数据主要来源于 2004~2017 年的《宁波统计年鉴》《浙江统计年鉴》。另外，因上述资料部分数据缺漏，还参考了各县域相应年份的国民经济和社会发展统计公报。数据的描述统计如表 11-1 所示。

表 11-1　　　　面板数据描述性统计（样本数 = 84）

变量	均值	标准差	最大值	最小值
lnUis	0.829	0.0384	0.9133	0.7299
lnFag	-0.7766	0.9851	1.1002	-1.9119
lnPgdp	10.9387	0.5738	12.2607	9.7524
lnInf	0.1081	0.5594	1.0434	-2.0857
lnEdu	-2.9407	0.2084	-2.6145	-3.9444
lnGov	-1.8698	0.3128	-1.0933	-2.5838
lnOpen	-0.6784	0.2976	0.057	-1.2848

11.3.3 模型设定

11.3.3.1 静态面板模型设定

参照张超等 (2018) 的做法，将静态面板模型设定为：

第11章 发达地区县域金融集聚的产业结构升级效应

$$\ln Uis_{it} = \beta_0 + \beta_1 \ln Fag_{it} + \gamma \ln X_{it} + \eta_i + \delta_t + \upsilon_{it}\ (t=1,\cdots,T)(i=1,\cdots,N) \tag{11-3}$$

其中，$\ln Uis_{it}$ 为 i 县域在 t 期的产业结构升级指数；β_1 为金融集聚（$\ln Fag_{it}$）待估系数；γ 为控制变量 X_{it} 待估系数；η_i 代表无法观测的个体效应；δ_t 代表无法观测的时间效应；υ_{it} 为独立同分布的经典误差项。

11.3.3.2 动态面板模型设定

白积洋（2017）验证了产业结构升级是一个动态调整过程，在设定模型时有必要考虑其滞后效应，因此，基于静态面板模型，纳入产业结构升级的滞后一期作为解释变量，建立动态面板数据模型如下：

$$\ln Uis_{it} = \beta_0 + \alpha \ln Uis_{it-1} + \beta_1 \ln Fag_{it} + \gamma \ln X_{it} + \eta_i + \delta_t + \upsilon_{it}$$
$$(t=1,\cdots,T)(i=1,\cdots,N) \tag{11-4}$$

其中，$\ln Uis_{it-1}$ 为产业结构升级滞后项；α 表示其回归系数，其他变量与参数与静态面板模型的解释一致。

11.4 县域金融集聚的产业结构升级效应实证结果分析

11.4.1 面板数据的单位根检验

为防止虚假回归情况出现，有必要对数据进行单位根检验。面板数据平稳性检验方法划为两大类：一类是具有相同单位根条件下的检验，主要有LLC检验和Breitung检验；另一类则是具有不同单位根条件下的检验，主要有IPS检验、ADF－Fisher检验以及PP－Fisher检验。为了充分证明面板数据的平稳性，将同时采用以上五种方法进行检验，结果如表11－2所示。观察结果发现，变量 lnUis、lnInf、lnEdu、lnOpen 以及 lnGov 都通过了五种单位根检验，说明这些变量具有良好的平稳性；尽管变量 lnFag 和 lnPgdp 没通过 Breitung 检验，但也通过了其他四种检验，也能够说明这两个变量同样属于平稳序列。综上所述，本书所选用的面板数据均满足平稳性要求，因此，可以构建面板数据模型进行回归分析。

表 11-2　　　　　　　　　　面板数据单位根检验结果

变量	同质面板单位根检验		异质面板单位根检验		
	LLC 检验	Breitung 检验	IPS 检验	ADF – Fisher 检验	PP – Fisher 检验
lnUis	-3.3688 *** (I)	-1.6308 * (I&T)	-1.5798 * (I)	18.8961 * (I)	19.3849 * (I)
lnFag	-1.8417 * (I&T)	2.0883 (I&T)	-5.5051 *** (I)	43.5480 *** (I&T)	50.3375 *** (I)
lnPgdp	-8.7337 *** (I)	7.2193 (I&T)	-3.4007 *** (I)	35.5158 *** (I)	52.7402 *** (I)
lnInf	-4.3289 *** (I)	-5.0585 *** (I&T)	-1.7625 ** (I)	19.7789 * (I)	19.7522 * (I)
lnEdu	-22.3919 *** (I)	-1.4872 * (I&T)	-20.8784 *** (I)	52.1137 *** (I)	84.7673 *** (I)
lnGov	-9.5725 *** (I)	-1.6028 * (I&T)	-3.6662 *** (I)	34.0175 *** (I)	36.3027 *** (I&T)
lnOpen	-1.3281 * (I)	-3.5257 *** (I&T)	-1.3107 (I)	23.9962 ** (I&T)	51.8010 *** (I&T)

注：***、**和*分别表示在1%、5%和10%的显著性水平上显著；I&T 表示既有截距又有趋势的检验模式；I 表示仅有截距项的检验模式。

11.4.2　静态面板模型估计

静态面板数据回归模型主要包括混合 OLS、固定效应以及随机效应模型，需对这些模型进行识别检验以确定最优模型。通过 F 检验法对固定效应与混合 OLS 模型进行识别，检验结果显示，固定效应模型优于混合 OLS 模型；通过 Hausman 检验法进一步对固定效应模型与随机效应模型进行筛选，结果显示，固定效应模型依然优于随机效应模型。因此，本书将对固定效应模型估计结果进行分析，结果如表 11-3 所示。

第11章 发达地区县域金融集聚的产业结构升级效应

表 11-3　　　　　　　　　静态面板模型估计结果

解释变量	混合 OLS 回归 系数	t 统计量	固定效应回归 系数	t 统计量	随机效应回归 系数	z 统计量
lnFag	0.0026	0.29	0.0292***	3.02	0.0168***	2.85
lnPgdp	0.0238**	2.93	0.0212***	3.59	0.0222***	3.93
lnInf	-0.0135***	-3.78**	-0.0117***	-3.15	-0.0116***	-3.22
lnEdu	0.0107	1.30	0.0197**	2.63	0.0179**	2.48
lnGov	0.0579***	4.21	0.0445***	5.08	0.0444***	5.32
lnOpen	0.0414	1.88	0.0128*	1.74	0.0142*	4.11
常数项	0.7397***	6.06	0.7715***	8.75	0.7461***	8.96
R^2	0.7035		0.8185		0.8140	
F 检验	F = 24.35, P = 0.00					
Hausman 检验	chi2 = 121.75, P = 0.00					

注：***、**和*分别表示回归系数在1%、5%和10%的显著性水平上显著。

由表 11-3 可以看出，金融集聚回归系数为 0.0292，在 1% 水平上显著。这意味着宁波县域金融集聚水平的提升对当地产业结构升级起到明显的促进作用，与预期吻合。近年来，宁波市加快完善金融机构体系，探索构建金融市场体系，初步形成了银行、证券、期货、保险、信托及互联网金融等种类齐全的机构体系和特色市场体系，各类金融机构加快集聚。截至 2017 年底，宁波市共有各类金融机构 325 家，其中，银行业金融机构 63 家，证券期货机构 203 家，保险机构 59 家。宁波金融业服务地方经济的水平和能力日益增强，通过创新投融资机制，加大信贷资金投放力度，基本满足了轨道交通、高速公路、棚户区改造、水利设施等重点领域、重大项目的资金需求；通过上市融资、发行债券、项目贷款、并购贷款、产业基金、私募投资等方式，支持新材料、物流、汽车制造等一批重大产业项目和杭州湾新区、梅山国际物流产业集聚区等产业园区建设，有力促进了宁波产业结构调整和转型升级。

控制变量方面，经济发展水平回归系数为 0.0212，且通过了 1% 的显著性检验，说明经济发展水平的提高有效促进了宁波产业结构升级，与预期吻合；近年来，宁波市积极引领经济发展新常态，实现了经济稳定增长，经济质量不断提升，为地区产业结构调整提供了重要推动力。信息化水平回归系

数为 -0.0117，且通过了 1% 的显著性检验，说明信息化水平对宁波产业产业结构升级存在一定的抑制作用，与预期不符；可能的原因是，目前宁波市有超过 12 万家的工业企业，这些企业在制造业转型升级方面对信息化需求旺盛，虽然宁波在信息化和工业化深度融合方面有了一定的成绩，但"两化"融合的运行效率和外部效应未能得到有效发挥。人力资本回归系数为 0.0197，且通过了 5% 的显著性检验，说明人力资本对宁波产业结构起促进作用，与预期吻合；据统计，"十二五"期间，在宁波各类高端人才的共同努力下，专利申请数和授权数分别突破 5.8 万件和 4.6 万件，高新技术企业累计达 1519 家，人才贡献率达到 37%，为宁波经济的发展和产业转型升级作出了巨大贡献。政府干预回归系数为 0.0445，且通过了 1% 的显著性检验，说明政府干预确实有利于产业结构升级的发展，与预期相符；近年来，宁波各级政府贯彻落实创新驱动发展、"中国制造 2025""互联网 +"等国家战略，不断顺应产业发展的客观规律，推动地方产业结构由"一、二、三型"向"三、二、一型"转变。对外开放回归系数为 0.0128，且通过了 10% 的显著性检验，说明对外开放对宁波产业结构升级具有一定促进作用，与预期吻合；近年来，宁波积极建设"一带一路"倡议支点城市，港口经济圈纳入长江经济带规划和长三角城市群发展规划，据统计，2016 年宁波市进出口总额超 6000 亿元，是 2003 年的 4 倍，开放型经济发展水平不断提升为宁波产业结构升级提供了有力支撑。

11.4.3 动态面板模型估计

被解释变量滞后项作为解释变量被纳入模型中，将会带来内生性问题，采用 GMM 法能够消除该问题。动态面板模型常用的估计方法包括差分 GMM 法和系统 GMM 法，因此，分别利用这两种方法对动态面板模型进行估计。此外，两种 GMM 法都可分为一步和两步估计，但考虑一步估计会受异方差的干扰，本书利用两步差分 GMM 和两步系统 GMM 进行估计，结果如表 11 - 4 所示。观察后发现，两种方法都通过序列自相关检验，说明本书所构建的动态面板模型合理；两种方法也都通过了 Sargan 检验，说明不存在工具变量过度识别现象。综上所述,系统 GMM 法与差分 GMM 法的估计结果都有效。通过比较发现,两种方法的估计结果基本相同,因此,本书以系统 GMM 法作为代表模型,对其估计结果进行分析。

表 11-4　　　　　　　　　动态面板模型估计结果

变量	两步差分 GMM 系数	z 统计量	两步系统 GMM 系数	z 统计量
L. lnUis	0.6488 ***	3.86	0.6032 ***	3.70
lnFag	0.3236 ***	4.54	0.4665 ***	4.76
lnPgdp	-0.0317	-0.91	-0.0409	-1.10
lnInf	-0.0235 ***	-4.04	-0.0274 ***	-3.82
lnEdu	-0.5643 ***	-3.55	-0.6418 ***	-3.62
lnGov	0.0811 ***	5.57	0.0523 ***	3.58
lnOpen	0.0749 ***	2.69	0.1752 ***	3.60
常数项	0.2940 **	2.10	0.3317 **	2.44
AR (1) 检验 p 值	0.1556		0.1566	
AR (2) 检验 p 值	0.2945		0.2947	
Sargan 检验	chi2 = 5.1526, p = 0.9236		chi2 = 5.1605, p = 1.0000	

注：*** 、** 和 * 分别表示回归系数在 1%、5% 和 10% 的显著性水平上显著。

从系统 GMM 参数估计结果中不难发现,本书所关注的核心解释变量金融集聚回归系数在动态面板模型中依然显著为正,金融集聚促进了宁波产业结构的优化升级,这也进一步证实了静态面板数据模型估计结果的稳健性。此外,产业结构升级的滞后项回归系数在 1% 的水平下显著为正,一方面证实了采用动态面板数据模型估计的必要性;另一方面说明产业结构升级存在明显的调整惯性。而此惯性具有双面性,意味着对于产业结构升级水平较高的地区来说,调整惯性有利于产业结构优化升级;而对于产业结构升级水平较低的地区来说,该惯性就会妨碍产业结构的进一步调整。由此看来,产业结构升级俨然是一个极其复杂的难题,今后应该更加注重区域金融功能布局的设计以及金融集聚差异的辨识,充分发挥金融集聚对宁波产业结构升级的促进作用。

值得注意的是,在动态面板数据模型中,因产业结构升级滞后项的加入,导致经济发展水平变量的显著性以及人力资本变量的作用方向发生变化,可能的原因是产业结构升级惯性的干扰,这两个变量对产业结构升级的影响已体现在其滞后项里。

11.5 结论与建议

11.5.1 主要结论

本书分析了金融集聚促进产业结构升级的理论机理,并采用宁波2003~2016年县域面板数据,从静态和动态两个视角实证检验了金融集聚对宁波产业结构升级的影响效应:(1)静态面板数据模型估计结果中,宁波金融集聚能显著促进产业结构升级,控制变量方面,经济发展、人力资本、政府干预以及对外开放均对产业结构升级起正向作用,而信息化水平会对产业结构升级产生一定的抑制效应;(2)动态面板模型估计结果中,宁波金融集聚对产业结构升级依然起促进作用,较好地验证了静态面板模型估计结果的稳健性,控制变量方面,经济发展水平变量的显著性以及人力资本变量的作用方向因产业结构升级滞后项的加入而发生变化,其余变量作用方向及显著性与静态面板模型结果一致;(3)产业结构升级存在明显的调整惯性,而此惯性具有双面性,产业结构升级水平较高的地区调整惯性有利于产业结构优化升级,而产业结构升级水平较低的地区,该惯性会妨碍产业结构的进一步调整。

11.5.2 政策建议

基于上述结论,只有进一步提高宁波金融集聚水平,才能更好地发挥产业结构升级效应。

(1)改善金融生态环境,加快金融集聚发展。宁波应以提高金融集聚度为目标,不断优化金融生态环境,为金融集聚创造良好外部条件。第一,营造良好诚信文化，加快建设社会信用体系，整合宁波市现有各种信息平台，不断推进政府、行业信用信息系统建设并实现信息互联互通，逐步建立全社会信用等基础数据统一平台。第二，完善金融监管体系，强化中央和地方金融监管协作，进一步厘清两级管理职责定位，加大政策配合和风险防控力度，建立健全信息沟通和协调保障机制。

（2）发展新兴金融业态，培育互联网金融集聚区。依托宁波市信息技术产业发达、互联网资源丰富和金融创新活跃的优势，应着力推动金融和互联网融合发展，鼓励传统金融机构借助互联网技术研发新产品和提供新服务，实现传统金融业转型升级。支持持牌类金融机构向互联网金融拓展转型，规范发展第三方支付、网络融资等互联网金融业态。积极招引电商金融、金融大数据采集加工等机构落户宁波，快速搭建量化金融服务平台，培育和发展互联网金融集聚区。

（3）对接上海国际金融中心，提升金融市场能级。应积极争取中国（上海）自由贸易试验区金融创新服务和产品向宁波复制推广。第一，争取上海自贸区金融创新向宁波辐射，获取在开展人民币境外投融资方面的政策支持，鼓励在甬金融机构积极开展金融创新业务，逐步增强宁波金融产业竞争力。第二，对接上海金融市场发展，承接上海金融交易平台溢出效应，引导相关机构进入宁波金融市场进行投资交易活动，丰富宁波金融市场品种，不断提升市场规模和能级。

（4）优化金融空间布局，实现区域金融协调发展。按照建设区域性金融中心的发展定位，立足宁波金融机构集聚要求，基于开放式、集约式、内涵式的发展模式和形态，突破地理边界，依据严控增量、盘活存量的原则，将强化核心、突显特色、协同发展作为导向，促成"一核三带多点"的金融产业布局，明晰不同地区金融发展定位，完善金融功能布局，驱动金融与产业融合发展。

参 考 文 献

[1] 白积洋. 财政政策如何影响产业结构升级——基于广东省21个地市级的动态面板数据的实证分析 [J]. 财政科学, 2017 (1): 125-141.

[2] 白江, 王洪时, 马丽娟. 金融集聚对东北地区产业结构影响研究 [J]. 哈尔滨商业大学学报 (社会科学版), 2017 (4): 101-108.

[3] 白禹扬. 城市金融服务业集聚对居民收入差距影响研究 [D]. 哈尔滨工业大学, 2015.

[4] 毕斗斗, 方远平, BrysonJohn, 谢蔓, 唐瑶. 中国生产性服务业发展水平的时空差异及其影响因素——基于省域的空间计量分析 [J]. 经济地理, 2015, 35 (8): 104-113.

[5] 陈保启, 李为人. 生产性服务业的发展与我国经济增长方式的转变 [J]. 中国社会科学院研究生院学报, 2006 (11): 86-90.

[6] 陈栋. 生产性服务业与浙江制造业互动发展的思考 [J], 当代经济管理, 2006 (12): 55-56.

[7] 陈国亮, 陈建军. 产业关联、空间地理与二三产业共同集聚——来自中国212个城市的经验考察 [J]. 管理世界, 2012 (4): 82-100.

[8] 陈国权, 于洋. 服务业非集聚化的县政体制影响——基于浙江的研究 [J]. 公共管理学报, 2013, 10 (3): 22-28, 138.

[9] 陈建军, 陈国亮, 黄洁. 新经济地理学视角下的生产性服务业集聚及其影响因素研究 [J]. 管理世界, 2009 (4): 83-95.

[10] 陈建军, 陈国亮. 集聚视角下的服务业发展与区位选择: 一个最新研究综述 [J]. 浙江大学学报 (人文社会科学版), 2009, 39 (5): 129-137.

［11］陈立泰，张祖妞．服务业集聚与区域经济增长的实证研究［J］．山西财经大学学报，2010，32（10）：65－71．

［12］陈利华．国外典型产业集群生产性服务业发展经验［J］．浙江经济，2006（15）：15－17．

［13］陈柳．中国制造业产业集聚与全要素生产率增长［J］．山西财经大学学报，2010，32（12）：60－66．

［14］陈娜，顾乃华．我国生产性服务业与制造业空间分布协同效应研究［J］．产经评论，2013，4（5）：35－45．

［15］成春林，华桂宏．金融集聚影响因素的县域分析——基于2002－2011年江苏64个县市的实证研究［J］．江苏社会科学，2013（6）：238－243．

［16］程大中，陈宪．构筑生产性服务的比较优势：中国生产性服务业的发展与开放［J］．上海经济研究，2001（12）：21－30．

［17］程大中，陈宪．上海生产性服务业与消费者服务互动发展的实证研究［J］．上海经济研究，2006（1）：40－49．

［18］程大中．生产者服务论——兼论中国服务业发展与开放［M］．上海：文匯出版社，2006．

［19］程大中．中国生产者服务业的增长、结构变化及其影响——基于投入产出法的分析［J］．财贸经济，2006（10）：45－52，96－97．

［20］程新华．大珠三角地区金融集聚的实证研究［D］．暨南大学，2010．

［21］成学真，岳松毅．西北五省区金融集聚与产业结构升级关系的实证研究［J］．西北师大学报（社会科学版），2016，53（6）：41－47．

［22］成学真，岳松毅．西北五省区金融集聚与区域经济增长的耦合匹配研究［J］．兰州学刊，2017（1）：199－208．

［23］初春，吴福象．金融集聚、空间溢出与区域经济增长——基于中国31个省域空间面板数据的研究［J］．经济问题探索，2018（10）：79－86．

［24］邓秀丽．北京市金融服务业空间格局及其演变研究［D］．首都师范大学，2012．

[25] 丁艺，李靖霞，李林．金融集聚与区域经济增长——基于省际数据的实证分析［J］．保险研究，2010（2）：20-30．

[26] 丁艺．金融集聚与区域经济增长的理论及实证研究［D］．湖南大学，2010．

[27] 豆建民，刘叶．生产性服务业与制造业协同集聚是否能促进经济增长——基于中国285个地级市的面板数据［J］．现代财经（天津财经大学学报），2016，36（4）：92-102．

[28] 樊春，等．知识密集型服务企业与制造企业互动创新绩效影响因素的实证研究［J］．技术经济，2010（10）：34-37．

[29] 范晓霞，刘静玉．河南省生产性服务业集聚水平时空特征研究．河南大学学报（自然科学版），2016（1）：9-19．

[30] 方远平，毕斗斗，谢蔓，林彰平．知识密集型服务业空间关联特征及其动力机制分析——基于广东省21个地级市的实证［J］．地理科学，2014（10）：1193-1201．

[31] 方远平，谢蔓，林彰平．信息技术对服务业创新影响的空间计量分析［J］．地理学报，2013（68）6：1119-1130．

[32] 菲利普·科特勒，等著，俞利军，译．专业服务营销［M］．北京：中信出版社，2003．

[33] 冯华，孙蔚然．服务业发展评价指标体系与中国各省区发展水平研究［J］．东岳论丛，2010（12）：5-9．

[34] 冯晓春．金融集聚问题研究［D］．首都经济贸易大学，2010．

[35] 付双双．金融产业集聚机制的理论与实证研究［D］．苏州大学，2008．

[36] 高传胜，汪德华，李善同．经济服务化的世界趋势与中国悖论：基于WDI数据的现代实证研究［J］．财贸经济，2008（3）：110-116．

[37] 高峰，刘志彪．产业协同集聚：长三角经验及对京津唐产业发展战略的启示［J］．河北学刊，2008，28（1）：142-146．

[38] 高朋．金融集聚影响因素研究［D］．西南财经大学，2013．

[39] 高新才，牛丽娟．金融集聚与产业结构升级关系的实证研究——以

甘肃省为例 [J]. 兰州学刊, 2014 (11): 185-189.

[40] 顾海峰. 技术创新视角下产业结构高级化的金融支持机理研究 [J]. 软科学, 2010, 24 (1): 17-20.

[41] 顾乃华, 毕斗斗, 任旺兵. 生产性服务业与制造业互动发展: 文献综述 [J]. 经济学家, 2006 (6): 35-41.

[42] 管驰明、孙超玲. 新时期服务业集聚研究——机理、影响及发展规划 [M]. 南京: 东南大学出版社, 2013.

[43] 郝俊卿, 曹明明, 王雁林. 关中城市群产业集聚的空间演变及效应分析——以制造业为例 [J]. 人文地理, 2013 (3): 96-100.

[44] 何宜庆, 吕弦. 我国东中部地区城市群金融集聚辐射分析 [J]. 生态经济, 2015, 31 (5): 45-48, 145.

[45] 洪开荣, 肖谋琅. 产业空间集聚的理论发展 [J]. 湖南财经高等专科学校学报, 2006 (2): 44-46.

[46] 侯丁, 郭彬. 要素集聚下金融发展与产业结构升级的非线性关系 [J]. 管理现代化, 2017, 37 (5): 5-8.

[47] 胡霞. 产业特性与中国城市服务业集聚程度实证分析 [J]. 财贸经济, 2009 (2): 58-64.

[48] 黄德春, 徐慎晖. 新常态下长江经济带的金融集聚对经济增长的影响研究——基于市级面板数据的空间计量分析 [J]. 经济问题探索, 2016 (10): 160-167.

[49] 黄解宇, 杨再斌. 金融集聚论: 金融中心形成的理论与实践解析 [M]. 中国社会科学出版社, 2006.

[50] 黄娟. 我国地级市知识密集型服务业集聚水平及影响因素研究 [D]. 湖南大学, 2011.

[51] 黄维兵. 现代服务经济理论与中国服务业发展 [M]. 成都: 西南财经大学出版社, 2003.

[52] 黄永兴, 徐鹏, 孙彦骊. 金融集聚影响因素及其溢出效应——基于长三角的实证分析 [J]. 投资研究, 2011, 30 (8): 111-119.

[53] 吉亚辉, 李岩, 苏晓晨. 我国生产性服务业与制造业的相关性研

究——基于产业集聚的分析 [J]. 软科学, 2012, 26 (3): 15-19.

[54] 江金启, 陈婧文, 张锦梅. 现代产业集聚理论研究及其重要启示 [J]. 沈阳农业大学学报 (社会科学版), 2015, 17 (5): 513-516.

[55] 姜树博. 金融资源: 理论与经验研究 [D]. 辽宁大学, 2009.

[56] 姜长云. 促进我国生产性服务业发展的对策选择 [J]. 经济与管理研究, 2007 (5): 34.

[57] 蒋天颖. 浙江省区域创新产出空间分异特征及成因 [J]. 地理研究, 2014, 33 (10): 1825-1836.

[58] 蒋天颖. 我国区域创新差异时空格局演化及其影响因素分析 [J]. 经济地理, 2013 (6): 22-29.

[59] 蒋天颖, 华明浩, 张一青. 县域经济差异总体特征与空间格局演化研究——以浙江为实证 [J]. 经济地理, 2014, 34 (1): 35-41.

[60] 焦勇, 杨蕙馨. 政府干预、两化融合与产业结构变迁——基于2003-2014年省际面板数据的分析 [J]. 经济管理, 2017, 39 (6): 6-19.

[61] 金德水. 浙江加快发展装备制造业的思路 [J]. 政策瞭望, 2008 (5): 18-22.

[62] 金荣学, 卢忠宝. 我国服务业集聚度的测度、地区差异与影响因素研究 [J]. 财政研究, 2010 (10): 41-45.

[63] 金晓雨. 城市规模、产业关联与共同集聚——基于制造业与生产性服务业产业关联和空间互动两个维度 [J]. 产经评论, 2015, 6 (6): 35-46.

[64] 柯培钦, 陆玉麒. 长三角地区城市服务业发展水平及空间演化研究 [J]. 江苏商论, 2009 (6): 56-59.

[65] 李标, 宋长旭, 吴贾. 创新驱动下金融集聚与区域经济增长 [J]. 财经科学, 2016 (1): 88-99.

[66] 李丁, 冶小梅, 汪胜兰, 陈强. 基于ESDA-GIS的县域经济空间差异演化及驱动力分析 [J]. 经济地理, 2013 (5): 32-36, 23.

[67] 李冠霖. 第三产业投入产出分析——从投入产出的角度看第三产业的产业关联与产业波及特性 [M]. 北京: 中国物价出版社, 2002.

[68] 李红, 王彦晓. 金融集聚、空间溢出与城市经济增长——基于中国286

个城市空间面板杜宾模型的经验研究 [J]. 国际金融研究, 2014 (2): 89-96.

[69] 李红梅. 论生产服务业发展中的政府角色 [J]. 统计研究, 2012 (8): 63-66.

[70] 李佳洺, 张文忠, 李业锦等. 基于微观企业数据的产业空间集聚特征分析——以杭州市区为例. 地理研究, 2016, 34 (1): 95-107.

[71] 李杰. 金融产业集聚: 研究综述 [J]. 金融经济, 2010, (8): 94-97.

[72] 李静, 白江. 我国地区金融集聚水平的测度 [J]. 求是学刊, 2014, 41 (4): 52-58.

[73] 李敬, 陈澍, 万广华, 付陈梅. 中国区域经济增长的空间关联及其解释——基于网络分析方法 [J]. 经济研究, 2014, 49 (11): 4-16.

[74] 李林, 丁艺, 刘志华. 金融集聚对区域经济增长溢出作用的空间计量分析 [J]. 金融研究, 2011 (5): 113-123.

[75] 李宁, 王玉婧, 韩同银. 生产性服务业与制造业协同发展机理研究——基于产业、空间、企业活动多维视角 [J]. 技术经济与管理研究, 2018 (7): 124-128.

[76] 李文秀, 谭力文. 服务业集聚的二维评价模型及实证研究——以美国服务业为例 [J]. 中国工业经济, 2008 (4): 55-63.

[77] 李仙娥, 刘光星. 国内外产业集聚理论研究现状评述 [J]. 生产力研究, 2010, (5): 249-251.

[78] 李小建. 金融地理学理论视角及中国金融地理研究 [J]. 经济地理, 2006, (5): 721-725, 730.

[79] 李燕, 贺灿飞. 1998-2009年珠江三角洲制造业空间转移特征及其机制 [J]. 地理科学进展, 2013 (5): 777-787.

[80] 李延军, 史笑迎, 李海月. 京津冀区域金融集聚对经济增长的空间溢出效应研究 [J]. 经济与管理, 2018, 32 (1): 21-26.

[81] 李正辉, 蒋赞. 基于省域面板数据模型的金融集聚影响因素研究 [J]. 财经理论与实践, 2012, 33 (4): 12-16.

[82] 李志锋. 基于金融资源视角的房地产金融理论框架研究 [D]. 山西财经大学, 2015.

[83] 梁琳. 金融服务业集聚机制的研究综述 [J]. 管理观察, 2016, (4): 163-165.

[84] 梁微微. 我国金融集聚的区域差异及影响因素研究 [D]. 西南大学, 2014.

[85] 廖菲. 上海市金融服务业空间结构研究 [D]. 华东师范大学, 2015.

[86] 刘辉, 申玉铭, 邓秀丽. 北京金融服务业空间格局及模式研究 [J]. 人文地理, 2013, 28 (5): 61-68, 93.

[87] 刘继国, 赵一婷. 制造业中间投入服务化趋势分析 [J]. 经济与管理, 2006 (9), P11-12.

[88] 刘乃全, 叶菁文. 产业集聚与空间集聚的协调发展研究 [J]. 当代经济管理, 2011 (7): 52-59

[89] 刘沛, 黎齐. 金融集聚对产业结构提升的空间外溢效应研究——以广东省为例 [J]. 科技管理研究, 2014, (10): 187-201.

[90] 刘书翰, 宋明月. 生产性服务业的发展与经济增长实证研究——以山东省为例 [J]. 工业技术经济, 2007 (10): 72-75.

[91] 刘小军. 知识密集型服务活动外包动因的内部化理论视角 [J]. 学术月刊, 2008 (4): 12-14.

[92] 刘颜, 邓若冰. 金融集聚对房地产价格的影响——基于静态与动态面板数据的估计 [J]. 经济问题探索, 2017 (9): 126-134.

[93] 刘志彪, 郑江淮等. 服务业驱动长三角 [M]. 中国人民大学出版社, 2008.

[94] 刘志彪, 发展现代生产者服务业与调整优化制造业结构 [J], 南京大学学报, 2006 (5): 36-44.

[95] 路江涌, 陶志刚. 中国制造业区域聚集及国际比较 [J]. 经济研究, 2006 (3): 103-114.

[96] 吕政, 刘勇, 王钦. 中国生产性服务业发展的战略选择——基于产业互动的研究视角 [J]. 中国工业经济, 2006 (8): 5-12.

[97] 吕拉昌, 阎小培. 服务业地理学的几个基本理论问题 [J]. 经济地

理，2005（1）：117-125.

［98］吕弦．我国东、中部地区城市群金融集聚（辐射）效应实证研究［D］．南昌大学，2015.

［99］吕政、刘勇、王钦，中国生产性服务业发展的战略选择：给予产业互动的视角［J］．中国工业经济，2006（8）：5-12.

［100］马国霞，石敏俊，李娜．中国制造业产业间集聚度及产业间集聚机制［J］．管理世界，2007（8）：58-65.

［101］马林，研发产业初论［M］．北京科学技术出版社，2005（7）.

［102］马毅．金融服务业驱动产业集群创新的研究［J］．经济问题探索，2012，（1）：81-84.

［103］毛琦梁．异质性、基础设施与地区生产率——基于中国地级地区空间杜宾模型的实证研究［J］．现代经济探讨，2017（11）：102-110.

［104］孟斌，王劲峰，张文忠等．空间分析方法的中国区域差异研究［J］．地理科学，2005，25（4）：393-400.

［105］孟庆亮．服务外包国际化的经济学解释［J］．国际经济合作，2008（1）：92-94.

［106］苗春阳．制造业与生产性服务业互动发展模式创新［J］．现代经济探讨，2007（4）：59-61.

［107］倪蔚颖．服务业集聚水平评价指标体系研究：浙江实证［J］．浙江树人大学学报（人文社会科学版），2013，13（3）：37-41.

［108］欧向军等．区域城市化水平综合测度及其理想动力分析［J］．地理研究，2008（5）：993-1002.

［109］潘辉，冉光和，张冰，等．金融集聚与实体经济增长关系的区域差异研究［J］．经济问题探索，2013（5）：102-107.

［110］潘文卿．中国的区域关联与经济增长的空间溢出效应［J］．经济研究，2012，47（1）：54-65.

［111］裴长洪．中国经济转型升级与服务业发展［J］．财经问题研究，2012（8）：3-9.

［112］青木昌彦．比较制度分析［M］．上海：上海远东出版社，2001.

[113] 丘灵, 方创琳. 生产性服务业空间集聚与城市发展研究 [J]. 经济地理, 2012 (11): 76-80.

[114] 屈单婷. 基于自组织理论的金融服务业集群形成与发展研究 [D]. 江西师范大学, 2015.

[115] 任英华, 邱碧槐, 王耀中. 服务业集聚现象测度模型及其应用 [J]. 数理统计与管理, 2011, 30 (6): 1089-1096.

[116] 任英华, 王婷婷. 熊建练. KIBS 发展影响因素——基于空间面板数据模型 [J]. 技术经济. 2013 (32) 3: 46-50.

[117] 任英华, 徐玲, 游万海. 金融集聚影响因素空间计量模型及其应用 [J]. 数量经济技术经济研究, 2010, 27 (5): 104-115.

[118] 桑瑞聪, 彭飞, 熊宇. 服务业 FDI、产业共同集聚与地区生产率 [J]. 现代经济探讨, 2017 (6): 56-63.

[119] 申玉铭, 邱灵. 中国服务业空间差异的影响因素与空间分异特征 [J]. 地理研究. 2007. 26 (6): 1255-1264.

[120] 申玉铭. 中国生产性服务业产业关联效应分析 [J]. 地理学报, 2007 (8): 825.

[121] 沈能. 局域知识溢出和生产性服务业空间集聚——基于中国城市数据的空间计量分析 [J]. 科学学与科学技术管理, 2013 (5): 61-69.

[122] 沈强, 徐文晔. 浙江省服务业集聚发展状况研究 [J]. 统计科学与实践, 2012 (3): 28-30.

[123] 盛龙, 陆根尧. 中国生产性服务业集聚及其影响因素研究 [J]. 南开经济研究. 2013 (5): 115-129.

[124] 施卫东. 城市金融产业集聚对产业结构升级影响的实证分析 [J]. 经济经纬, 2010, (6): 132-136.

[125] 司月芳, 曾刚, 樊鸿伟. 上海陆家嘴金融集聚动因的实证研究 [J]. 人文地理, 2008, 23 (6): 84-88.

[126] 苏东昊. 基于金融地理理论的山东区域金融中心建设研究 [D]. 山东财经大学, 2012.

[127] 苏李, 臧日宏, 闫逢柱. 中国金融服务业与经济增长的 Granger 分

析——基于地理集聚视角 [J]. 东北大学学报（社会科学版），2010，12 (1)：23-28.

[128] 苏肇东. 金融集聚对区域经济的影响研究 [D]. 西南交通大学，2014.

[129] 隋钦波. 我国金融集聚辐射效应的实证研究 [D]. 山东财经大学，2014.

[130] 孙根紧. 金融集聚对产业结构升级的影响研究 [J]. 社会科学家，2015 (8)：59-63.

[131] 孙晶，蒋伏心. 金融集聚对区域产业结构升级的空间溢出效应研究——基于2003-2007年省际经济数据的空间计量分析 [J]. 产经评论，2013，(1)：5-14.

[132] 孙林岩，李刚. 21世纪的先进制造模式——服务型制造 [J]. 中国机械工程，2007 (19)：2307-2312.

[133] 孙玲，陶士贵. 基于"空间"视角的金融地理学研究评述与展望 [J]. 重庆工商大学学报（社会科学版），2011，28 (3)：15-19.

[134] 孙秋萍. 中国经济增长中的金融集聚效应研究 [D]. 吉林财经大学，2013.

[135] 陶锋，胡军，李诗田，等. 金融地理结构如何影响企业生产率？——兼论金融供给侧结构性改革 [J]. 经济研究，2017，52 (9)：55-71.

[136] 滕堂伟，方文婷. 新长三角城市群创新空间格局演化与机理 [J]. 经济地理，2017，37 (4)：66-75.

[137] 万千欢，千庆兰，陈颖彪. 广州市生产性服务业影响因素研究 [J]. 经济地理，2014，34 (1)：89-93.

[138] 王富喜，毛爱华，李赫龙，贾明璐. 基于熵值法的山东省城镇化质量测度及空间差异分析 [J]. 地理科学，2013，33 (11)：1323-1329.

[139] 王晶晶，黄繁华，于诚. 服务业集聚的动态溢出效应研究——来自中国261个地级及以上城市的经验证据 [J]. 经济理论与经济管理，2014，(3)：48-58.

[140] 王俊松. 长三角制造业空间格局演化及影响因素 [J]. 地理研究，

2014,33(12):2312-2324.

[141]王坤,黄震方,曹芳东,余凤龙,汤傅佳.泛长江三角洲城市旅游绩效空间格局演变及其影响因素[J].自然资源学报,2016,31(7):1149-1163.

[142]王利亚.商业银行开拓浙江现代服务业金融市场的战略思考[J].浙江金融,2013,(3):4-8.

[143]王曼怡,赵婕伶.金融集聚影响京津冀产业结构升级研究[J].国际经济合作,2016(5):91-95.

[144]王先庆,武亮.服务业集聚水平及其影响因素研究——以广州批发零售业为例[J].北京工商大学学报(社会科学版),2011(5):46-52.

[145]王向.中国城市化与服务经济发展研究:空间经济的视角[D].南开大学,2014.

[146]王英,任文颖,施鹏程.江苏服务业综合发展水平评价及区域比较[J].华东经济管理,2013(4):14-18.

[147]魏江.发展生产性服务业的战略思考[J].浙江经济,2006(7):17-18.

[148]魏玮,张万里.不同地区制造业集聚对效率的非线性影响研究[J].经济经纬,2017,34(6):75-80.

[149]吴传清,龚晨.国内服务业升级理论研究进展与展望[J].学习与实践,2016,(2):34-45,2.

[150]吴竞.金融服务业集聚的动因研究[D].上海社会科学院,2010.

[151]吴明琴,童碧如.产业集聚与企业全要素生产率:基于中国制造业的证据[J].产经评论,2016,7(4):30-44.

[152]伍先福.生产性服务业与制造业协同集聚对全要素生产率的影响[D].南宁:广西大学,2017.

[153]吴玉鸣.县域经济增长集聚与差异:空间计量经济实证分析[J].世界经济文汇,2007(2):37-57.

[154]吴智刚,段杰,阎小培.广东省生产性服务业的发展和空间差异研究[J].华南师范大学学报(自然科学版),2003(3):131-139.

[155] 肖利平, 洪艳. 金融集聚、区域异质性与居民消费——基于动态面板模型的实证分析 [J]. 软科学, 2017, 31 (10): 29-32, 37.

[156] 熊正德. 金融服务业国际竞争力研究综述 [J]. 金融经济, 2011 (16): 51-55.

[157] 徐春华, 刘力. 省域居民消费、对外开放程度与产业结构升级——基于省际面板数据的空间计量分析 [J]. 国际经贸探索, 2013, 29 (11): 39-52.

[158] 徐冬冬, 黄震方, 倪金星, 李在军. 江苏省工业生产效率的空间格局演化与影响因素 [J]. 经济地理, 2017, 37 (6): 114-121.

[159] 徐敏, 姜勇. 中国产业结构升级能缩小城乡消费差距吗？[J]. 数量经济技术经济研究, 2015, 32 (3): 3-21.

[160] 徐晔, 宋晓薇. 金融集聚、空间外溢与全要素生产率——基于GWR模型和门槛模型的实证研究 [J]. 当代财经, 2016 (10): 45-59.

[161] 薛立敏. 生产性服务业与制造业互动关系研究 [D]. 台湾中华经济研究院, 1993.

[162] 徐晔, 宋晓薇. 金融集聚、空间外溢与全要素生产率——基于GWR模型和门槛模型的实证研究 [J]. 当代财经, 2016 (10): 45-59.

[163] 阎小培, 姚一民. 广州第三产业发展变化及空间分布特征分析 [J]. 经济地理, 1997, 17 (2): 41-48.

[164] 杨芳. 黑龙江省与浙江省现代服务业集聚的区域经济效应比较研究——以金融服务业为例 [J]. 对外经贸, 2014, (1): 89-90, 93.

[165] 杨仁发. 产业集聚与地区工资差距——基于我国269个城市的实证研究 [J]. 管理世界, 2013 (8): 41-52.

[166] 杨仁发, 张殷. 产业集聚与城市生产率——基于长江经济带108个城市的实证分析 [J]. 工业技术经济, 2018, 37 (9): 123-129.

[167] 杨瑞娟. 金融企业集群：基于产业集聚理论的研究 [D]. 吉林大学, 2007.

[168] 杨瑞妍. 全球价值链视角下广州市金融服务业空间集聚 [D]. 广州大学, 2011.

[169] 杨向阳、高觉民、童馨乐. 关于服务业集聚研究的若干思考 [J]. 财贸经济, 2009 (2): 121 – 125.

[170] 杨治. 产业经济学导论 [M]. 北京: 人民大学出版社, 1984.

[171] 姚为群. 生产性服务——服务经济形成与服务贸易发展的动力 [J]. 世界经济研究, 1999 (3): 14 – 18.

[172] 殷兴山. 金融服务业发展研究 [D]. 南京农业大学, 2008.

[173] 尹福禄, 申博. 金融集聚、空间溢出与区域经济增长——基于省级面板数据的空间计量分析 [J]. 哈尔滨商业大学学报（社会科学版）, 2018 (3): 59 – 67.

[174] 尹来盛, 冯邦彦. 金融集聚研究进展与展望 [J]. 人文地理, 2012, 27 (1): 16 – 21.

[175] 于斌斌. 金融集聚促进了产业结构升级吗: 空间溢出的视角——基于中国城市动态空间面板模型的分析 [J]. 国际金融研究, 2017 (2): 12 – 23.

[176] 余丽霞. 金融产业集群对区域经济增长的效应研究 [D]. 西南财经大学, 2012.

[177] 俞红玫. 金融地理学理论研究综述及启示 [J]. 中国管理信息化, 2015, 18 (10): 157 – 158.

[178] 张超, 郑长娟. 中国生产性服务业发展的影响因素分析——基于贝叶斯模型平均（BMA）方法的实证研究 [J]. 山东财经大学学报, 2018, 30 (2): 43 – 51, 59.

[179] 张浩然. 生产性服务业集聚与城市经济绩效——基于行业和地区异质性视角的分析 [J]. 财经研究. 2015 (5): 67 – 77.

[180] 张浩然. 中国城市金融集聚的演进趋势与影响因素: 区域异质性视角 [J]. 广东财经大学学报, 2016, 31 (3): 56 – 63.

[181] 张红伟, 冉芳. 金融支持产业结构升级的现实审视和路径分析 [J]. 西南民族大学学报（人文社科版）, 2016, 37 (7): 130 – 136.

[182] 张惠. 中小企业平台金融服务模式研究——基于平台经济理论与发展的应用 [J]. 西部金融, 2013, (7): 37 – 42.

[183] 张慧文. 金融服务业集群竞争力评价研究 [J]. 上海金融, 2010

(6): 34-36.

[184] 张建军, 赵启兰. 生产性服务业集聚等相关问题研究述评 [J]. 技术经济与管理研究, 2016, (4): 110-114.

[185] 张林. 县域财政金融服务与产业结构升级——基于1772个县域数据的比较研究 [J]. 中南财经政法大学学报, 2018 (1): 61-72, 159-160.

[186] 张清正. 中国金融业集聚及影响因素研究 [D]. 吉林大学, 2013.

[187] 张少华, 谢琳. 服务业主导的经济增长模式: 来自南亚的经验数据 [J]. 经济问题探索, 2013 (9): 36-41.

[188] 张廷海, 王点. 工业集聚、空间溢出效应与地区增长差异——基于空间杜宾模型的实证分析 [J]. 经济经纬, 2018, 35 (1): 86-91.

[189] 张同功, 孙一君. 金融集聚与区域经济增长: 基于副省级城市的比较研究 [J]. 宏观经济研究, 2018 (1): 82-93, 120.

[190] 张万里, 魏玮. 要素密集度、产业集聚与生产率提升——来自中国企业微观数据的经验研究 [J]. 财贸研究, 2018, 29 (7): 28-41.

[191] 张文忠. 大城市服务业区位理论及其实证研究. 地理研究 [J]. 1999. 18 (3): 273-281.

[192] 张晓燕. 金融产业集聚及其对区域经济增长的影响研究 [D]. 山东大学, 2012.

[193] 张益丰, 黎美玲. 先进制造业与生产性服务业双重集聚研究 [J]. 广东财经大学学报, 2011 (2): 9-16.

[194] 张玉华, 张涛. 科技金融对生产性服务业与制造业协同集聚的影响研究 [J]. 中国软科学, 2018 (3): 47-55.

[195] 张振磊. 基于金融地理理论的区域金融中心研究 [D]. 山东经济学院, 2011.

[196] 甄峰, 顾朝林, 朱传耿. 西方生产性服务业研究述评 [J]. 南京大学学报 (哲社版), 2001 (3).

[197] 郑吉昌, 夏晴. 论生产性服务业的发展与分工的深化 [J]. 科技进步与对策, 2005 (2).

[198] 郑吉昌. 生产性服务业与现代经济增长 [J]. 浙江树人大学学报,

2005（1）：27 - 32.

[199] 郑开焰，李辉文. 福建省金融集聚效应与产业结构升级 [J]. 福建论坛（人文社会科学版），2015（8）：143 - 149.

[200] 郑蔚. 福建省制造业空间集聚水平测度与评价 [J]. 经济地理，2012，32（7）：74 - 80.

[201] 郑妍. 金融集聚对区域经济增长的影响机制研究 [D]. 河南大学，2015.

[202] 郑展鹏. 中国区域对外直接投资的空间效应研究——基于空间计量面板数据的分析 [J]. 经济问题探索，2015（7）：107 - 113.

[203] 郑长娟，郝新蓉，程少锋，蒋天颖. 知识密集型服务业的空间关联性及其影响因素——以浙江省69个县市为例 [J]. 经济地理，2017，37（3）：121 - 128，173.

[204] 郑长娟，邹德玲，王琳. 浙江服务业发展的时空演化和行业集聚特征. 经济地理. 2015，35（4）：114 - 122.

[205] 中国人民银行兰州中心支行课题组，罗玉冰. 中国金融资源配置理论与实践研究——基于多维度视角 [J]. 金融理论与实践，2015（9）：1 - 7.

[206] 钟建权. 金融地理学视角下东北区域金融创新能力研究 [D]. 哈尔滨工程大学，2011.

[207] 仲深，杜磊. 金融集聚对区域经济增长的影响研究——基于空间面板数据的计量经济分析 [J]. 工业技术经济，2018，37（4）：62 - 69.

[208] 周淼. 金融业集聚理论研究及其对推进郑东新区金融集聚区建设的启示 [J]. 河南财政税务高等专科学校学报，2013，27（4）：36 - 38.

[209] 周明生，陈文翔. 生产性服务业与制造业协同集聚的增长效应研究——以长株潭城市群为例 [J]. 现代经济探讨，2018（6）：69 - 78.

[210] 周少华. 长株潭3 + 5城市群生产性服务业空间关联研究. 经济地理 [J]. 2012，32（8）：102 - 107.

[211] 朱广娇. 东北区域金融中心的建设研究 [D]. 中国地质大学（北京），2013.

［212］朱慧，周根贵，任国岩. 制造业与物流业的空间共同集聚研究——以中部六省为例［J］. 经济地理，2015，35（11）：117-124.

［213］卓乘风，邓峰. 人口老龄化、区域创新与产业结构升级［J］. 人口与经济，2018（1）：48-60.

［214］宗晓武. 中国区域经济增长中的金融集聚因素研究［D］. 南京：南京师范大学，2008.

［215］邹韵竹. 中国金融产业集群竞争力评价体系构建研究［D］. 天津财经大学，2015.

［216］左正强，姚敏. 我国产业集聚理论研究综述［J］. 重庆三峡学院学报，2010，26（4）：52-55，139.

［217］Alan Mac Pherson Vida Vanchan. The Out sourcing of Industrial Design Services by Large US Manufacturing Companies［J］. International Regional Science Review，2010（1）：3-30.

［218］Antzoulatos A A，Apergis N，Tsoumas C. Financial Structure and Industrial Structure［J］. Bulletin of Economic Research，2011，63（2）：109-139.

［219］Authur W B. Increasing Returns and Path Dependence in the Economy［M］. Ann Arbor，MI：University of Michigan Press，1994：116-131.

［220］Barney. Firm resources and sustained competitive advantage［J］. Journal of Management，1991（17）：99-120.

［221］Barrios S，Bertinelli L，Strobl E. Coagglomeration and spillovers［J］. Regional Science & Urban Economics，2006，36（4）：467-481.

［222］BERNAT G A. Does manufacutring matter？A spatial econometric view of Kaldor's laws［J］. Journal of Regional Science，2010，36（3）：463-477.

［223］Bettencourt，L A，A L. Ostrom，S. W. Brown，R. I. Roundtree. Client co-production in knowledge-intensive business services［J］. California Management Rev，2002（4）：110-120.

［224］Cadrey，Jean Faiz Gallouj. The Provider-Customer Interface in Business and Professional Services［J］. The Service Industries Journal，1998（4）：1-15.

[225] Cetorelli N, Strahan P E. Finance as a Barrier to Entry: Bank Competition and Industry Structure in Local U. S. Markets [J]. Journal of Finance, 2006, 61 (1): 437 –461.

[226] COFFEY W J, SHEARMUR R G. Agglomeration and dispersion of high – order service employment in the Montreal Metropolitan region, 1981 – 1996 [J]. Urban Studies, 2002, 39 (3): 359 –378.

[227] Corbridge S, Thrift N J, Martin R. Money, Powe, and Space [M]. Blackwell Publishers, 1994: 101 –111.

[228] Cotugno. Relationship Lending, Hierarchical Distance and Credit Tightening: Evidence From the Financial Crisis [J]. Journal of Banking&Finance, 2013 (5): 1372 –1385.

[229] D. J. Graham. Variable Returns to Agglomeration and the Effect of Road Traffic Congestion. Journal of Urban Economics [J]. 62 (1), 2007, pp. 103 –120.

[230] Davis E P. International Financial Centres – an Industrial Analysis [R]. Discussion Paper 51, Bank of England, 1990.

[231] Durantou G, Puga D. From sectoral to functional urban specialization [J]. Journal of Urban Economics, 2005, 57 (2): 343 –370

[232] Ellison, G. and E. Glaeser, 1997, "Geographic Concentration in U. S. Manufacturing Industries: A Dartboard Approach", Journal of Political Economy, Vol. 105, No. 5, pp. 889 –927.

[233] Jenks G F, Caspall F C. Error on choroplethic maps: definition, measurement, reduction [J]. Annals of the Association of American Geographers, 1971, 61 (2): 217 –244.

[234] Ferreira J J. Fernandes C I. The role played by knowledge intensive business services in knowledge economy: new faces and challenges [J]. North American Institute of Science and Information Technology, 2011 (2): 55 –80.

[235] Gehrig, T. Cities and Geography of Financial Centers [M]. Cambridge: Cambridge University Press, 2000: 135 –217.

[236] Gjelsvik M, Aarstad J. Entrepreneurial industry structures and financial

institutions as agents for path dependence in Southwest Norway: the role of the macroeconomic environment [J]. European Planning Studies, 2017.

[237] Glaeser E L. Learning in cities [J]. Journal of Urban Economics, 1999, 46 (2): 254 –277.

[238] Glenn E, Edwar G. Geographic Concentration in U. S. Manufacturing Industrial clusters: A Dartboard Approach [J]. Journal of Political Economy, 1997 (5): 889 –927.

[239] Greenwood J, Sanchez J M, Wang C. Quantifying the impact of financial development on economic development [J]. Economie Davant Garde Research Reports, 2013, 16 (1): 194 –215.

[240] Hertog, Pim den. Co – producers of innovation: on the role of knowledge – intensive business services in innovation [J]. Edward Elgar: Cheltenham, UK. 2002 (5): 247 –250.

[241] Ikujiro Nonaka et al. SECI, Ba and Leadership: a United Model of Dynamic Knowledge Creating [J]. Long Range Planning, 2000 (22): 67 –70.

[242] Illeris S, Jean Philippe. Introduction: The role of services in regional economic growth [J]. Service Industries Journal, 1993, 13 (2) : 3 –10.

[243] IYARE S, MOORE W. Financial sector development and growth in small open economies [J]. Applied Economics, 2011, 43 (10): 1289 –1297.

[244] Jacobs W, Koster H R A, Van Oort F. Co – agglomeration of knowledge – intensive business services and multinational enterprises [J]. Journal of Economic Geography, 2014, 14 (2): 443 –475.

[245] Jari Kuusisto, Anmari Viljamaa. Knowledge – Intensive Business Services Service and Co – production of Knowledge—the Role of Public Sector [J]. Frontiers of E – Business Research, 2004 (1): 282 –298.

[246] KINDLEBERGER CP. The formation of financial centers: a study of comparative economic history [M]. Princeton: Princeton University Press, 1974.

[247] Kolko J. Agglomeration and Co – Agglomeration of Services Industries [J]. Ssrn Electronic Journal, 2007 (7): 1 –44.

［248］Krugman P. History and Industry Location: The Case of the Manufacturing Belt [J]. American Economic Review. 1991 (81): 80 – 83.

［249］Long G Y. Understanding China's recent growth experience: A spatial econometric perspective [J]. Annals of Regional Science, 2003, 37 (4): 613 – 628.

［250］Marcel P Timmer, Gaaitzen J de Vries. Structural change and growth accelerations in Asia and Latin America: a new sectoral data set [J]. Cliometrica. 2009 (3): 165 – 190.

［251］Martin A D, Madura J, Akhigbe A. A note on accounting exposure and the value of multinational corporations [J]. Global Finance Journal, 1998, 9 (2): 269 – 277.

［252］Martin A D. Exchange rate exposure of the key financial institutions in the foreign exchange market [J]. International Review of Economics & Finance, 2000, 9 (3): 267 – 286.

［253］Martin R. The geography of finance: Spatial dimensions of intermediary behaviour [J]. Tijdschrift Voor Economische En Sociale Geografie, 1997, 88 (5): 501 – 502.

［254］Mei Xue and Joy M. Field, Service Coproduction with Information Stickiness and Incomplete Contracts: Implications for Consulting Services Design [J]. Production and Operations Management, 2008 (3): 357 – 372.

［255］Miles I, Kastrinos N. BILDERBEEK R. Knowledge – intensive Business Service: user, Carriers and Sources of Innovation [M]. EIMS Publication, 1995: 33.

［256］Miles, lan. Services in National Innovation Systems: From Traditional Service to Knowledge Intensive Business Services [J]. Transformation towards a Learning Economy. 2002 (7): 57 – 98.

［257］Muller E and Zenker. A Business services as actors of knowledge transformation: The role of KIBS in regional and national innovation systems [J]. Research Policy, 2001 (9): 1501 – 1516.

［258］NAKAMURA R. Contributions of local agglomeration to productivity:

stochastic frontier estimations from Japanese manufacturing firm data [J]. Papers in Regional Science, 2012, 91 (3): 569 - 597.

[259] Naresh R P. Cook G A S. The Benefit of Industrial Clustering: Insights Form the British Financial Services Industry at Three Locations [J]. Journal of Financial Services Marketing, 2003 (3): 230 - 245.

[260] Paolo G, Valentina M. Technology and international competitiveness: the interdependence between manufacturing and producer services [J]. Structure Change and Economic Dynamics, 2005, 16 (4): 489 - 502.

[261] Porteous D. The Development of Financial Centres: Location, Information Externalities and Path Dependence. Money and the Space Economy, 1999: 95 - 114.

[262] Porteous D. The Geography of Finance: Spatial Dimensions of Intermediary Behavior [M]. Aldershot: Avebury, 1995.

[263] Riddle D. Service - led growth: the role of the service sector in the world development [M]. New York: Praeger Publishers, 1986.

[264] Rusche K, Kies U, Schulte A. Measuring spatial co - agglomeration patterns by extending ESDA techniques [J]. Review of Regional Research, 2011, 31 (1): 11 - 25.

[265] Scott A J. Flexible production system and regional development: the rise of new industrial spaces in North American and Western Europe [J]. International Journal of Urban and Regional Research, 1998 (12): 171 - 186.

[266] Scott, A. J. Flexible Production systems and regional development: the rise of new industrial spaces in North American and western Europe. International Journal of Urban and Regional Research. 1988 (12): 171 - 186.

[267] Thrift N. On the Social and Cultural Determ Inants of International Financial Centres: The Case of the City of London [M]. London: Power and Space Blackwell, 1994: 327 - 355.

[268] UGARTE M D. Introduction to spatial econometrics [J]. Journal of the Royal Statistical Society, 2011, 174 (2): 513 - 514.

［269］ Zhao S. Spatial restructuring of financial centers i mainland China and Hong Kong: a geography of finance perspective ［J］. Urban Affairs Review, 2003, 38 (4): 535 - 571.